Documents Practice in International Trade

工业和信息化普通高等教育"十三五"规划教材立项项目

21世纪高等学校国际经济与贸易系列教材

国际贸易单证实务

□ 田运银 著

人民邮电出版社

北京

图书在版编目（CIP）数据

国际贸易单证实务 / 田运银著. -- 北京：人民邮
电出版社，2017.9（2021.2重印）
21世纪高等学校国际经济与贸易系列教材
ISBN 978-7-115-46287-9

Ⅰ. ①国… Ⅱ. ①田… Ⅲ. ①国际贸易－原始凭证－
高等学校－教材 Ⅳ. ①F740.44

中国版本图书馆CIP数据核字(2017)第217496号

内 容 提 要

本书以国际贸易单证的流转程序为主线，以培养学生的单证职业能力和实践能力为核心，以适应市场对国际商务单证员的需要，体现科学性、系统性和新颖性为原则，引用最新的国际惯例——《跟单信用证统一惯例》（国际商会第 600 号出版物，简称 UCP600）和《关于审核跟单信用证项下单据的国际标准银行实务》（国际商会第 745 号出版物，简称 ISBP745），运用"教、学、做"合一的教学法，系统阐述了国际贸易单证业务的有关知识和操作技巧。本书坚持理论联系实际，综合大量技能实训项目，突出对学生职业技能的训练和培养，为学生能够独立地缮制合格的国际贸易单据，顺利通过国际商务单证员考试，实现持证上岗打好坚实基础。

本书共分为 10 章，从国际贸易单证工作的意义和要求出发，重点介绍了单证的流转程序、国际货物贸易合同、信用证、发票、装箱单和汇票、运输单据、保险单据、原产地证明书、其他结汇单据、报检和报关单据内容。

本书提供教学 PPT、习题答案等配套资料，用书老师可通过人邮教育社区（http://www.ryjiaoyu.com）或编辑 QQ（602983359）索取。本书可作为普通高校财经类专业课程的教材，也可作为广大外贸从业人员和自学者的参考书。

◆ 著　　　　　田运银
　　责任编辑　　万国清
　　责任印制　　周昇亮

◆ 人民邮电出版社出版发行　　北京市丰台区成寿寺路 11 号
　　邮编　100164　　电子邮件　315@ptpress.com.cn
　　网址　http://www.ptpress.com.cn
　　固安县铭成印刷有限公司印刷

◆ 开本：787×1092　1/16
　　印张：15.25　　　　　　　2017 年 9 月第 1 版
　　字数：372 千字　　　　　2021 年 2 月河北第 4 次印刷

定价：45.00 元

读者服务热线：(010)81055256　印装质量热线：(010)81055316
反盗版热线：(010)81055315
广告经营许可证：京东市监广登字20170147号

前　言

　　单证是国际贸易实际工作中必不可少的重要工具，如果没有单证，国际贸易根本无法开展。而国际贸易单证的专业性、技术性和实用性都很强，国际上对单证的要求又特别苛刻。例如，有些单据填写内容哪怕多一个、少一个或错一个字母等都极有可能造成"单证不符"，最终导致整笔生意归于失败。但是，国际贸易单证作为国际贸易专业的一门基础性质的专业必修课程，一方面它非常重要且内容严谨，另一方面它涉及了很多专业之外闻所未闻、毫无感情色彩的概念、惯例、方法和技巧，因此学起来枯燥乏味，而且，其中的很多知识点都在陆续地更新和变化着。例如，国际商会的"关于审核跟单信用证项下单据的国际标准银行实务"（ISBP）从 2002 年出台到 2016 年，在 14 年不到的时间，就连续修订了 2 次。再如，我国的《进出口货物报关单填制规范》，从 2008 年到 2017 年的 9 年时间里，海关总署就曾先后9 次对其进行了修订和补充。

　　有业内专家和学者曾经总结和归纳道："制作和审核国际贸易单据"并不是一门科学，而是一门艺术。这里所说的"艺术"，必须建立在我们对这门专业知识和技能熟练掌握的基础之上，即所谓的"熟能生巧"。如果我们对其一知半解，不仅"艺术"无从谈起，还很有可能给我们的实际工作埋下隐患。

　　本书主要介绍在信用证支付方式下，围绕两份信用证条款（一份用于示范和讲解，另一份用于课后练习），将每一份信用证规定的单据，以及适量常用单据上的每一个栏目的含义、填写方法及应注意事项等，都做了恰如其分的讲解、示范和举例。在讲解中还适当介绍了一些与相关知识点关系密切的国际惯例，用以拓展读者的视野。每一章后面都针对性地设置了"课后练习"。希望读者通过对本书的系统学习和理解，能够从中学到实际工作中不可或缺的有用知识。

　　本书秉承了原创、通俗、凝练、专业、实用、前沿的写作原则，始终紧密围绕实际工作中常用单据的每一个栏目展开讲解，语言通俗易懂，理论联系实际。对于在理解上有一定难度的问题，有针对性地列举了实例（文字或图表），加以补充说明。书中介绍的每一个单据都事先进行了反复的比较和挑选，单据上每一处填写的内容都进行了仔细的斟酌和推敲。对有疑问的地方，还专门请教了国际贸易方面的专家加以解答和核实，力求本书内容没有过时、错谬或不适用的成分。

　　为本书的写作提供过咨询和帮助的有以下专家：北京恒润鑫进出口贸易有限公司的甘磊、湖北锦江报关公司的徐丹琪、江西丝黛国际贸易有限公司的赵瑞芳、湖北省粮油食品进出口集团公司的姚建平、湖北省五矿国际贸易股份有限公司的夏瑞林和朱东红、湖北省医药保健品进出口有限公司的黄秀琴、中外运湖北有限责任公司的倪淑如、浙江金华派对乳胶工艺品有限公司的高晗等，谨此，特向他们表示衷心的感谢！

　　写书是一件严肃、神圣的工作，绝不能庸俗、随意，它需要水平和能力作为支撑，也需要道德情操作为保障，更离不开读者的监督和交流。由于作者自身水平、能力和境界诸方面都存在很大的不足，因此，书中难免有疏漏之处，非常希望广大读者能与我们保持交流，随时给我们提出建议和指正，以便我们都能够得到教益和提高。我的邮箱是：1721828388@qq.com。

作　者

2017 年 7 月

目　　录

第一章 国际贸易单证概述

国际贸易单证（International Business Documents）是指在国际贸易实际工作中使用的单据和证书，它是国际贸易各种复杂业务流程中各个环节都必需的纽带和桥梁。可以肯定地说，国际贸易实际工作离不开单证，否则，贸易工作就会寸步难行。

在实际工作中，"单证"（documents）有时候就叫作单据，还有人把它们称作"票据"，甚至"文件"。

本章主要介绍 3 个部分的内容：① 国际贸易单证的分类；② 实际工作对国际贸易单证的总体要求；③ 有关国际贸易单据的其他常识。

第一节 国际贸易单证的分类

从总体上划分，国际贸易单证主要分为"金融单据"（Financial Documents）和"商业单据"（Commercial Documents）两大类。依据目前实际工作中的使用情况，金融单据实际上就只有汇票（Draft/Bill of Exchange）这一种，其余的国际贸易单据都属于"商业单据"的范畴。但是，这种分类太过笼统，无法进一步细化国际贸易单据，并且把它们分门别类地弄清楚，达不到我们期待的理想效果。另外站在不同的角度，单证会有许多不同的分类方法，其中一大类单据与另一大类单据之间，难免会存在或多或少的交叉重叠情况。这里，为了使大家更加容易理解和掌握的目标出发，只介绍两种单据的分类方法。

一、按照国际货物贸易的交易流程对单据进行分类

按交易流程这种单据分类方法具有两点优势：一是比较全面，它基本上涵盖了所有的国际贸易单据；二是其作用可以说是"一箭三雕"——① 对各种国际贸易单据进行了系统地归类；② 将各种单据的功能和作用归纳得一目了然，③ 同时将整个国际货物贸易实际工作的业务流程交代得井然有序。

表 1.1 将把每一笔国际货物贸易从头至尾的业务流程以及每个业务环节上通常使用的各种单据一一列明。这些单据，一般不包括各个当事人（特别是买卖双方）之间往来的业务函电。

表 1.1　国际货物贸易的交易流程及各个业务环节的单据

业务	序号	交易流程	主要单据	说　明
出口业务	1	谈判、签约	订单、买卖合同、形式发票	
	2	开立信用证或预付款	开证申请书、信用证、信用证修改或银行付款凭证	"信用证"仅指信用证支付方式,而"预付款"则是指汇付的支付方式;下同
	3	落实出口货源	货源收购合同、生产通知单	
	4	出口检验	出境货物报检单、买卖合同(副本)、装箱单、厂检单、信用证(副本)、包装性能检验结果单、出境货物通关单、各种出口海关或买方需要的检验证书	"出境货物通关单"之前的单据仅限于"法定检验"商品需要;下同
	5	托运	装运须知、出口货物运输委托书、商业发票、装箱单	"装运须知"是货物在装运之前,买方发给卖方的有关货物装运事项的函件
	6	投保	商业发票、货物运输保险投保单、货物运输保险单	
	7	出口通关	出口货物报关单、买卖合同(副本)、商业发票、装箱单、出境货物通关单、出口货物放行通知书等	
	8	装运	装运通知、海运提单或空运运单、国际铁路联运运单等	
	9	制单、审单、交单	信用证或托收委托书、汇票、商业发票、装箱单、海运提单、货物运输保险单、原产地证明书等	①"托收委托书"仅在托收方式下使用;②在汇付方式下,卖方在收讫货款后,直接把单据寄给买方
	10	出口退税	商业发票、出口货物报关单、增值税专用发票	此环节仅对出口退税商品而言
	11	结汇	银行结汇水单	
进口业务	12	进口报检	入境货物报检单、买卖合同(副本)、商业发票、装箱单、海运提单(副本)等	
	13	进口通关	入境货物通关单、买卖合同(副本)、商业发票、装箱单、海运提单(副本)、原产地证明书、进口货物放行通知书等	
	14	提货	海运提单、提货单(小提单)	
	15	索赔、理赔	货损清单、买卖合同(副本)、商业发票、装箱单、海运提单、货物运输保险单、检验证书等	有关货损的索赔对象通常有 3 个:①保险公司,②承运人,③卖方

二、按照国际贸易单据的具体作用对单据进行分类

从表 1.1 中不难看出,尽管上述单据的归类思路具有很多好处和优势,但它们的弊端也确实存在。譬如,某些单据(如商业发票等)在各个业务环节之间交叉太多,这就大大地弱化了这些单据的功能性和独立性,很容易使初学者在对国际贸易单据功能的理解和把握上产生很多困惑。表 1.2 给出的这种按单据的具体作用进行分类方法可以在一定程度上避免上述弊端。

表 1.2　国际货物贸易单据的主要类别及其作用

序号	单据类别		主要单据	作用
1	检验单据	出口	出境货物报检单、买卖合同（副本）、装箱单、厂检单、信用证（副本）、包装性能检验结果单、代理报检委托书、出境货物通关单、各种出口海关或买方需要的检验证书	① 出口通关； ② 结汇货款； ③ 索赔理赔
		进口	入境货物报检单、买卖合同（副本）、装箱单、代理报检委托书、入境货物通关单、各种进口海关需要的检验证书	① 进口通关； ② 查验货物； ③ 准备索赔依据
2	运输单据		出口货物运输委托书、商业发票、装箱单、提单等	① 托运； ② 结算运杂费用； ③ 提货
3	保险单据		商业发票、货物运输保险投保单、货物运输保险单	① 投保； ② 结算保险费； ③ 索赔
4	通关单据	出口	出口货物报关单、买卖合同（副本）、商业发票、提单、装箱单、出境货物通关单、出境货物换单凭证、出境货物电子凭条、出口货物放行通知书、其他政府批件	① 申报； ② 通关
		进口	进口货物报关单、买卖合同（副本）、商业发票、提单、装箱单、入境货物通关单、原产地证明书、进口货物放行通知书、其他政府批件	
5	结汇单据		汇票、商业发票、提单、装箱单、保险单、一般原产地证明书、普惠制产地证、受益人证明、船公司证明、海关发票、邮政收据等	收汇、付汇
6	出口退税单据		商业发票、出口货物报关单、增值税专用发票	出口退税
7	官方单证		进出口许可证、一般原产地证明书、普惠制产地证、进出境货物放行单、出口货物报关单、进口货物报关单等	证明

第二节　对国际贸易单证的要求

国际贸易不仅离不开单证，而且，国际贸易单证的填写内容还必须绝对正确。否则，整单生意就极有可能归于失败——买方完全有权以"单证不符"为由，拒收单据、拒付货款。因此，国际贸易单证一定要达到"单证一致、单单一致"的要求，也有人把这一要求概括为"准确、完整、及时、简明、整洁"。

"单证一致、单单一致"本来的含义是：在信用证（Letter of Credit）支付方式下，受益人（卖方）向银行提交的单据的填写内容必须与跟单信用证以及信用证所遵循的相关国际贸易惯例（如跟单信用证统一惯例、国际标准银行实务等）严格相符；同时，同一份信用证项下的一种单据与另一种单据之间的填写内容也必须相符。否则，银行（买方）就绝对有权拒收单据、拒付货款。

其实，"单证一致、单单一致"的原则同样也适用于汇付（Remittance）和托收（Collection）支付方式下的国际贸易单证，即在汇付或托收支付方式下，卖方向银行（买方）提交的单据，其填写内容必须与相关的买卖合同的规定严格相符；同时，同一份买卖合同项下的一种单据与另一种单据之间的填写内容也必须严格一致。否则，买方就绝对有权拒收单据、拒付货款。

在汇付和托收的支付方式下，国际贸易单证也必须做到"单证一致、单单一致"的理由是：在国际货物贸易中，买卖双方使用的贸易术语大多都是属于"象征性交货"方式的，如FOB（离岸价格）、CIF（到岸价格）、CPT（运费付至……）等。而在这样的交货方式下，卖方仅以交单代替交货，也就是说，只要卖方把货物在装运港装上了船，或者，只要把货物交给了承运人，并且取得了相应的货运单据，卖方就算完成了交货的义务，这样的"交货"只是象征性的。之后，卖方把全套货运单据交给买方（银行）的时候，就相当于卖方向买方交了货，买方就需要仅凭卖方的交单而向其支付货款。买方付款后得到的仅仅只是能够代表货物的单据，并不是货物本身。这种做法与我们日常生活中在商店里买东西时的那种"一手交钱一手交货"的"实际交货"的做法完全不同。在象征性交货方式下，买方为了维护自己的利益，他们在支付货款之前就一定会特别注重对照相关的买卖合同，仔细审查单据的填写内容。如果发现单据的填写内容与合同内容不符，买方就很可能会拒收单据、拒付货款。

为了帮助读者充分理解"单证一致、单单一致"原则的含义，尽量避免和减少在国际贸易单证上出现差错，以致给实际工作造成损失，下面，我们结合实际案例，适当地展开，向读者做一些详细的解释和说明。

需要特别说明的一点是，"单据内容与信用证条款相符"，是仅针对信用证支付方式而言的；而"单据内容与买卖合同的规定相符"，是仅针对汇付和托收的支付方式而言的。也就是说，在信用证支付方式下，国际贸易单证的内容不需要强求与买卖合同的规定严格相符；反过来，在汇付或托收的支付方式下，国际贸易单证的内容也不存在与信用证条款相符的问题。读者在下面的论述中，为了"行文简洁"的目的，将经常把这两类不同的支付方式下的要求用一句话合并在一起做交代，读者一定不要因此弄混或者误解了。

1. 受益人（卖方）提交的单据内容必须与相关的信用证或买卖合同以及国际惯例的规定不矛盾

"单据的内容"就是人们常说的"数据"（Data），其包括以下几个方面的内容：① 单证各栏目专门填写的文字和数字（外国人称之为"Particulars"）；② 签署（stamp and Signature），也就是"签字和盖章"，绝大多数国际贸易单证通常都需要签署；③ 背书（Endorsement），凡是可以转让的有价证券都需要背书，如指示性抬头的汇票、提单以及可以转让的保险单等。

这里仅以信用证支付方式为例。

例如，信用证规定装运日期为："during January and March of 20××"，那么，在提单和保险单上列明的"装运日期"就不得早于"20××年 1 月 1 日"，也不得迟于"20××年 3 月 31 日"。

又如，信用证规定所有单据的签署都要用手签（manually signed），但如果出单人仍然使用传统的盖章的方法签署，那就是"单证不符"。

再如，指示性抬头的提单、汇票或者由卖方投保的保险单据没有背书，也是"单证不符"。

在信用证支付方式下，现行的国际贸易单证方面的国际惯例主要有两个，一个是"跟单信用证统一惯例"，最新的版本是国际商会在 2007 年修订的"UCP600"；另一个就是"关于审核跟单信用证项下单据的国际标准银行实务"（俗称"国际标准银行实务"），最新的版本是国际商会在 2013 年修订的"ISBP745"。

信用证条款与国际惯例，到底以哪个为准？需要根据如下几种情况去分析判断。在使用电讯（SWIFT）以外的方式开立的信用证明确声明了受 UCP600 的约束（to be subject to UCP600），或者，当电讯信用证（SWIFT L/C）没有声明"排除 UCP600 的约束"时应做如下处理。

（1）信用证没有规定的内容，就按 UCP600 的相关规定去把关。例如，某信用证没有规定交单期限，而该信用证规定的单据里又包含了海运提单（或多式联运运单、空运运单、国际铁路联运运单等）。在这种情况下，受益人就应该按照 UCP600 第 14 条 c 款的规定，在装运日期之后的 21 天之内（同时还要在信用证的有效期限之内）把相符单据交到指定银行或开证行。

（2）如果信用证和 UCP600 都没有规定，此时就按 ISBP745 的相关规定去做。例如，某信用证描述的开证申请人的名称为"×××Co., Ltd."，而受益提交的单据上却写成了"×××Company Limited"。关于"英文单词的缩写与全拼"这一点，信用证和 UCP600 都没有规定，而 ISBP745 第 A1 段却对此做出明确的规定："普遍承认的缩略语可以在单据上代替其全称……反过来，用全称代替缩略语也不导致单据不符。"此时，审单的依据就以 ISBP745 的规定为准。

（3）信用证有规定，但与 UCP600 或 ISBP745 的惯例发生冲突，此时就以信用证的规定为准。例如，UCP600 第 18 条 a 款第 iv 点规定：商业发票不需签署（A commercial invoice need not be signed）。但如果信用证规定"Signed commercial invoice…"（言下之意：Commercial invoice must be duly signed 商业发票必须签署），则这种情况下，商业发票就必须签署，否则就是"单证不符"。

关于"不矛盾"的含义，需要结合实际，区分几种不同的情况来进行讨论。

（1）单据的填写内容一定要与信用证的文字相同（identical），就是要像镜子反射（mirror image）一样，不能丝毫改动信用证的文字。这种情况主要表现在以下时刻：① 填写运输单据（如提单等）的"收货人"（Consignee）和"通知人"（Notify Party）两栏的时候。② 把电讯信用证（SWIFT L/C）第"45A"栏目中的全部内容填写到商业发票上的时候。③ 在所有单据上填写"开证申请人"和"受益人"的名称的时候。④ 信用证单据在抄录信用证规定的介于"quote"（引号）和"unquote"（反引号）之内的文字时。

例如，某信用证规定："COMMERCIAL INVOICE MUST INCLUDE THE STATEMENT QUOTE WE GUARANTEE TO REIMBURSE EWESTE MEAT BROKERS LTD. IF ANY SHORT WEIGHT OR INFERIOR QUALITY IS FOUND UPON INSPECTION BY EWESTE MEAT BROKERS LTD. UNQUOTE."（商业发票必须包含以下声明："如果 EWESTE 肉品公司经检验发现短量或品质低劣等问题，我方保证赔偿 EWESTE 肉品公司。"）受益人在将上述信用证条

款中"quote"和"unquote"之间的文字填写到商业发票上时，必须原文照抄，不得更改。

本来，在信用证行文中，类似上例的条款，有时候也会直接使用引号（""）来代替"quote"和"unquote"来做表述。但是，制单人要不要完全原文照抄地把信用证条款中引号内的文字完整无缺地打印在相关单据上呢？根据经验，这不能"一刀切"，而是需要事先审视、判断清楚以后再去决定和行动。下面列举两个实例加以说明。

例如：信用证条款："DRAFTS TO BE MARKED: 'DRAWN UNDER IRREVOCABLE DOCUMENTARY CREDIT NUMBER B776761 ISSUED BY SRAY HAIWAY LIMITED, BRISBANE'."（汇票上需要注明："凭由 SRAY HAIWAY 银行布里斯班分行开立的号码为 B776761 的不可撤销的信用证开立本汇票"。）这一信用证条款引号（单引号）里的内容完整无缺，制单人必须照实打印在相关的汇票上，其文字不得改动。

再如：信用证条款："DRAFTS TO BE MARKED: 'DRAWN UNDER L/C NUMBER（AS INDICATED ABOVE）OF ISSUING BANK'."（汇票上需要注明："凭由开证银行开立的号码为（参见本信用证上述的详情）的信用证开立本汇票"。）很明显，这一信用证条款的引号（单引号）里的内容缺少了两点具体的明细：信用证号码和开证银行的名称。因此，制单人在把这一信用证条款打印在相关的汇票上时，必须对此条款中的文字做出两点改动：第一，把括号及其文字改写成具体的信用证号码；第二，把其中的"ISSUING BANK"改写成实实在在的开证行的名称，否则就是"单证不符"。

（2）信用证单据填写内容的行文可以使用与信用证原文不完全相同，而意思相同的词句。例如，信用证规定："Freight payable at destination."（运费可以在目的地支付），运输单据上却填写为："Freight collect"（运费到付），这种写法并不构成"单证不符"；反过来也是一样（参见 ISBP745 第 E26 段）。

（3）出单人在按信用证条款将某些规定的文句打印在单据上时，一定要将信用证原文做出必要的改动，以使其在逻辑上与信用证的规定保持一致。例如，某信用证规定："SHIPPING MARKS IN TRIANGLE TO READ IN ALL DOCUMENTS AS: 'TRITA P/O NO. KT6472/DOHA/QATAR'"（在所有的单据上都需填写的唛头为在三角形中填写"TRITA 订单号码：KT6472/多哈/卡塔尔"）。依据本条款，制单人在单据上打印的唛头应该是形同"图 1.1"的唛头。

TRITA P/O NO.KT6472
DOHA
QATAR

图 1.1　信用证规定的唛头

又如：某信用证规定："GSP FORM A CERTIFICATE OF ORIGIN … SHOWING ① MEANS OF TRANSPORT AND ROUTES: FROM SHANGHAI, CHINA TO ANTWERP, BELGIUM OR ROTTERDAM, NETHERLANDS VIA SEA THEN ON CARRIGAE TO NIEDERBIPP, SWITZERLAND BY LAND TRANSPORT; ② GOODS EXPORTED TO SWITZERLAND."（A 格式的普惠制原产地证明书上注明：① 运输方式和运输路线：用海运的方式从中国上海运到比利时的安特卫普或者荷兰的鹿特丹，然后再用陆运运到瑞士的奈德比（市）；② 货物出口到瑞士。）制单人在把这段文字打印在产地证上时，需要把其中的"ANTWERP, BELGIUM OR ROTTERDAM, NETHERLANDS"这句话删去"ANTWERP, BELGIUM OR"，或者删去"OR ROTTERDAM, NETHERLANDS"，而不能原文照抄，以避

免证明的语句意思模棱两可、无法确定。

再如：某信用证规定："Beneficiary's declaration stating that all items and packing will not exceed the cadmium limit of 100 mg per kg according to the standards of the cadmium degree of the Netherlands."（受益人需出具一份声明，说明所有产品及其包装的镉含量都没有超过每千克 100 毫克，符合荷兰有关镉含量限制的标准。）受益人在其声明中引用这段信用证条款时，也一定不能原文照抄，而应该把其中的"will not exceed"改成"have been exceeded"，否则就是"单证不符"。

以上第（2）、（3）两点的思路和做法，称为"correspond"（相符），它与第（1）点的"identical"（相同）之间具有比较大的区别。

此外，在信用证条款中，除了上述的"or"（或者）、"will"（将要）等不确定的语气之外，还有像"must"（必须）、"should"（应该）、"to be done sth."（将要）等带有"命令"、"要求"一类性质的字眼，受益人在将含有这类字眼的条款打印在信用证单据上时，必须改写成肯定、确定的语句，以使单据填写的数据（data）不存在任何疑问和漏洞。例如，某信用证条款："FULL SET OF INSURANCE POLICY OR CERTIFICATE, ENDORSED IN BLANK FOR 110PCT OF THE INVOICE VALUE. INSURANCE POLICY OR CERTIFICATE MUST EXPRESSLY STIPULATED THAT CLAIMS ARE PAYABLE IN THE CURRENCY OF THE DRAFT AND MUST ALSO INDICATE A CLAIMS SETTLING AGENT IN SOUTH KOREA. INSURANCE MUST INCLUDE: INSITITUTE CARGO CLAUSE（A）"（全套保险单或保险凭证，空白背书，按商业发票金额的 110%（投保）。保险单或保险凭证上必须明确规定理赔按汇票所列明的货币赔付，同时还要列明（承保人）在韩国的赔付代理（的名称等信息）。货物必须投保伦敦保险业协会的海运货物险条款 ICC（A）险）。这一段信用证条款，有一部分是只要求受益人做到，而不需要将其保险单据上列明；还有一部分是受益人既要做到，又要在保险单据上明确列明。无论是前面一种，还是后面一种，一定要注意：① 信用证使用了两处"OR"，言下之意，保险单和保险凭证"二选一"，使用哪一种都可以；② 信用证使用了 3 处"MUST"，这些"MUST"都不能显示在单据上，出单人都要分别使用肯定的语句（改用现在完成时态）来一一满足信用证的这些要求。

2. 受益人（卖方）向银行或买方提交的单据的种类和份数都不能少于相关信用证或买卖合同的规定

有很多信用证规定，受益人须提交一些在卖方看来都是一些微不足道的单据，如快件收据（Courier Receipt）、传真发送报告（Fax Transmission Report）等。只要是信用证规定的单据，不管它们在卖方眼里是"重要"还是"不重要"，受益人都必须按规定如数提交，否则就是"单证不符"。

每一种国际贸易单证都有"正本"（original）和"副本"（copy）之分，正本单据具有法律效力，通常都需要签署，而副本不具备也不需要签署；正本可以替代副本，而副本不能替代正本。但是，受益人在向银行提交单据时，提交的副本份数也不能少于信用证规定的份数，否则就是"单证不符"。

3. 同一份信用证或买卖合同项下的各种单据之间的内容互相不矛盾

在实际工作中，国际贸易单据出现这种"在同一份信用证项下，甲种单据与乙种单据的同一信息不统一"的情况，主要是不同的出单人之间没有很好地协调和配合所致。例如，同一批商品的体积，装箱单上列明的是"27.5CBM"，而提单上列明的却是"28CBM"；再如，同一份信用证项下的装运日期，提单上列明的是"January 28, 20××"，而保险单上列明的却是"January 27, 20××"等。这些信息的差别虽然都很微小，但它们绝对都是"不符点"（Discrepancy），都会给银行（买方）借故拒付埋下隐患。因此，这些差错都必须彻底根除。

4. 同一份信用证或买卖合同项下的各种单据的出票日期在逻辑上互不矛盾

国际贸易单据通常都是要注明出票日期的，只有装箱单（Packing List）等极少数单据在信用证或买卖合同没有特别规定的时候，可以不注明出票日期。而其中有些单据的出单日期也是有所限制的。例如，保险单据（Insurance Documents）的出单日期就不能晚于运输单据（Transport Documents）的装运日期；又如，原产地证明书（Certificate of Origin）的出单日期不能早于商业发票（Commercial Invoice）的出单日期；再如，所有单据的出单日期都不能晚于信用证（或国际惯例）规定的交单期限（Presentation Period）和信用证的截止日期（Expiry Date）。

关于"国际贸易单据日期"的问题，还有一点需要特别注意：在信用证支付方式下，受益人一定要在信用证或国际惯例规定的"交单期限"（Presentation Period）以及信用证的"截止日期"（Expiry Date）之内，把单据交到银行（指定银行或开证行）。而且，①"交单"是指银行收到了单据，而不是指受益人仅仅向银行寄出了单据；② 如果银行审单审出了"不符点"，只要此时还在那两个"期限"之内，受益人就还可以把单据拿回去修改。改好后再把"相符"的单据在那两个"期限"之内送达银行，这种单据仍然属于"相符交单"（Complying Presentation）。总之，受益人在那两个"期限"之内提交的含有"不符点"的单据当然属于"不符单据"（Discrepant Documents），而在那两个"期限"之后提交的没有"不符点"的单据仍然属于"不符单据"。

另外还要注意，国际贸易单据不能直接手写（个别单据的一两处栏目因情况特殊除外，如保险单据上的"启运日期"和"装载运输工具"两栏），也不能随意涂改。即使是在特殊情况下，一份单据最多也不要修改两处以上，更改的地方一定要加盖"校正章"[更正章（Correction Stamp/initials），这在 ISBP745 中叫做"证实"（authentication）]。此外，同一份（同一页纸的）单据上填写的内容，分别使用不同的字体或者大小不同的字号，使用不同的行间距，有的加粗有的不加粗，一部分打印一部分手写等做法，在制单的传统上都属于"更改"的范畴，因此，国际贸易单据上的这些现象应尽量避免。

ISBP745 第 A9 段规定，同一份单据上的填写内容可以使用不同的字体和大小不同的字号，甚至还可以手写。而且，这些情形都不属于"更改"，因此，都不需要"证实"。但大家还是尽量不要沿用这一条国际惯例比较妥当，因为这样一来，尺度放得太宽，缮制出来的国际贸易单据会显得非常随意潦草，非常不严谨，也很不美观。而且，上述规定也只是一条惯例，而惯例是可以遵循，也可以拒绝的。

现在制单都是使用计算机先填制、再检查、最后打印的，如果制单出现上述异常的情况，就干脆将其不正确、不统一的格式和内容在电子版上重新修改、调整、核查清楚之后再行打印、签署；如果发现已经打印出来的单证上具有某些上述的毛病，就直接将其作废再重做，不能只图省事。

第三节　国际贸易单据的其他常识

一、双语的国际贸易单据格式

有少量的事先印制好的单据格式，迄今还保留着英汉对照的做法，如买卖合同、保险单等。单据格式的设计者之所以这样做，其目的不外乎以下几点。

1. 对我国国贸单据先期做法的一种传承

在我国改革开放初期和之前，我国外贸行业从业人员的外语水平大多都比较低，有很多从事外贸一线工作的人需要带翻译，对外收发的函件、合同、信用证以及单据都需要专人为他们翻译成中文或英文。为了当时工作方便，很多单据都设计成了英汉对照的格式（国际铁路联运运单设计成俄汉对照的格式）。如今，外贸行业从业人员的英语水平基本都能达到"胜任本职工作"的程度，国际贸易单据格式的英汉对照已经没有必要了。尽管如此，有些外贸公司也许是出于"尊重传统"的思路，它们印制出来备用的空白单据格式，其栏目名称还是沿用了英汉双语的形式，但其中的中文已基本成了国际贸易单据上纯粹的装饰物。

2. 法律上的需要

早在 2004 年，我国广东省发生的一起保险理赔诉讼案，使"中英（俄）双语文本"这一做法成为了保护合同当事人合法权益的一项至关重要的内容。2004 年 4 月 15 日，广东某油品有限公司从巴西进口了 57 750 公吨散装大豆，委托韩国籍货轮"韩进大马"（HANJIN TACOMA）于 2004 年 5 月 7 日从巴西桑托斯港（SANTOS）装货起运，6 月 16 日货轮抵达湛江港。货物在装运后，进口人立即向中国某保险公司投保了货运风险。8 月 2 日开始卸货，9 月 3 日卸毕。卸货期间，发现该轮 2 号～7 号舱内货物有不同程度的发霉结块、变色、焦化等热损现象，其中 7 号舱货物受损特别严重。经鉴定，受损货物重量为 14 031.030 公吨，估损贬值后损失货物净重 5 868.428 公吨。但保险公司对此却拒绝理赔，其理由是：保险公司的"免责条款"事先就已经用英文写在保险单的背面了，而这些损失都包含在保险公司免责的范围中。2005 年 5 月 26 日，进口商向广州海事法院提起诉讼，要求保险公司赔偿其因大豆残损造成的全部损失。广州海事法院判定某保险公司向被保险人赔偿损失合计人民币 1 777 万元，其判决的理由是：投保人和承保人都是中国人，在中国人之间的合同使用英文条款无效。被告某保险公司对此一审判决不服，随后又将此案上诉到向广东省高级人民法院。广东省高级人民法院的终审判决维持了广州海事法院一审的判决结论。这一判例，显然给保险行业敲响了警钟。自此，我们将不会再看到我国保险单据的正反面（特别是背面）只有单一英文（或者单一中文）条款的情况了，因为已有前车之鉴。

3. 中英文（或中俄文）双语格式的单据不会被银行拒收

尽管 ISBP745 第 A21 段 a 款明确规定，信用证单据必须使用信用证规定的语言填写，但国际商会同时又在该项惯例的第 A21 段 e 款明确规定，信用证单据上的个人或实体的名称、任何印戳、认证（legalization）、背书或类似数据，以及单据上预先印就的文字，诸如但不限于栏目名称（field heading），仍然可以使用信用证要求以外的语言显示。

二、国际贸易单据的栏目设置

（1）在最全世界范围内，国际贸易单据一直都没有形成一种规范、统一、固定的标准格式。各种单据的各个栏目，通常都是由出单人根据各自的经验、需要、水平和审美观等因素自发地设计并填写的。因此，各种国际贸易单据的格式都是五花八门、各具不同的特点和风格。

（2）关于国际贸易单据格式的"统一性"问题，与国际现状相比较，我国又有一些例外的情况，也就是说，我国有些国际贸易单据的格式以及对它们的填写内容的要求，在全国范围内都是相对统一和固定的。例如，一般原产地证明书（Certificate of Origin）、普惠制原产地证明书 A 格式（G.S.P. Certificate of Origin Form A）、进出口货物报关单（Import/Export Customs Declaration）、出入境货物报检单（Entry/Exit Commodity Inspection Application）等，都是全国统一的格式。其中，我国海关总署还特别制定了我国进出口货物报关单的填制规范。

（3）除了一些实际需要，或者相关的国际惯例特别规定必须填写的栏目（Mandatary）之外，国际贸易单据的一般性栏目（Option）中，有很多内容是可以填写，也可以不填写的。而且，A 栏目规定的填写内容，当它的空间不够使用的时候，可以移位到 B 栏目中去填写。这一话题涉及的单据范围很广泛，列举一两个实例也无法把问题完全交代清楚，此处只把问题提出来，在后面章节具体的单据中会详细说明。

三、国际贸易单据的份数

每一种国际贸易单据都会分为"正本"（original）和"副本"（copy/non-negotiable）。正本单据具有法律效力，通常需要出单人签署，有的还需要背书。副本单据没有法律效力，一般也可以不用签署。但是，信用证中规定提交的副本单据的份数却不能缺少或不足，否则就是"单证不符"。正本单据可以当做副本单据使用，但反过来不行。

UCP600 第 17 条对国际贸易单据的正本和副本的规定是：凡信用证规定的每一种单据，至少需要提交一份正本。如果信用证只规定需要提交某种单据，既没有规定提交正本还是副本，也没有规定提交的份数时，受益人只需要提交一份正本即可；如果信用证规定了提交某种单据的份数，而没有规定需要提交正本还是副本时，受益人可以按"一正 N−1 副"的办法处理。例如，信用证规定："...commercial invoice in quadruplicate."（商业发票一式 4 份）。此时，受益人就可以提交 1 份正本和 3 份副本（当然，提交"两正两副"、"三正一副"或"4 份正本"也都符合要求）。

有关国际贸易单据"份数"的英文表达方法主要有 3 种。

（1）固定表达法。如：

一式 2 份：in duplicate	一式 3 份：in triplicate
一式 4 份：in quadruplicate	一式 5 份：in quintuplicate
一式 6 份：in sextuplicate	一式 7 份：in septuplicate
一式 8 份：in octuplicate	一式 9 份：in nonuplicate
一式 10 份：in decuplicate	……

（2）"Copy"表达法。"in M copies"（一式 M 份），（$M \geq 4$，$M \in n$）。例如，一式 6 份："in 6 copies"；一式 10 份："in 10 copies"等。

但是，在实际工作中使用"Copy"一词表达"份数"时，人们通常都不按理论上的规范执行，如"in 2 copies"、"in 3 copies"的用法会经常出现。

（3）"Fold"表达法："in N fold"（一式 N 份），（N = 1, 2, 3, …, n）。例如，一式两份："in 2 fold"，一式八份："in 8 fold"等。另外，在实际工作中也常出现把"fold"的复数写成"folds"的现象。

对上述有关单据份数表达方法的正确使用，建议大家：①尽量规范使用，不随心所欲；②对不规范用法能够看懂就行，在通常情况下不要刻意求全责备，免得影响合作。

四、国际贸易单据内容的大写和小写

在实际工作中，国际贸易单据都是使用大写的英文填写的，而且，实际工作中的往来商业函件也一般都使用大写的英文。这一点对于刚刚接触国贸专业的学生和新手来说会有些不习惯。但这种做法早已成为了业内的"规矩"，大家都要自觉地遵照执行，而不能我行我素、别出心裁、另辟蹊径，"创造"出一些整个行业都无法接受的新花样。

本书所列英文格式的全部单据中，小写的英文都属于"栏目的名称"，他们基本上都是事先印就的格式。单据中大写的英文，除了单据的名称以及题头上出单人的企业名称等项目之外，其他都属于"单据的填写内容"。

另外，本书所展示的全部国际贸易单据的填写内容，除了其中很少几个因特殊原因，实在无法与贯穿全书同一笔进出口业务关联之外，其余全部单据都是同一笔进出口贸易的实际业务中规定或必需的单据（个别），这样，就使全书内容形成了一个理论联系实际的、脉络清楚且非常完整的知识结构体系。

五、国际贸易单据的部分术语

国际贸易单据具有不少专业术语，其中有的在业内经常出现，而能够真正正确理解它们却又比较困难。下面选择了其中一些比较常用的国际贸易单据方面的术语，并分别做一些通俗的解释和说明。

（1）"装运单据"（Shipping Documents）：是指信用证要求的所有单据，但不包括汇票、电讯传送报告（Teletransmission Report）以及证实单据寄送的快递收据、邮政收据或邮寄证明。

（2）"运输单据"（Transport Documents）：是指承运人或其代理，在收到托运人交付的托运货物后，向托运人签发的证明"货物已经装上船，或者已经收到了货物"的收据。这些单据，有些是国际商会认定的，有些国际商会不认定，具体请参见表 6.1 和表 6.2。"运输单据"中最常用、最重要的单据有海运提单、国际多式联运运单、空运运单、国际铁路货物联运运单等。另外，"运输单据"与"装运单据"之间是"包含关系"，后者包含前者。

（3）"过期单据"（Stale Documents）：是指信用证支付方式下，迟于信用证规定的交单日期提交给银行；或者，当信用证单据中包含 UCP600 第 19~25 条所指的运输单据，信用证没有规定交单期限，而受益人向银行交单的时间晚于装运日期后 21 个日历日，或者晚于信用证的截止日期的全套信用证规定的单据。

（4）"第三方单据"（Third Party Documents）：是指信用证规定必须提交，但信用证或

UCP600 未规定出具人的，除开汇票以外的所有单据，这是一个非常模糊的概念。ISBP745 第 A19 段规定，如果信用证规定"第三方单据可以接受"，则该信用证项下的单据，除汇票必须仍然由受益人出具之外，信用证规定的其余单据可以由任何人出具，其中包括具名个人（named person）和实体（entity）。但如果信用证规定"第三方单据不接受"，①在理论上，不予理会（disregard）；②在实际操作上，严格按照信用证以及 UCP600 的规定出具单据。

（5）"船公司"（Shipping Company）：是指承运人、船长、租船提单下的船长、船东或租船人，或上述任何一方的代理（实体）。他们负责出具与运输单据有关的证明书或声明，但不限制他们是否出具或签署所提交的运输单据。

（6）"货运代理"（Freight Forwarder）：也叫"运输行"（Forwarding Agent），是指那些在货运市场上先承揽托运货物，然后再去向承运人办理托运的经营实体，它是"代理"的一种。它们先把零星分散的托运货物集中起来，当做一个整体去向承运人办理集中托运，再在目的地集中提货后又分发给一个个分散的收货人提走。因此，运输行向货主签发的运输单据不能用于向承运人提货。"货代"（运输行）和"承运人代理"的主要区别是：①"货代"是受托运人的委托，替托运人与承运人联系货运事务；"承运人代理"则是接受承运人的委托，替承运人办理有关的货运事务；②"货代"签发的运输单据，承运人不予认可，故不能用于在目的地向承运人提货；"承运人代理"签发的运输单据承运人认可，因此通常可以用于向承运人提货。

课后练习

一、判断题

1. 单证缮制必须做到正确、完整、及时、简明、整洁，其中正确是单证工作的前提。
（　　）

2. 各种单证的签发日期应当符合逻辑性和国际惯例，通常提单日期是确定各种单证日期的关键。
（　　）

3. 如果错过了信用证有效期到银行议付，受益人只要征得开证申请人的同意，即可要求银行付款。
（　　）

4. 银行对于信用证未规定的单据将不予审核。
（　　）

5. 在信用证支付条件下，究竟提供何种结汇单证，包括单据的份数和制作要求，都必须严格地按照合同的规定。
（　　）

6. 汇付是付款人主动通过银行等将款项交给收款人的一种支付方式，所以属于商业信用；而托收通常由银行托收，因此它属于银行信用。
（　　）

7. 国际贸易惯例对买卖合同当事人具有法律约束力。
（　　）

8. 制单原则中所说的"正确"是指各种单据必须符合有关国际惯例和进口国有关法令法规。
（　　）

9. 只要在 L/C 有效期内，不论受益人何时向银行提交符合 L/C 要求的单据，开证行一律不得拒收单据和拒付货款。
（　　）

10. 按照 UCP600 的规定，信用证的修改通知书有多项内容时，受益人可只接受同意的内容，而对不同意的内容予以拒绝。 （   ）

二、单项选择题

1. 所谓单据"与信用证严格相符"的原则，是指受益人必须做到（   ）。
   A. 信用证和合同相符　　　　　　　　　　B. 信用证和货物相符
   C. 单据和信用证相符　　　　　　　　　　D. 信用证和合同、单证都相符

2. 信用证的基础是买卖合同，当信用证与买卖合同规定不一致时，受益人应当要求（   ）修改。
   A. 开证行　　　　　　B. 开证申请人　　　　C. 通知行　　　　　D. 保兑行

3. 在信用证业务中，银行的责任是（   ）。
   A. 只看单据，不看货物　　　　　　　　　B. 既看单据，又看货物
   C. 只管货物，不看单据　　　　　　　　　D. 既看单据，又看合同

4. 在合同规定的有效期内，（   ）负有开立信用证的义务。
   A. 卖方　　　　　　　B. 买方　　　　　　　C. 开证行　　　　　D. 议付行

5. 在信用证付款方式下，银行付款的原则是出口商提交的单据与（   ）相符。
   A. 买卖合同的规定　　　　　　　　　　　B. 信用证的规定
   C. 信用证规定和买卖合同的规定　　　　　D. 合同规定或信用证的规定

6. 以下我方（中国的公司）出口的单价只有（   ）是正确的。
   A. 250 美元/桶　　　　　　　　　　　　　B. 250 美元/桶　CIF 纽约
   C. 250 美元/桶　CIF 广州　　　　　　　　D. 250 美元/桶　CFR 德国

7. 信用证中关于运输："Transshipment permitted, partial shipments allowed, but partial shipments of each item not allowed." 的意思是（   ）。
   A. 允许转运、允许分批，但每个品种的货物不得分批
   B. 允许转运、允许分批，每个品种的货物也必须分批
   C. 不允许转运、允许分批，但每个品种的货物不得分批
   D. 允许转运、不允许分批，但每个品种的货物不得分批

8. 信用证主要体现了（   ）之间的契约关系。
   A. 开证申请人与开证行　　　　　　　　　B. 开证行与受益人
   C. 开证申请人与受益人　　　　　　　　　D. 开证行与指定银行

9. 在托收支付方式下，单据缮制一般以（   ）为依据。如有特殊要求，就应当参照相应的文件或资料。
   A. 信用证　　　　　　B. 商业发票　　　　　C. 买卖合同　　　　D. 海运提单

10. 国际贸易的货款结算可以采用多种支付方式，其中，建立在银行信用基础上的方式是（   ）。
   A. 电汇　　　　　　　B. 票汇　　　　　　　C. 托收　　　　　　D. 信用证

三、多项选择题

1. 银行处理信用证业务，是以单证表面相符原则来决定是否付款，而不管实际货物如何。因此，出口方必须做到（   ），开证行才会承担付款责任。

A. 单证一致　　　　B. 单单一致　　　　C. 单同一致　　　　D. 单货一致

E. 单同证货都一致

2. 在国际货物买卖过程中，商品的价格通常包括的内容有（　　　）。

A. 计价货币　　　B. 计量单位　　　C. 支付方式　　　D. 单位金额

E. 贸易术语

3. 下列关于信用证与合同关系的表述正确的有（　　　）。

A. 信用证的开立以买卖合同为依据

B. 信用证业务受买卖合同的约束

C. 买卖合同是审核信用证的依据

D. 银行按信用证规定处理信用证业务

E. 银行按买卖合同条款审核单据

4. 国际贸易单据的制单原则中所说的"正确"是指（　　　）。

A. 单单相符　　　　B. 单证相符　　　　C. 单同相符

D. 符合国际统一格式

E. 符合有关国际惯例和进口国家的相关法律和法规

5. 根据 UCP600 的规定，在以下信用证单据审核的原则中，表述正确的有（　　　）。

A. 银行只负责审核单据表面的一致性

B. 银行对任何单据的形式、完整性、正确性、真实性、伪造或法律效力或单据上规定的或附加的一般及特别条款，不负任何责任

C. 在任何情况下，银行都不能接受日期早于信用证开证日期的单据

D. 银行对于单据所代表的货物的描述、数目、重量、品质、状况、包装、交货、价格或存在等都不负任何责任

E. 银行应审核单据，保证单据与合同规定相符

6. 根据 UCP600 的规定，下列选项正确的有（　　　）。

A. 银行只对单据表面做形式上的审查，对单据的真实性、有效性等不做实质性审查

B. 银行对单据中货物的描述、价值及存在情况负责

C. 银行对买卖双方的履约情况概不负责

D. 信用证开出后，对于买卖合同的内容的变更、修改或撤销，除非通知银行，否则银行概不负责

E. 信用证是独立于买卖合同之外的文件，信用证条款与买卖合同内容不符时，受益人无权提出异议

7. 在信用证业务的有关当事人之间，一定存在契约关系的有（　　　）。

A. 开证申请人与开证行　　　　　　　　B. 开证申请人与受益人

C. 开证行与受益人　　　　　　　　　　D. 开证申请人与通知行

E. 开证行与议付行

8. 下面中国进口报价中正确的有（　　　）。

A. USD50/MT CIF MARSEILES　　　　B. USD50/MT FCA TIANJIN

C. USD50/MT FAS LONDON　　　　　 D. USD50/MT CFR SHANGHAI

E. USD50/MT FOBC3% LIVERPOOL

9. 下列选项中，属于商业信用的结算方式有（　　　）。

    A. T/T   B. L/C   C. D/P   D. D/A   E. B/L

10. 在下列原因中，开证行有权拒付票款的有（　　　）。

    A. 单据内容与信用证条款不符   B. 实际货物未装运

    C. 单据与货物有出入   D. 单据与单据相互之间不符

    E. 单据内容与买卖合同条款不符

四、案例分析题

1. 某公司出口全棉劳动手套，货号 153，数量 5 000 打，客户开来信用证中注明商品的名称是 "100% Cotton Working Gloves Art. 153"（全棉劳动手套，货号 153）。该公司发运后随即到银行交单议付，银行发现发票上的货物名称写的是 "100% Cotton Working Gloves Art. 153"，而提单和保险单上的货物名称都仅写为 "Working Gloves"，就以单单不一致为由拒绝付款。该公司联系客户，客户也不愿意接受单据，最后只好降价 15% 以托收方式收回款项。试分析此公司的处理是否得当？为什么？

2. 我国某进出口公司对日本出口 10 000 公吨大豆，外商来证规定："Partial shipments are forbidden"（禁止部分装运）。我方由于货在不同产地，便在规定的装运期限内，在大连、新港各装 5 000 公吨于同一航次的 "前进" 号轮船上，提单上装运地和装运日各栏内分别注明了大连、新港和不同的装运日期。问：这是否导致 "单证不符"？为什么？

3. 某出口公司收到一份国外开来的不可撤销自由议付信用证，证中规定最迟装运日期为 20××年 5 月 9 日，信用证的截止日期为 20××年 6 月 1 日，截止地点为中国，要求提交的运输单据为海运提单，信用证对交单期限没有规定。受益人于 20××年 4 月 28 日将货物装船并取得已装船清洁提单，并于 20××年 5 月 20 日将全套单据向议付行交单。议付行以 "受益人迟交单" 为由拒绝议付。问：议付行指出的 "不符点" 是否成立？为什么？

第二章 国际贸易合同

在国际货物贸易中，每一笔交易涉及的环节都非常多，而每一个业务环节上的当事人又各不相同，各当事人之间发生经济关系就必然涉及经济合同关系，因此，在国际货物贸易中必然会有很多种合同。例如，出口商和进口商之间的合同叫"买卖合同"，出口商与生产供货厂家之间的合同叫"购销合同"，委托人与代理人之间的合同叫"代理合同"，托运人与承运人之间的合同叫"运输合同"，投保人与承保人之间的合同叫"保险合同"，申请人与担保人之间的合同叫"担保合同"，等等。本章主要介绍买卖合同，简单介绍购销合同和以代理货物贸易为主题的外贸代理合同。

第一节 买卖合同的主要条款

"买卖合同"通常是指一国的出口商（卖方）与另一国的进口商（买方）之间，就某项进出口货物的买卖所签订的对买卖双方都具有约束力的法律文书。这里所说的"通常"，其意思是指"在一般情况下是如此，而在某些特殊的情况下却并非绝对如此"，这是因为现在的"国际贸易"，已经由早年的"跨越国界的贸易"拓展到如今的"跨越关境的贸易"了。

【单证实物示例】
买卖合同

例如，中国大陆与中国香港、中国台湾、中国澳门之间的贸易，中国大陆内地自贸区内企业与自贸区外企业之间的贸易，A自贸区一企业与B自贸区的另一企业之间的贸易，中国大陆内地出口加工区内企业与出口加工区外企业之间的贸易，以及X出口加工区内一企业与Y出口加工区内的另一企业之间的贸易等。虽然这些贸易的当事人都是"中国的居民"，贸易的货物也都没有走出国境，但是它们也都属于"国际贸易"的范畴。

买卖合同也可以进一步细分，其细分列表如表2.1所示。

表 2.1 "买卖合同"的细分

合同名称	草拟人	主要特点
销售合同（Sales Contract）	卖方	金额较大、条款比较全面且在文本背面印刷有格式性条款，尽量限制买方
销售确认书（Sales Confirmation）		金额通常不大、条款比较简略，一般在文本背面没有格式性条款
购买合同（Purchase Contract）	买方	金额较大、条款比较全面而且很复杂，尽量限制卖方

下面，结合表2.2合同文本实例，介绍买卖合同各主要条款（栏目）的草拟思路、方法及应该注意的问题。

表 2.2　销售合同实例

销售合同
SALES CONTRACT

卖 方 Seller:	BEIJING HENGXIN IMPORT AND EXPORT TRADING CO., LTD. ROOM 6008, LIYE MANSION, 74 MAJIAPU EAST ROAD, FENGTAI DISTRICT, BEIJING CHINA 100068 TEL: 0086-10-51165208　FAX: 0086-10-51165199	编　号 No.:	HX20××0625
		日　期 Date:	JUNE 25, 20××
买 方 Buyer:	DUJODWALA PAPER CHEMICALS LTD., B12-B13 TULSIANI CHAMBERS NARIMAN POINT, MUMBAI	地　点 Signed in:	BEIJING

买卖双方同意以下条款达成交易：
This contract is made by and agreed between the Buyer and Seller , in accordance with the terms and conditions stipulated below:

1. 品名及规格 Commodity & Specification	2. 数量 Quantity	3. 单价及价格条款 Unit Price & Trade Terms	4. 金额 Amount
GUM ROSIN W/G GRADE DETAILED SPECIFICATION AS PER PROFORMA INVOICE NO. HX20××0523 DT. MAY 23, 20××	40M/T 2	INCOTERMS: CIF NHAVA SHEVA	
		USD1 300.00/MT	USD52 000.00
Total:	40M/T		USD52 000.00

允许 With	±10%	溢短装，由卖方决定 More or less of shipment allowed at the sellers' option

5. 总值 Total Value	SAY US DOLLARS FIFTY TWO THOUSAND ONLY.
6. 包装 Packing	PACKED IN DRUMS, ONE HUNDRED KELOGRAMS EACH FOR NET WEIGHT. TOTALLY IN FOUR HUNDRED DRUMS.
7. 唛头 Shipping Marks	AT BUYER'S OPTION.
8. 装运期及运输方式 Time of Shipment & means of Transportation	TO BE EFFECTED ON OR BEFORE THE END OF JULY, 20××WITH PARTIAL SHIPMENTS AND TRANSHIPMENT BOTH BEING ALLOWED.
9. 装运港及目的地 Port of Loading & Destination	FROM: ANY CHINESE PORT TO:　NHAVA SHEVA
10. 保险 Insurance	THE SELLER SHALL COVER INSURANCE FOR 10 PCT OVER INVOICE VALUE COVERING INSTITUTE CARGO CLAUSE（A）, INSTITUTE WAR CLAUSE（CARGO）AND INSTITUTE STRIKES CLAUSE（CARGO）, WAREHOUSE TO WAREHOUSE CLAUSE WITH CLAIMS PAYABLE IN INDIA. TRANSHIPMENT RISKS MUST BE COVERED. INSURANCE IS TO BE COVERED FROM SUPPLIERS WAREHOUSE IN CHINA TO NHAVA SHEVA PORT AND THEN UPTO APPLICANT'S WAREHOUSE ANYWHERE IN INDIA AND THIS SHOULD BE SPECIFICALLY MENTIONED IN THE INSURANCE POLICY/CERTIFICATE.
11. 付款方式 Terms of Payment	THE BUYER SHALL OPEN THOUGH A BANK ACCEPTABLE TO THE SELLER, PAYABLE AT SIGHT BEFORE JUNE 30, 20×× VALID FOR NEGOTIATION IN CHINA UNTIL THE 15TH DAY AFTER THE DATE OF SHIPMEDNT.
12. 品质和重量 Quality &Weight	Based on inspection certificate issued by ENTRY-EXIT INSPECTION AND QUARANTINE BUREAU OF THE PEOPLE'S REPUBLIC OF CHINA.
13. 备注 Remarks	

The Buyer
DUJODWALA PAPER CHEMICALS LTD.

The Seller
BEIJING HENGXIN IMPORT AND EXPORT TRADG CO., LTD.

（signature）×××

（signature）×××

1. 品名及规格（Commodity & Specification）

本栏的填写内容主要包括：买卖商品的名称及其规格。

如果买方有指定的商标，这里也需要注明。如果这个商标是买方指定而又不是卖方自己的已经经过注册的商标，合同上还需要做出特别的说明，如 "The trade mark used is appointed by the buyer. In case of any lawsuit resulted from it, the seller shall be not responsible."（此商标系由买方指定。如果因此引起了诉讼官司，卖方不承担责任。）

表 2.2 特别说明：

（1）本合同内容将贯穿全书整笔交易的全部单据（其中只有极少数单据与本笔交易不关联），读者可以前后连贯地对照着学习理解，这样，效果会更好。

（2）本书共有"买卖合同""卖方草拟的买卖合同的格式性条款""货物运输保险投保单"和"货物运输保险单"这4份单据栏目的格式是"汉英双语"，而且，沿袭了实际工作中的习惯做法：中文在上（前）、英文在下（后）。但在其他场合，凡是使用"英汉双语"的地方，则是使用的"英文在上（前）、中文在下（后）"的顺序。

---

2. 数量（Quantity）

本栏目填写的数量及其单位一定要与"单价"中的"计量单位"保持一致。例如，如果单价为"AT USD…/PAIR"（每双……元），本栏目就填写"…PAIRS"（双），而不能填写"…DOZENS"（打）或者"…CARTONS"（箱）等；如果单价为"AT USD…/MT"（每公吨……元），本栏目就填写"…M/T"（公吨），而不能填写"…KG"（公斤）或者"…BUSHELS"（蒲式耳）等。

表 2.2 的合同示范文本中还在第 5 栏特别添加了一栏"more or less clause"（溢短装条款），这一点在实际工作中非常有必要事先做出规定，因为现在国际贸易干杂货（普通货物）的运输，通常都是使用集装箱。在整箱货物（FCL）运输中，集装箱的运费是按集装箱的个数来计收的。只要不超重，一个集装箱装满了收取 2 300 美元的运费，只装一半也同样收取 2 300 美元的运费。而合同中的溢短装条款，既可保证卖方在装货时把集装箱装满，又可保证不会出现集装箱装不下的困难局面，从而确保集装箱空间得到最大限度的利用。

此外，在"货物溢短装"这一点上，有些国家的法律和惯例与国际商会规定的惯例有所不同，他们沿用的规则是：当买卖合同上没有明确货物允许溢短装时，不允许多装或少装合同中规定的货物。

表 2.2 所示的合同示范文本中还有一点不足之处，它没有明确规定"允许合同的金额与数量同时增加或减少相应的比例"（With a tolerance of …% both in quantity and amount being allowed）。这是因为有些国际惯例，如 UCP600 和 ISBP745 等，都没有明确规定诸如"如果信用证只规定了数量的增减幅度，其金额也可以随之增减相同的比例，反之亦然"之类的惯例。

3. 单价及价格条款（Unit Price & Trade Terms）

这一栏目实际上就是需要把国际贸易价格的 4 个组成部分全部列举出来，即计价货币、计量单位、单位价格和贸易术语。例如，"AT USD36.00/SET CFR BRISBANE"（每套 36 美元，成本加运费，运抵布里斯班）。

表 2.2 的合同示范文本中特别加列了"INCOTERMS"（国际商会的"国际贸易术语解释通则"），这是买卖双方为了明确"本合同仅适用国际商会的 CIF，而不适用于其他 CIF 的惯例"。实际上，这种标注还是有漏洞，应该在"INCOTERMS"之后加上"2010"才更加准确。

4. 金额（Amount）

这里的"金额"就是合同标的的总值（Total Value），它是"单价"与"数量"的乘积。有些买卖合同还特别加上大写金额，有的则不加。加与不加，区别不大。

5. 总值（Total Value）

"总值"和"金额"之间的关系如下。

（1）"金额"可以理解为一份合同项下数种买卖商品中某一种商品的"总价"，此时的"总值"则为这份合同项下全部买卖商品"总价"之和。例如，某份合同项下一共有 3 种商品，它们的"金额"分别是 USD15 000.00、USD23 000.00 和 USD30 000.00，这份合同的"总值"就是："SAY U.S. DOLLARS SIXTY EIGHT THOUSAND ONLY."（USD68 000.00）。

（2）当一份买卖合同项下只有一种买卖商品时，其"总值"和"金额"就可以理解为"同一个概念"。

6. 包装（Packing）

"Packing"是指"包装的方式"，如"cartons"（纸箱）、"wooden cases"（木箱）、"pallets"（托盘）、"bulk"（散装）等，这些主要都是指商品的外包装（outer packing）或称"运输包装"（transport packing）。

商品的包装通常细分为"内包装"（inner packing）和"外包装"。为了慎重起见，买卖合同一般会对商品的内、外包装的方式都做出比较详细、明确的规定，以防日后双方发生争执，例如，"Each set in a coloured box, one dozen sets with assortment to an export carton."［每一套装进一个彩印纸盒，一打（套）按照配码装进一个出口纸箱］。

7. 唛头（Shipping Marks）

"唛头"就是运输标志，其主要功能就是把一批货物同其他货物区别开，防止错装、错运、错卸和错放。虽然在专业书上通常都称其为"Shipping Mark"，但在国际贸易单据上却很少这样称呼，最常见的写法是："Marks & Numbers"。

如果买卖双方在签约时，唛头已经确定了，此时就直接把唛头填写在合同上；如果唛头还没有确定，就可以简单地填写"To be informed"（待定）；如果双方商定由卖方确定唛头，也可以在此处予以明确，例如，"To be decided by the seller"（唛头由卖方自定）。

8. 装运期及运输方式（Time of Shipment & Means of Transportation）

在实际工作中，最常见的"装运期"的规定方法有两种。

（1）只规定最迟的装运期限。例如，"Latest date of shipment: Feb. 28, 20××."或者，"Shipment to be effected on/or before Feb. 28, 20××."（这两句的意思相同，都是：货物在 20××年 2 月 28 日或之前装运。）

（2）规定一个装运的时间区间。例如，"Shipment to be fulfilled within Jan. and Feb. of 20××."（货物在 20××年 1 月和 2 月份以内装运。也就是：20××年 1 月 1 日之前不能装运，20××年 2 月 28 日之后也不能装运）。

"运输方式"主要包括以下几种："by sea/ship/vessel"（海运）、"by train/rail"［铁路运输，其全称应为 international railway through transport（国际铁路联运）］、"by air/plane/airplane"（空运）和"by international multimodal transport"（国际多式联运，其中，

"international multimodal" 在实际工作中也被缩写成 "intermodal"）等。

此外，买卖合同中还会特别规定 "是否允许转船"（transhipment）、"是否允许部分装运"（partial shipments），这些都是对卖方装运合同货物的限制，都很有必要事先在合同中规定清楚，以免日后双方出现分歧和争议。

9. 装运港及目的地（Port of Loading & Destination）

"装运港" 在实际工作中也称 "loading in charge"，还有写成 "from" 的；"目的地"也有称 "for transport to" 或者 "to" 的。例如，"The goods to be transported from Shanghai to Los Angeles by ship."（海运，装运港：上海；目的港：洛杉矶。）

"目的地" 的全称应该是 "place of destination"，它包含 "port of destination"（目的港）。此外，在单一的海运方式下，"port of discharge"（卸货港）就是 "port of destination"。

国际商会明确规定，运输单据（transport documents）上必须分别注明货物的装运港（地）和目的港（地）。具体请参见 UCP600 第 19～25 条中的相关内容。

另外，表 2.2 的合同示范文本中的装运港使用了 "any Chinese port"（任何中国港口），这种合同规定方法是完全可以的，只是在填制相关单据时，只能填写任意一个在中国大陆境内具体的港口名称，如 "Qingdao，China"（中国青岛）、"Tianjin，China"（中国天津）等，绝对不能照着合同或信用证的 "any Chinese port" 原文填写到单据上。其理由很简单：装运港口不明确、不具体。货物到底是在哪个具体的港口装运的呢？"any Chinese port" 根本无法回答这个问题。

10. 保险（Insurance）

此栏目根据买卖合同规定的贸易术语，有两种填写方法。

（1）在 FOB（装运港船上交货）、FAS（装运港船边交货）、FCA（货交承运人）、CFR（成本加运费，运至指定目的港），以及 CPT（运费付至指定目的地）等由买方办理货运保险的贸易术语下，合同中此栏目只需要注明一句 "Insurance to be covered by the buyer."（货运保险由买方自理）即可。

（2）在 CIF（成本加运费加保险，运至指定目的港）和 CIP（运费和保险付至指定目的地）等由卖方办理货运保险的贸易术语下，合同中此栏目就需要尽量详细地列明以下几条内容。

① 确定保险金额（Amount Insured），如 "for full invoice value plus 10%"（按照足额的发票金额再加成 10%）等。

② 适用的保险条款（Applicable Insurance Clause），如 "as per the Ocean Cargo Clause of the PICC dated Jan. 1, 1981"（按照中国人民保险公司 1981 年 1 月 1 日的海运货物险条款）等。

③ 投保的险别（Insurance Coverage），如 "covering All Risks, War Risk and Strikes"（投保 "一切险" "战争险" 和 "罢工险"）等。

④ 规定保险起讫（Insurance Duration），如 "from warehouse of the consignor in the export country until the goods arrive at the warehouse of the consignee in the final destination of the import country"（货物从出口国发货人的仓库开始起保，直到货物运抵进口国最终目的地的收货人仓库为止）等。

⑤ 规定保险赔付地点（Place of Claim Settlement），如 "claims if any, payable at destination"

（保险索赔可在目的地赔付）等。

⑥ 其他规定事项（Other Stipulations），如 "Irrespective of percentage"（不计算免赔率）等。

11. 付款方式（Terms of Payment）

支付方式主要有信用证、汇付和托收 3 种。

（1）信用证（L/C）。主要规定买方开证的时间、开证银行、兑用方式、交单的期限、付款的期限、信用证截止的期限和地点等。例如，"The buyer shall open through a bank acceptable to the seller an irrevocable L/C to reach the seller 60 days before the date of shipment, payable at sight, available with any bank by negotiation, and remain valid in China until the 21st day after the date of shipment."（买方将通过一家卖方认可的银行开立不可撤销的信用证，在装运期限的 60 天之前送达卖方。兑用方式为即期议付，可在任何银行兑用。该信用证在装运日期后的第 21 天在中国截止。）

"兑用"（Availability）是指在信用证支付方式下，受益人将全套信用证规定的单据提交给银行（指定银行或开证行），并要求其支付信用证款项的行为。

（2）汇付（Remittance）。主要规定买方付款的时间、次数，卖方的收款银行的汇路、账号等。例如，"The buyer should remit 30% by T/T at 30 days before the date of shipment and pay up the balance by T/T immediately after shipment but before the seller sending the documents. The seller's bank, the remitting route and account etc. shall be advised by the seller soon afterwards."（买方应在装运日期的 30 天之前电汇 30%，余款在货物装运以后、卖方寄出单据之前付清。卖方的银行、汇路及账号将在随后告知买方。

（3）托收（Collection）。托收这种支付方式对于卖方来说风险比较大，如今已经很少使用。托收的合同条款也比较简单，如 "Payment by D/P at sight"（托收支付，即期付款交单）等。

12. 品质和重量（Quality &Weight）

这一栏目主要用于明确规定合同货物检验的品质和数量最终怎么认定。实际工作中常用的检验方法有以下几种：

（1）针对法定检验（Compulsory Inspection）商品，合同上一般规定以我国出入境检验检疫局的检验结果作为买卖货物品质、数量（重量）的依据。货到目的地后，如果买方对其品质、数量（重量）有异议，可以复检。如果复检的结果证明货物确实不符，买方有权向卖方提出索赔，同时，复检的费用也由卖方承担。

（2）针对非法定检验商品，买卖合同可以选择以下规定：

① 在整批货物生产就绪以后、出运之前，委托一家买卖双方均认可和接受的具有一定资质的检验机构对货物实施检验，并以其出具的检验报告作为该批商品品质和数量（重量）的最终结论。尤其是买方指定的检验机构的检验结果，买方更无权推翻。

② 买方自己或派人在货物装运之前对货物实施检验，并凭以发货和收汇，作为品质、数量（重量）的证明。

表 2.2 所示的合同示范文本中，此栏目的填写内容有些过于简单，这可能是因为：①固定格式预留的空位太狭小了；②买卖双方是相互之间比较信任的老客户，且对货物的品质、数量（重量）的认定已经达成了默契；③这份合同由卖方草拟，在一些限制卖方自己的条款上有些轻描淡写。

第二节　买卖合同的格式性条款

在国际贸易的买卖合同中，除了第一节系统介绍的主要条款之外，一般的合同文本，通常还会在文本的背面事先印就一长串的格式性条款。这些条款与买卖双方讨价还价、特别商定的条款有所区别，它们并不特别针对某一特定的客户，也不针对某一批具体的合同货物，而只是笼统地针对每一个与草拟这份合同有关的生意伙伴。其中的条款，有些是起声明和说明作用的，在随后的合同履行过程中如果发生了争议，就可以为自己开脱责任，避免损失；也有一些条款是刻意制约对方的，以防止对方因为这样或那样的原因违约，给自己造成损失。

下面，我们把实际工作中分别由卖方和买方草拟的买卖合同格式性条款加列出来，并且配以中文翻译。通过细读、对照这两份格式性条款的内容，可以很容易地发现买卖双方为了各自的利益，是如何既合作又斗争的。

这些合同的格式性条款，虽然在表面上并不直接针对双方已经达成的交易，但它们绝对是约束双方买卖合同法律条款不可分割、不可忽视的组成部分。因此，在实际工作中一定不要忽视这些事先印就的格式性条款，一定要对它们具有一定的认识和了解，以免给我们的工作带来不必要的麻烦和损失。

一、由卖方草拟的买卖合同的格式性条款实例

这是一份由国内出口商草拟的销售合同的格式性条款，其内容比较详实，具有较强的实用性。根据实际工作的惯例，使用"中文在上、英文在下"的汉英双语的格式将其展示如下：

一般性条款（General Terms & Conditions）

（1）品质、重量、尺寸、颜色等允许合理差异，对合理范围内提出的索赔，概不受理。

Reasonable tolerance in quality, weight, measurements, designs and colours is allowed, for which no claims will be entertained.

（2）本销售确认书所定商品如属手工制作，其规格和造型允许有一定程度的出入；如属天然原料的，则在色泽等方面也可以具有一定的差异。

If the commodities contracted herein are hand-made, some deviations in specifications in specifications and patterns should be allowed. While for those made of natural materials, variations in shades, tins are unavoidable.

（3）买方对下列各点所造成的后果承担全部责任：① 不及时提供生产所需的规格及其他细则；② 不按时开立信用证；③ 信用证条款与本销售确认书不相符而不及时修改。

The buyer are to assume full responsibilities for any consequences arising from ① Late submission of specifications or any other details necessary for the execution of this S/C; ② Late establishment of L/C; ③ Late amendment of L/C inconsistent with the provisions of this S/C.

（4）品质、数量异议：如买方提出索赔，凡属品质异议，须于货到目的口岸之日起30天内提出；凡属数量异议，须于货到目的口岸之日起15天内提出，还需提供经卖方同意的公证机构出具的检验报告。对所装货物所提任何异议属于保险公司、轮船公司、其他有关运输机构或邮政部门所负责，卖方将不负任何责任。

Quality/Quantity discrepancy: In case of any quality discrepancy, the buyer may, within 30 days after the arrival of the goods at the port of destination; while for quantity discrepancy, the buyer may, within 15 days after the arrival of the goods at the port of destination, lodge a claim against the seller with the inspection report issued by a notary institute acceptable to the seller. The seller shall not be liable for any discrepancies attributable to the insurance company, shipping company, other transportation organization or post office.

（5）买方须在上述规定的时间内开出本批交易的信用证，否则，卖方有权：不经通知取消本销售确认书，或接受买方对本确认书未执行的全部或一部分，或对因此遭受的损失提出索赔。

The buyer shall establish the covering letter of credit before the above stipulated time, failing which the seller reserves the right to rescind this S/C without further notice, or to accept whole or any part of this S/C non-fulfilled by the buyer, or to lodge a claim for direct losses sustained, if any.

（6）凡以 CIF 条件成交的交易，保险金额按发票金额的 110%投保，并以本销售确认书中所开列的金额为限；买方如要求增加保险金额或保险范围，应于装船前经卖方同意，由此而增加的保险费由买方负担。

For transaction conclude on CIF basis, the insurance shall be covered for 110% of the invoice value against the risks specified in the S/C. If additional coverage is required by the buyer, the buyer must have the consent of the seller before shipment, and additional premium is to be borne by the buyer.

（7）所有的信用证银行费用均由买方负担。

The relevant bank charges arising from the L/C shall be for the buyer's account.

（8）本销售确认书内所述全部或部分商品，如因不可抗力以致不能履约或延迟交货，卖方概不负责。

The seller shall not be held liable for failure or delay in the delivery of the entire lot or a portion of the goods under this S/C in consequence of any force majeure incidents.

（9）凡因执行本协议发生的一切争议，应以友好方式协商解决。如果协商不能获得解决，应提交中国国际贸易促进委员会对外经济贸易仲裁委员会（北京），根据该机构的仲裁程序暂行规定进行仲裁。仲裁裁决是终局的，对双方都有约束力。

All disputes arising from the execution of this S/C shall be settled through friendly negotiation. If no settlement can be reached through negotiation, the case shall then be submitted to the Foreign Economic and Trade Arbitration Commission of the China Council for the Promotion of International Trade, Beijing, for arbitration in accordance with its provisional rules of procedure. The arbitral award is final and binding upon both parties.

二、由买方草拟的买卖合同的格式性条款实例

以下引用的是一份由国外进口商草拟的购买合同的格式性条款，外国商人精明、细致、缜密的思维和表达方式值得学习和借鉴。下面使用"中文在上、英文在下"的英汉双语格式

将其展示如下：

一般性品质条款（General Quality Requirements）

1. 程序

每一批产品都必须达到的要求。

每一个上市决策都要以提交的商品为基础，提交的商品要在销售之前彻底检验。在其他事项中，检查的结果将作为对后续交付货物（基本检验）评估的基础，其中包括副本单据；我们期望准备交付的商品在最终清关后与样品完全相符。此外，所有特定产品的问卷和附件等因素都将被视为性能的保证，也将被当做商品评价的基础。

Procedure

The product requirements at a time must be complied with.

A listing decision will be taken on the basis of the merchandise presented. The merchandise presented will be subjected to a thorough inspection prior to being marketed. Amongst other things, the findings of the inspection will serve as an assessment basis for subsequent deliveries (basic inspection), incl. photographic documentation; we expect only merchandise in full compliance with samples to be delivered and after final clearance thereof. In addition, all parameters of the product-specific questionnaire and the annexes thereto shall be deemed to be properties warranted and shall also be used as a basis for assessment purposes.

2. 物理、化学要求

一切可行的规定，应该按照 ASU1 §64 LFGB2 的程序贯彻执行。根据对所提交商品在上市前所做的基本检验的结果所确定的价值，将按其波动和误差的分析结果做出。

此外，对有机产品而言：对农药检查结果的评估，目前适用的分析波动幅度为 50%将予考虑。总之，不能有两种以上的物质。

针对特定的产品，丙烯酰胺和 3-MCPD（酯）的含量应当在原材料的选择和技术生产过程这两方面尽量降低。

Physio-chemical requirements

Stipulations, insofar available, shall be carried out pursuant to the ASU § 64 LFGB2 procedure. The values determined within the scope of the basic inspection prior to entry in a listing by means of the merchandise presented are subject to analysis fluctuations and tolerances.

In addition, in the case of organic products: During the assessment/evaluation of the results of the pesticide examination, the currently applicable analytical fluctuation margin of 50% shall be taken into account. Overall, there shall not be proof of more than two substances.

Depending on specific products, the contents of acrylamide and 3-MCPD（esters）shall be minimised as far as possible through the selection of raw materials and technical production processes.

3. 微生物要求（在 BBD /消费日期的后期）

按照 DGHM 的要求，没有粪便污染指示菌和病原体。

微生物稳定直到 BBD 期限结束。

根据现有的微生物的规定，应当按照设置在 ASU § 64 LFGB 中的程序贯彻执行。

Microbiological requirements（at the end of the BBD/date of consumption）

In accordance with the DGHM. Free of faecal indicator germs and pathogens.

Microbiologically stable until the end of the BBD.

The microbiological stipulations, insofar available, shall be carried out pursuant to the procedure set out in the ASU § 64 LFGB.

4. 附加因素

商品必须经过 Stiftung Warentest /Ökotest 检测，并且得到了极好的评价。产品中不得含有异物。每个生产批次至少保留两个留存样品，并且要保存到 BBD 的期限截止。特殊的规则，如冷冻食品和罐头食品等，将根据食品杂货店存于货架上的要求而规定较长的保质期限。

Additional parameters

It must be ensured that the article is given a very good assessment in the event of a test by Stiftung Warentest/Ökotest. The product must be free of foreign bodies. At least two reserve samples are to be retained for each production batch. These are to be kept at least until the BBD. Special rules will be stipulated upon request for groceries with a long shelf life, such as frozen and canned foods.

5. 包装

包装材料必须具有包装合格证书。此外，必须有证据表明，为 Edeka 生产的产品包装材料，在符合规定的储存条件，在 BBD 的消费日期截止之前是无害的。

所使用的黏合剂、润滑剂、印刷颜料等物质，必须提供有关的合格证书，以确保它们与食品混合使用是无害的。

包装材料不得导致最终产品任何外观上的变化。必须确保矿物油成分不会通过包装材料渗透到食品中去，包括在二次包装，或在相关设施中临时存储的时候。

这代表并且保证不包含第 1907/2006 号欧洲共同体法规（EC）所高度关注的涉及注册、评估、授权和限制化学品（REACH）之类的物质。这种"高度关注物质的备用清单"（SHVC 清单）应为最新版本。

否则，这些高度关注的物质将要以挂号信的形式报告给 EDEKA ZENTRALE AG & Co. KG 公司的质量管理部门，并且需要相关的回执。这些物质只有经 EDEKA ZENTRALE AG & Co. KG 公司的质量管理部门书面批准之后才能使用。

每一次的 SVHC 清单都是最新的，供应商需要核实内包装和外包装中所包含的物质是否包含在该清单之内。在这种情况下，供应商应立即使用挂号信把这些物质报告给汉堡的 EDEKA ZENTRALE AG & Co. KG 公司的质量管理部门，并且需要相关的回执。

每一个托盘上都必须标注"EAN 128"标识。

Packaging

Certificates of conformity must be available for packaging material. In addition, there must be evidence to show that the packaging material is harmless when used for the articles produced for EDEKA until expiry of the BBD/date of consumption subject to compliance with the storage conditions listed.

When using adhesives, lubricants, print colours, etc. certificates of conformity must be available for the relevant substances to guarantee that their use is harmless in combination with foodstuffs.

The packaging material shall lead to no sensory changes whatsoever to the end product. It must be ensured that no mineral oil components are transferred to foodstuffs by packaging materials, including secondary packaging, or during interim storage in the relevant facility.

It is represented and warranted that no substances of high concern within the meaning of the European Community Regulation（EC）No. 1907/2006 concerning the Registration, Evaluation, Authorization and Restriction of Chemicals（REACH）are contained. Basis shall be the updated "Candidate List of Substances of Very High Concern"（SHVC list）.

Otherwise, these substances of high concern will be reported to the Quality Management Department of EDEKA ZENTRALE AG & Co. KG by registered letter, return receipt requested. Such substances may only be used after approval in writing of the Quality Management Department of EDEKA ZENTRALE AG & Co. KG.

Each time the SVHC list is updated, the supplier shall check whether substances have been included that are contained in primary and secondary packaging. In this case, the supplier shall immediately report these substances to the Quality Management Department of EDEKA ZENTRALE, Hamburg by registered letter, return receipt requested.

Each pallet must bear the marking EAN 128.

6. 辐射

最终产品及其成分/原料都没有受到过电离辐射。

对于有机产品：最终产品或其成分，其利用电离辐射系依据（EEC）第 2092/91 号关于"有机生产"的条例，或者，在必要的时候，依据（EC）第 834 / 2007 号条例而加工生产的，则不得进行处理。

Radiation

The final product and its ingredients/raw materials have not been treated with ionizing radiation.

Instead, the following applies to organic products: The end product or its ingredients must not be subjected to treatment that makes use of ionizing radiation pursuant to（EEC）Ordinance no. 2092/91 "Organic production" or, where applicable,（EC）Ordinance no. 834/2007.

7. 基因工程

玉米和大豆的成分只有当它们属于 IP 货物，且在已经签发了适当的阴性 PCR 证书的情况下才能利用。用于生产该产品的大豆一定不能来自亚马逊雨林地区。

兹保证：依据（EC）第 1829 / 2003 号法规和（EC）第 1830 号/ 2003 号法规，凡含有转基因生物（GMO），或由转基因生物组成及/或由转基因生物制成，或用含有转基因成分的物质生产的产品，包括添加剂和香料等，绝不可交付给 EDEKA ZENTRALE AG & Co. KG 公司。

供货商已经取得了上游供应商出具的确认书，证实交付给 EDEKA 公司的货物不包含任何转基因生物，也不是由转基因生物组成及/或由转基因生物制成，也不是用含有转基因成分的物质生产的产品，包括添加剂和香料等。如果有必要，EDEKA ZENTRALE AG & Co. KG 公司将保留要求得到有关转基因声明/阴性 PCR 检测证书的权利。

除开一些巧合或技术上不可避免的污染等因素外，商品中某一种单个物质的转基因成分都不能达到 0.9% 的临界值。

对于有机产品：基因工程自由生产所需的，要在"有机生产"（EEC）第 2092 / 91 号条例和第 834 / 2007 号条例的范围内进行，且必须由供货商给予保证。

Genetic engineering

Maize and soya components may only be utilized if they are IP goods and the appropriate certificates of negative PCR tests have been issued. The soya used to manufacture the products must not originate from the areas of the Amazon rainforest.

It is hereby guaranteed that pursuant to Regulation（EC）No. 1829/2003 and Regulation（EC）No. 1830/2003 no products are delivered to EDEKA ZENTRALE AG & Co. KG which contain genetically modified organisms（GMO）or which consist of the same and/or which are made from GMO or which contain ingredients produced from GMO, including additives and aromas.

Confirmations from the upstream suppliers stating that the goods delivered to EDEKA do not contain any GMO or consist of the same and/or are not made from GMO or do not contain any ingredients produced from GMO, including additives and aromas, have been obtained. EDEKA ZENTRALE AG & Co. KG reserves the right to demand GMO declarations / certificates of negative PCR tests if necessary.

Excepted from this are coincidentally or technically unavoidable contaminations with genetically modified material up to a threshold value of 0.9%, referring to a single ingredient.

Instead, the following applies to organic products: The genetic engineering free production required within the scope of "organic production"（EEC）Ordinance No. 2092/91 and Ordinance No. 834/2007 must be ensured by the supplier.

8. IFS 证书 / MSC 证书

生产加工厂目前已经获得了"国际食品标准"（IFS）认证。到 IFS 审计窗口（www.food-care.info）去访问 Edeka-Zentrale，以便查看审计报告。生产计划将在签订合同的基础上立即制定出来。

对于渔业产品：供货商必须获得现有的 MSC 证书，并且要保证所有的供货商都获得 MSC 证书。

IFS certification / MSC certification

The manufacturing plant is currently certified according to the International Food Standard（IFS）. Access for Edeka-Zentrale to the IFS Audit Portal（www.food-care.info）in order to view audit reports and action plans will be set up immediately upon conclusion of contract.

In lieu of the above, the following applies to fishery products: A current MSC certificate must be available. It is to be guaranteed that MSC certificates are also available for all vendor suppliers.

9. 一般协议

任何变化，如产品原料的成分、生产场所、标签、包装等，在没有得到 EDEKA Zentrale

AG & Co. KG 公司的同意之前，不能做出任何改变。

此项要求构成产品的原料成分、生产方式、标签和包装的基础。

产品问卷必须符合本产品要求中规定的指标。

签署对本产品的要求，将使以下与之相符的要求都得到保障。因此，在这方面就具备了一定的质量保证。这个方法也同样适用于特定产品的问卷。

供货商在竞争环境中也应受到产品监督义务的约束。如果竞争对手们的可比产品在上述因素方面发生了变化，供货商将有义务无延迟地向 EDEKA 告知这些变化。

此外，以下适用于罐头食品：

供货商特此确认，所有交付的货物在灌装和密封以后，都使用一台最先进的 X 光机进行过异物检测。

"进行过 X 射线检测"的确认书上需要说明所使用的机器/型号，并与每批发运货物批次号的清单一同提交。根据 EDEKA 的要求，还要向其提交相关的生产报告。

General agreements

Any change, e.g. in the composition, production site, labeling, packaging, etc., must be agreed in advance with EDEKA Zentrale AG & Co. KG without being requested to do so.

This requirement constitutes the basis for the composition, manner of manufacturing, labeling and packaging of the product.

The product questionnaire must meet the parameters defined in this product requirement.

By signing this product requirement, compliance with the requirements hereunder shall be guaranteed; accordingly, a quality guarantee is assumed in this respect. The same applies to the product-specific questionnaire.

The supplier shall also be subject to a product monitoring obligation in the competitive environment. If changes are made to comparable products of competitors with respect to the aforementioned parameters, the supplier will be obliged to notify EDEKA of such changes without delay.

In addition, the following applies to canned food:

The supplier hereby confirms that, after filling and sealing, all the goods delivered were checked for foreign bodies by means of a state-of-the-art X-ray machine.

A confirmation of the X-ray detection carried out, stating the machine/model used, has to be enclosed with the lists of lot numbers for each consignment. At EDEKA's request, the relevant production reports are to be presented.

10. 法律依据

本产品完全符合欧洲相关法律中关于食品的所有相关规定，而且，是在法律的有效期内，特别适用于德国。

特此担保该项产品在德意志联邦共和国内市场的可销性。

Legal basis

The product fully complies with all relevant regulations under the law relating to food applicable in Europe and in particular in Germany in the version valid at a time.

The marketability of the product within the Federal Republic of Germany is hereby guaranteed.

第三节　购销合同

在通常情况下，外贸企业把国内的货物出口到国外，但这些出口货物并不是他们自己加工生产出来的，而是外贸企业在取得了国外进口商的订单之后，先从国内的生产厂家把这些出口货源买进来，然后再把它们装运出口到国外去。出口商与国内生产制造商或供货商签订的货物买卖合同就是"购销合同"。

购销合同与买卖合同相比较，二者的主要区别如下。

（1）买卖合同是对外的，因此通常使用英文填写；而购销合同则主要用于国内企业之间，只使用中文。

（2）买卖合同签署使用的印章并不是企业的法人公章，而是在国内并不具备法律效力的英汉对照或纯英文的条形印章；而购销合同则必须加盖双方当事人的"合同专用章"，否则，我国的法律将不予认可。

下面，围绕前文买卖合同项下的买卖商品，把出口商与生产供货商签订的购买出口货源的购销合同的实例展示如表 2.3 所示，这里不做评述和解释。

表 2.3　购销合同实例

购 销 合 同

签约日期　20××年 7 月 5 日　　　　　　　地点　重庆　　　　　　　编号 XX 字第　0136 号

北京恒信进出口贸易有限公司　（以下简称甲方）向　重庆顺天化工科技有限公司　（以下简称乙方）

购买本合同项下货物，根据《中华人民共和国经济合同法》，经双方协商，签订本合同，遵守下列条款。

品 名	规 格	单 位	数 量	单 价	金额（元）	备 注
松香	W/G 级	公吨	40	¥8 300.00	¥332 000.00	

外观	透明的玻璃状，易碎，浅黄色至黑色，带有芳香气味。			
其他规格				
密度	熔点	纯度	闪点	溶解度
1.07 G/CM³	70～72℃	≥68.00%	180℃	氯仿 0.1 G/ML

总金额	（大写）人民币叁拾叁万贰仟元整

一、商品品质、规格要求详见附件或生产通知单，此附件或生产通知单为本合同不可分割的组成部分。

二、包装要求及费用负担：　镀锌铁桶包装，每桶净重100 公斤，包装费用由乙方负担。

三、交货时间、地点及运费负担：　在20××年 7 月 15 日或之前由乙方自负费用将货物运至上海指定地点。

四、检验方法：先由乙方初检；在出货前，由　重庆市　出入境检验检疫局检验，并出具商检合格证书；货到出口目的港后由进口商复验。如复验发现数量、规格、质量有问题而提出索赔时，由　责任　方负责赔偿。

五、结算方式：　甲方在签订合同后 3 天之内预付30%货款，余款在乙方交货后 1 周内付清。

六、本合同签订后，如一方需要修改或终止，必须在交货期前　5　天之内提出，征得另一方同意并签订协议书。

七、本合同签订后，即受法律约束，任何一方违反本合同条款，均按《中华人民共和国经济合同法》和有关规定承担经济责任。

八、合同执行中发生纠纷，双方应首先协商解决。协商不成时，任何一方均可向重庆地区人民法院起诉。

九、其他约定事项：＿＿
＿＿

十、本合同中双方签字盖章（甲方盖北京恒信进出口贸易公司合同专用章）后即生效。

甲　　方　　（盖章）		乙　　方　　（盖章）	
代表：	×××	代表：	×××
电话：	××××	电话：	××××
开户银行：	××××	开户银行：	××××
银行账号：	××××	银行账号：	××××
单位地址：	××××	单位地址：	××××

第四节　代理进出口协议书

在我国的进出口贸易业务中，经常会出现一种比较特殊的情况：国内某家企业自己拥有现成的出口商品，也有现成的国外客户，却不以"出口商"的身份，由他们自己直接把货物出口到国外去，而是委托一家外贸公司代替他们以"出口商"的名义，与国外客户签订买卖合同，向出口海关申报出口货物，向国外客户收取出口外汇账款。在整个出口买卖全部完结以后，委托人向外贸代理人支付约定的代理手续费。在进口业务中也常有类似的进口代理业务发生：国内企业需要从国外进口一批商品，他们不直接跟国外的卖家签约、开立信用证、支付外汇货款、办理货物的进口通关手续等，而是委托一家国内的外贸企业代其办理上述相关事宜。在整个进口事宜办妥之后，委托人向外贸代理支付约定的代理手续费。

这些外贸代理业务中的委托人并不是常年都有很多进口或出口的买卖要做，只是偶尔有一两笔进出口业务。

出现这种外贸代理的原因，主要是委托人不具备自己直接办理进出口贸易业务的条件，如他们自己没有熟悉进出口业务的外贸专业人才，很难把这些复杂的进出口业务环节处理好。另一方面，也可能是这些委托人的企业领导害怕麻烦，宁可支付一点代理费，委托外贸专业公司的专业人员把这些进口或出口的事情尽快办理完毕。

外贸代理业务当然会涉及多方面的法律问题，如果处理不当，当事人轻则蒙受经济损失，重则惹上法律诉讼，因此，委托人和代理人双方在事前酝酿、协商、签署一份对双方都具有约束力的代理进出口协议书，是非常必要且必不可少的。

代理出口协议书实例如表 2.4 所示（见表 2.4）这里不做评述和解释。

表 2.4　代理出口协议实例

出口代理协议

甲方：湖北国际航空服务有限公司（代理人）

乙方：武汉市××科技有限公司（委托人）

现就甲方代理乙方出口合金钨事宜达成如下协议。

一、甲方代理乙方办理相关货物的出口、结汇以及出口退税等项事宜。相关出口业务完结后，乙方按其收购合同的人民币总价值的3%一次性向甲方支付出口代理手续费。

二、相关出口业务的一切风险和费用概由乙方承担。

三、俟出口收汇以后，甲方按银行结汇水单上的人民币净值扣除约定的代理手续费、代扣地税以及其他甲方已经或将要垫付的税费以后，将余款全部支付给乙方。如果乙方不能出具相关的增值税发票，甲方还须在结汇货款中额外扣除17%的增值税应税税额以备代缴。甲方在相关货物的出口手续办理完毕、相关出口退税单据齐全以后，及时办理出口退税，并在退税款到账、扣除相关代垫税费以后，立即将余额支付给乙方。

四、甲方可以应乙方请求，代理其办理有关货物的出口手续，如与国外买方签约、衔接支付、代办出口通关、装运手续等，但其费用概由乙方承担。

五、乙方不得违反国家规定而出口违禁货物，不得走私，不得错报货物名称，不得高报、低报、漏报或瞒报出口货物的数量和价值。否则，由此产生的一切法律后果概由乙方承担。

六、甲、乙双方如有未尽事宜，可经双方协商以后再做补充协议。本协议一式两份，有效期为壹年，经签字盖章以后立即生效。

甲方：湖北国际航空服务有限公司　　　　　　　　　　　乙方：武汉市××科技有限公司

××× 　　　　　　　　　　　　　　　　　　　　×××

20××年 2 月 5 日

特别说明一点：上面的代理出口协议实例的第三条中有关"出口退税"的问题，在代理出口业务中，如果委托人和代理人都愿意向海关、国税局等主管部门公开其出口贸易系"代理出口"业务，出口退税也可以由委托人自己的名义，在货物出口通关放行之后，直接凭相关单据向管辖范围内的国税局申请办理出口退税,受理的国税局把退税款项直接退给委托人。

课后练习

根据下列给出的信息，填制一份买卖合同（表 2.5）。

1. 出口商：HUBEI XINXU IMPORT AND EXPORT TRADING CO., LTD.

56 DONG TING STREET, WUHAN 430014, CHINA

2. 进口商：UNIDRESS TADMIT LTD.

9 KATZENSTEIN ST.

26000 HAIFA – BAY，ISRAEL

3. 买卖商品：

garments	货　号	数量（条）	单价（CIF HAIFA PORT）	总　值
PANTS	47Z46/368/530	2 010PCS	USD 3.76/PC	USD7 557.60
PANTS	4741Z/051/899	9 060PCS	USD4.04/PC	USD36 602.40
合　计		11 070PCS		USD44 160.00

4. 合同号码：16IS215/216/218/204

5. 合同日期：APRIL 18, 2016

6. 允许溢短装 3%

7. 装运港：SHANGHAI；目的港：HAIFA PORT

8. 最迟装运期：JULY 31, 2016

9. 允许部分装运，不允许转船

10. 支付方式：信用证，在提单日期后 60 天付款

11. 包装：一条装一个塑料袋，30 条装一个纸箱

12. 按发票金额的 110%投保伦敦海运货物保险条款 A 险、战争险和罢工险。

表 2.5　空白销售合同

销售合同
SALES CONTRACT

卖　方 seller:	编　号 No.:
	日　期 Date:
买　方 Buyer:	地　点 Signed in:

买卖双方同意以下条款达成交易。

This contract Is made by and agreed between the Buyer and Seller , in accordance with the terms and conditions stipulated below.

1. 品名及规格 Commodity & Specification	2. 数量 Quantity	3. 单价及价格条款 Unit Price & Trade Terms	4. 金额 Amount
Total:			

允许　　±　%　溢短装，由卖方决定

With 　　±　%　More or less of shipment allowed at the sellers' option

5. 总值
　 Total Value

6. 包装
　 Packing

7. 唛头
　 Shipping Marks

8. 装运期及运输方式
　 Time of Shipment & means of Transportation

9. 装运港及目的地
　 Port of Loading & Destination　　　　f rom:　　　　　　　　　　　to:

10. 保险
　　 Insurance

11. 付款方式
　　 Terms of Payment

12. 品质和重量　　Based on inspection certificate issued by.
　　 Quality &Weight:

13. 备注
　　 Remarks

　　　　　　The Buyer　　　　　　　　　　　　　　　The Seller

　　　　　　（signature）　　　　　　　　　　　　　（signature）

第三章 信用证

信用证支付方式仍然是国际货物贸易中最主要和最重要的支付方式。因此，虽然缮制信用证单据远比缮制其他支付方式下的国际贸易单据的难度都要大，要求更苛刻，但我们还是要努力把信用证看懂，以便填制并提交完全符合信用证要求、符合国际惯例相关规定的国际贸易单据来。

本章主要介绍电讯（SWIFT）信用证常用制式下的栏目代码及其含义，以及信用证开证申请书的填制，并对信用证实例条文进行解读。

第一节　电讯信用证的栏目代码及其含义

通俗地说，"电讯"（SWIFT）是英文"Society for Worldwide Interbank Financial Telecommunication"的缩写，其中文翻译为"全球银行金融（财务）电讯协会"。凡加入该协会的会员银行之间的联络、收付、清算等都使用一种仅限会员银行内部使用的特殊通讯线路。使用这一特殊的通信手段开出的信用证就叫做"电讯信用证"。

【单证实物示例】
信用证

电讯信用证的格式不同于传统的信用证，它会使用栏目代号。初学者要想把电讯信用证看懂，首先就需要熟悉各种电讯信用证栏目代号的含义。电讯信用证具有不同的制式，我国的电讯协会会员银行主要使用的制式为 MT700 和 MT707 等。我国常见的电讯信用证栏目代号、栏目名称及说明参见表 3.1。

表 3.1　电讯信用证的栏目代码、栏目名称及说明

代号（Tag）	栏目名称（Field Name）	说明（Explanation）
MT700		表明该信用证使用的 SWIFT 格式
27	sequence of total	合计次序。分母为总页数，分子为当前页。如"1/2"表明"该证共有 2 页，这是其中第 1 页"
20	documentary credit number	跟单信用证号码
31C	date of issue	开证日期
31D	date and place of expiry	信用证的截止日期及其地点
50	applicant	开证申请人的名称及地址
59	beneficiary	受益人的名称及地址
32B	currency code, amount	信用证的币种代码及金额；小数点用逗号（，）表示
39A	percentage credit amount tolerance	允许金额上下浮动的比例。如"05/05"表示"允许上下浮动 5%"

代号（Tag）	栏目名称（Field Name）	说明（Explanation）
39B	maximum credit amount	信用证允许兑用的最高限额
40A	form of documentary credit	跟单信用证的类别
40E	applicable rules	（信用证业务）适用的规则
51A/D	applicant bank	开证申请人的银行（开证行）
41A/D	available with…by…	信用证的使用范围及类型。"available with××Bank"或"any bank"（可向××银行或任何银行兑用）；"by"后面接付款方式，如"即期付款""延期付款""承兑"或"议付"等
42C	drafts at…	汇票的付款期限，如"见票即付"或"见票45天"等
42A/D	drawee	（汇票的）付款人
42P	deferred payment details	延期付款的明细
43P	partial shipments	（是否允许）部分装运
43T	transhipment	（是否允许）转运
44A	loading on board / dispatch / taking in charge at / from…	货物装船、发运或接受监管的地点
44B	for transportation to…	货物最终的目的地
44C	latest date of shipment	货物最迟的装运日期
44D	shipment period	装运期限
44E	port of loading/airport of departure	装运港/发运机场
44F	port of discharge/airport of destination	卸货港/目的地机场
45A	description of goods and/or services	信用证项下的货物或服务的描述
46A	documents required	信用证所需单据
47A	additional condition	附加条件，通常是对受益人的补充要求
71B	charges	需由受益人承担的费用。如无此项，就表示除议付费和转让费外，其余概由开证申请人承担
48	period of presentation	受益人向银行提交单据的时限。如无此项，通常可在装运日期后21天之内（包含第21天）提交（同时，还要在信用证的截止日期以内）
49	confirmation instruction	（是否）加具保兑
53A/D	reimbursing bank	偿付行
79	instruction to the paying / accepting / negotiating bank	开证行对付款行、承兑行或议付行的指示，如寄单地址和寄单方式等
72	sender to receiver information	发报行（开证行）对收报行（通知行）的通知
57A/B/D	advise through…Bank	此证将通过收报以外的其他银行通知给受益人
MT707		表明该信用证的修改使用的SWIFT格式
20	Sender's reference	发报行编号
21	Receiver's reference	收报行编号
23	Issuing bank's reference	开证行编号
52A/D	Issuing bank	开证行的名称
31C	date of issue	信用证的开证日期
30	date of amendment	信用证修改的日期
26E	number of amendment	本信用证此次修改的次数
59	Beneficiary（before this amendment）	（本"信用证修改"之前）原受益人的名称和地址。如果此次修改受益人名称，需用"第79栏"（TAG－79）列明
31E	new date of expiry	信用证修改后的截止日期
32B	increase of documentary credit amount	原信用证需要增加的币种和金额

代号（Tag）	栏目名称（Field Name）	说明（Explanation）
33B	decrease of documentary credit amount	原信用证需要减少的币种和金额
34B	new documentary credit amount after amendment	信用证修改后的新金额
39A	percentage credit amount tolerance	新的信用证金额允许浮动的比例
39B	maximum credit amount	修改后的信用证金额的最高限额
39C	additional amounts covered	对信用证附加金额（如保险费、运费、利息等）的修改
44A	loading on board / dispatch / taking in charge at / from…	对货物装船、发运或接受监管的地点等的修改
44B	for transportation to…	对货物最终的目的地的修改
44C	latest date of shipment	对货物最迟装运期限的修改
44D	shipment period	对装运期限的修改
79	narrative	列明信用证修改的详细内容
72	sender to receiver information	发报行对收报行的备注

第二节 信用证的开证申请书

信用证是开证银行应申请人（买方）的请求，代表申请人向受益人（卖方）开立的一种不可撤销的有条件的支付承诺。在银行受理并且开出信用证之前，申请人必须要填写并且向银行提交一份申请银行开立信用证的书面单据，这种单据就是"开证申请书"（Application for Opening L/C）。

开证申请书是信用证条款的主要依据，它也是买方在履行买卖合同时规避进口风险所把握的最后一道关口。因此，买方一定要认认真真地逐栏填写。

表 3.2 是依据第二章的买卖合同实样的内容填写的开证申请书。在阅读理解时，可以适当对照第二章表 2.2 的合同内容，以使本单进出口贸易按部就班地延续下去。

表 3.2 开证申请书

DOCUMENTARY CREDIT APPLICATION

TO.   STATE BANK OF INDIA

Beneficiary （full name and address）: BEIJING HENGXIN IMPORT AND EXPORT TRADING CO., LTD. ROOM 6008, LIYE MANSION, 74 MAJIAPU EAST ROAD, FENGTAI DISTRICT, BEIJING CHINA 100068 TEL: 0086-10-51165208 FAX: 0086-10-51165199		Applicant （full name and address）: DUJODWALA PAPER CHEMICALS LTD. ATKARGAON, TAKAI ADOSHI ROAD, DIST RAIGAD, MAHARASHTRA INDIA
Partial shipments: （ ✓ ） allowed （ ） not allowed	Transhipment: （ ✓ ） allowed （ ） not allowed	Latest date of shipment: ××0731 Place and Date of Expiry: DATE: ××0820, AT NEGOTIATING BANK
Loading on board/dispatch/taking in charge From: ANY CHINESE PORT To: NHAVA SHEVA Price term: INCOTERMS CIF NHAVA SHEVA		Amount （both in figures and words）: USD52 000.00 SAY U.S. DOLLARS FIFTY TWO THOUSAND ONLY.
Credit available with （ ANY BANK ）		

(✓) by negotiation / ( ) by acceptance with beneficiary's draft for _100_ % of the invoice value at _45_ DAYS' sight on issuing bank / ( ) by sight payment / ( ) by deferred payment at_____days against the documents detailed herein

Commodity:	Shipping Mark:
GUM ROSIN W/G GRADE QTY. – 40MT. AT RATE OF USD1300/ PER MT. AS PER PROFORMA INVOICE NO. PI/HX20××0523 DT. MAY 23, 20××UNDER OPEN GENNERAL LIECENCE OF FOREIGN TRADE POLICY 2014-2019 CIF NHAVA SHEVA INCOTERMS CIF CONTRACT REFERENCE SALES CONFIRMATION NO. HX××0625L DATED 25. 06. 20××	N/M

Documents required:

1. (✓) Signed commercial invoice in _QUADRUPLICATE_ fold including L/C No. and Contract No. _HX××0625L_ AND DATE.

2. (✓) Full set （3/3） of clean on board ocean bills of lading made out _TO ORDER STATE BANK OF INDIA, BACKBAY RELAMATION BRANCH, RAHEJA CHAMBER NARIMAN POINT, MUMBAI 400021, INDIA_ and blank endorsed marked " (✓) freight prepaid / ( ) to collect" notify _DUJODWALA PAPER CHEMICALS LTD. ATKARGAON, TAKAI ADOSHI ROAD, DIST RAIGAD, MAHARASHTRA INDIA AND MARKED FREIGHT PREPAID._

( ) Air waybill consigned to the applicant notify the applicant marked "( ) freight prepaid / ( ) to collect".

3. (✓) Insurance policy / certificate in _FULL SET_ fold for 110% of the invoice value, showing claims payable in India in the currency of the draft, blank endorsed covering (×) ocean marine transportation / （_COVERING INSTITUTE CARGO CLAUSE（A）, INSTITUTE WAR CLAUSE（CARGO）AND INSTITUTE STRIKES CLAUSE （CARGO）; TRANSHIPMENT RISKS MUST BE COVERED. INSURANCE IS TO BE COVERCO FROM SUPPLIERS WAREHOUSE IN CHINA TO NHAVA SHEVA PORT AND THEN UPTO APPLICANT'S WAREHOUSE ANYWHERE IN INDIA AND THIS SHOULD BE SPECIFICALLY MENTIONED IN THE INSURANCE POLICY/CERTIFICATE._） air transportation / ( ) overland transportation all risks, war risk as per_____clauses.

4. (✓) Packing list in _QUADRUPLICATE_ fold indicating quantity / gross and net weights.

5. (✓) Certificate of origin in _TWO_ fold.

6. ( ) Certificate of quantity in_____fold.

7. ( ) Certificate of quality in_____fold issued by ( ) manufacturer / ( ) beneficiary.

8. (✓) Beneficiary's certified copy of telex / fax dispatched to the applicant within _7_ days after shipment advising goods name, (✓) name of vessel / ( ) flight No., date, quantity, weight and value of shipment.

9. ( ) Beneficiary's certificate certifying that ( ) one set of non-negotiable documents / ( ) one set of non-negotiable documents （including 1/3 original B/L） has been dispatched to the applicant directly by courier / speed post.

10. (✓) Other documents, if any:

11. DRAFT FOR 100 PERCENT OF INVOICE VALUE.

12. A CERTIFICATE OF ANALYSIS ISSUED BY THE SUPPLIER CONFIRMING THE GOODS AND PACKING ARE AS PER SPECIFICATIONS.

13. PRODUCT TEST REPORT BATCH WISE TO BE SENT ALONG WITH NEGOTIABLE AND NON-NEGOTIABLE SETS OF DOCUMENTS.

14. A SEPARATE CERTIFICATE TO BE ISSUED BY SHIPPING LINE AGENTS CERTIFYING 14 DAYS FREE DETENTION TIME IS ALLOWED AT PORT OF DESTINATION.

15. CERTIFICATE FROM SHIPPING COMPANY OR AGENTS OR LLOYDS CERTIFICATE CERTIFYING THAT CARRYING VESSEL IS A REGULAR LINE VESSEL CLASSIFIED AS PER THE INSTITUTE CLASSIFICATION CLAUSE AND VESSEL IS NOT MORE THAN 25 YEARS OLD CERTIFICATE TO THAT EFFECT SHOULD ACCOMPANY THE DOCUMENTS.

Additional Instructions:

1. (✓) All banking charges outside the issuing bank are for beneficiary's account.

2. (✓) Documents must be presented within _21_ days after the date of shipment but within the validity of this credit.

3. (✓) Both quantity and amount _5_ % more or less are allowed.

4. ( ) All documents must be sent to issuing bank by courier / speed post in_____fold / lot.

5. ( ) Other terms, if any:

6. ALL DOCUMENTS SHOULD BE MARKED WITH IEC CODE 0390006327, LC NO. AND DATE, S/C NO. AND DATE AND IMPORT UNDER OPEN GENERAL LICENCE OF FOREIGN TRADE POLICY 2014-2019

7. *ALL DOCUMENTS MUST BE DATED ON/OR LATER THAN THE DATE OF THIS LETTER OF CREDIT.*
8. *NON-NEGOTIABLE COPIES OF DOCUMENTS SHOULD BE FAXED/COURIERED TO THE APPLICANT IMMEDIATELY AFTER SHIPMENT AT FOLLOWING ADDRESS:*
  DUJODWALA PAPER LTD,
  907，RAHEJA CENTER,
  214，NARIMAN POINT, MUMBAI 400 021
  TEL. NO. - 67522780/81/82 FAX NO. – 67522784
  A COPY OF FAX ACTIVITY REPORT/COURIER RECEIPT AND BENEFICIARYS CERTIFICATE TO THIS EFFECT TO BE ATTACHED ALONG WITH ORIGINAL DOCUMENTS.
9. *ADVANCE INFORMATION ABOUT SHIPMENT PARTICULARS AND ETA NHAVA SHEVA OF THE VESSEL TO BE FAXED TO LC OPENER-FAX NO. 91.22.67522784*
10. *FREIGHT FORWARDERS B/L AND SHORT FORM B.L. ARE NOT ACCEPTABLE.*
11. *COPIES PRODUCED BY REPROGRAPHIC OR OTHER AUTOMATIC SYSTEM ARE ACCEPTABLE IF MARKED AS ORIGINAL AND MANUALLY SIGNED*
12. *PLUS MINUS FIVE PERCENT ALLOWED BOTH IN QUANTITY AND VALUE*
13. *USD25 00 WILL CHARGED, PER SET OF DISCREPANT DOCUMENTS,TO THE BENEFICIARY.*

Account No. ×××××××
Transacted by: *DUJODWALA PAPER CHEMICALS LTD.*
ATKARGAON, TAKAI ADOSHI ROAD,
DIST RAIGAD, MAHARASHTRA INDIA
 （stamp and signature）
Tel: ×××××
	with: *STATE BANK OF INDIA*
	   SACKBAY RECLAMATION
	   P.B.NS.11462, RAHEJA CHAMBERS
	   MUMBAI

  为了帮助读者更好地理解这份对买方而言至关重要的开证申请书的内容，降低学习的难度，将表 3.2 所示的开证申请书翻译成了中文，见表 3.3。但是，在阅读理解英文原文之前最好不要直接查看它们的中文翻译，更不要完全抛开英语原文不管，只是简单、方便、轻松地查看汉译的内容，那样对我们的学习有害无利。

表 3.3　开证申请书中文翻译

跟单信用证申请书

致：　*印度国家银行*

受益人（名称的全称和详细地址）： *BEIJING HENGXIN IMPORT AND EXPORT TRADING CO., LTD.* *ROOM 6008, LIYE MANSION, 74 MAJIAPU EAST ROAD, FENGTAI DISTRICT, BEIJING CHINA 100068* *TEL: 0086-10-51165208　FAX: 0086-10-51165199*		开证申请人（名称的全称和详细地址）： *DUJODWALA PAPER CHEMICALS LTD. ATKARGAON, TAKAI ADOSHI ROAD, DIST RAIGAD, MAHARASHTRA INDIA*
部分装运： （ √ ）　允许 （ 　 ）　不允许	转运： （ √ ）　允许 （ 　 ）　不允许	最迟装运日期：*20××年 07 月 31 日* 信用证截止日期：*20××年 08 月 20 日* 截止地点：*在议付行所在地*
装船/发运/接受监管 装运港：　*任何中国港口* 目的港：　*那瓦舍瓦* 价格条款：　（INCOTERMS）*CIF NHAVA SHEVA（那瓦舍瓦）*		总额（分别注明大写和小写数额）： （小写）美元 52 000.00 元 （大写）美元伍万贰仟元整
此信用证可向（任何银行）兑用，兑用方式为（ √ ）议付 /（ ）承兑，凭受益人开具的以开证行为付款人的*45 天远期*汇票，按照发票金额的 *100* % /（ ）即期付款 /（ ）在_____天以后延期付款。兑用需凭以下具体规定的单据。		
商品明细： *松香 W/G 级，数量 40 公吨，单价每公吨 1 300.00 美元，CIF 纳瓦舍瓦，详见 20××年 5 月 23 日开立的第 HX20××0523 号形式发票。该商品系（印度政府）2014—2019 年对外贸易政策下的公开普通（进口）许可证（商品）。* *适用国际商会 INCOTERMS2010 项下的 CIF 惯例。* *合同号码：HX××0625L，合同日期：20××年 06 月 25 日。*		唛头： *N/M（没有唛头）*

所需单据：

1. （√） 经过签署的商业发票一式 __4__ 份，发票上需注明信用证号码和买卖合同号码 "_HX××0625L_"

2. （√） 全套（3份正本）清洁的已装船的海运提单，抬头做成 "_TO ORDER STATE BANK OF INDIA, BACKBAY RELAMATION BRANCH, RAHEJA CHAMBER NARIMAN POINT, MUMBAI 400021, INDIA_"（凭印度国家银行指定），空白背书，注明 "（√）freight prepaid（运费预付）/（ ）to collect（运费到付）"，"通知人"栏填写 "_DUJODWALA PAPER CHEMICALS LTD. ATKARGAON, TAKAI ADOSHI ROAD, DIST RAIGAD, MAHARASHTRA INDIA AND MARKED FREIGHT PREPAID._"。

   （ ） 空运提单的抬头人和通知人均填写申请人并注明 "（ ）freight prepaid（运费预付）/（ ）to collect（运费到付）"

3. （√） 保险单/保险凭证全套（全部正本），按发票金额的110%，注明可按汇票货币在沙特阿拉伯理赔，空白背书，按照 _伦敦海运货物险_ 条款投保（√）ocean marine transportation / _ICC（A）险、协会海运货物战争险和协会海运货物罢工险和转运险_，/（ ）空运险 /（ ）陆运一切险。不计算免赔率。

4. （√） 装箱单一式 __4__ 份，注明数量 / 毛重和净重。

5. （√） 原产地证明书一式 __2__ 份。

6. （ ） 数量证明书一式 _____ 份。

7. （ ） 由（ ）生产制造商 /（ ）受益人出具的品质证明书一式 _____ 份。

8. （√） 经过受益人证实的在装运日期后的 __7__ 天以内发送给申请人的电传 / 传真副本，其中的内容包括商品名称、（√）船名 /（ ）航班号码、日期、货物的数量、重量以及货物的价值等。

9. （ ） 受益人证明证实（ ）一套副本单据 /（ ）一套副本单据（包括3份正本提单中的1份正本提单）已经通过快递方式直接寄送给了申请人。

10. （ ） 其他单据，如果需要的话：

11. 汇票按照发票金额的100%开立。.

12. 一份由供货商出具的分析证书，证明其商品和包装都与规格相符。

13. 分批出具的产品检测报告分别与正本和副本单据一起提交（银行）。

14. 一份由船公司代理单独出具的证明，确认装货集装箱可以在目的港免费保管14天。

15. 一份由船公司或其代理或劳埃德船级社出具的证明书，证明载货船舶按照协会船级条款的分级属于班轮，其船龄没有超过25年。该证明必须与信用证单据一起提交。

特别提示：

1. （√） 所有开证行以外的银行费用都由受益人承担。

2. （√） 单据必须在装运日期以后的 __21__ 天之内向银行提交，并且还要在信用证的截止日期以内提交。

3. （√） 数量和金额都允许溢短装 __5__ %。

4. （ ） 全部单据都必须用快递分 _____ 批寄送开证行。

5. （ ） 其他条款，如果需要的话：

6. 全部信用证单据上都必须注明收货人的进出口注册号码（"IEC CODE 0390006327"）、信用证的号码及开立日期、买卖合同号码及日期，以及该项进口商品属于 2014—2019 年期间对外贸易政策下的公开、一般进口许可证范围内的商品。

7. 全部信用证单据的出单日期都不得早于本信用证的开立日期。

8. （全部信用证规定的）单据副本都必须在货物装运以后立刻用传真或者快递给开证申请人，开证申请人的地址（和传真号码）如下：

   DUJODWALA PAPER LTD,
   907, RAHEJA CENTER,
   214, NARIMAN POINT, MUMBAI 400 021
   TEL. NO. - 67522780/81/82 FAX NO. – 67522784

   传真发送报告或快递收据以及受益人关于此事的证明必须与信用证单据一起提交。

9. （受益人必须）用传真提前通知开证申请人，告知有关装运详情、（载货）船舶预计到达那瓦舍瓦的日期，传真号码为：91.22.67522784。

10. 运输行提单和简式提单都不能接受。

11. 通过复印或其他自动系统制作的单据，只要上面注明了"正本"（ORIGINAL）、并且是用手写的方式签署的，都可以接受。

12. 数量和金额允许同时增加或减少5%。

13. 如果单据存在不符点，每套单据将收取25美元，由受益人承担。

账号：××××××	开证行：_印度国家银行_
开证申请人：_DUJODWALA PAPER CHEMICALS LTD._	_SACKBAY RECLAMATION_
ATKARGAON, TAKAI ADOSHI ROAD,	_P.B.NS.11462, RAHEJA CHAMBERS_
DIST RAIGAD, MAHARASHTRA INDIA	_MUMBAI_（孟买）
（签署）	
电话：×××××	

第三节　跟单信用证解读

信用证，特别是电讯信用证，对于初学者在理解上最大的难处主要有 3 个方面：①都使用大写英文字母书写；②文中有很多句子不使用标点，而且很多句子都不完整，不完全合乎文法；③文中使用了大量的国际贸易、国际金融和国际结算方面的专业术语，其中还有很多不太常见的缩写形式。

为了帮助大家更好地理解信用证条款，本节将站在"受益人"（卖方）的角度，将整篇信用证拆分成 9 段，分别按"原文"、"翻译"和"说明"3 个部分，一段一段地讲解。

原文 1：

Form Name:	MT700 – 39B	Edit Time:	05/07/20×× 12:02
Reference No.:	0159308im000242	Print Time:	05/07/20×× 12:02
Event Time:	000D	Page No.	1
Created By:		Transmitted By:	

Status:

:B1:　Outgoing SWIFT II Header 1

　　　F01SBININBBA1500000000000

:B2:　Receiver's　　BIC Code

　　　I70CSBINCNSH　　N

翻译 1：（略）

说明 1：

这是电讯信用证的报头，它主要是开证行（发报行）与通知行（收报行）之间衔接的"私房话"，受益人不会懂，也没必要弄懂。

信用证虽然在实质上是开证行向受益人开立的有条件的不可撤销的支付承诺，是一份确定在一定条件下支付信用证款项的保证书，但在形式上却是开证行向通知行发出的一封书信；通知行收到了，在鉴别其真伪并确认无误后再将其送达受益人。因此，信用证中的第一人称（如 we、our、ourselves 等）是指开证行自己；第二人称（如 you、your、please 等）是指通知行或者指定银行（如议付行、付款行或承兑行等），绝对不是指受益人；第三人称则会直呼其名（如 beneficiary、applicant、opener 等）。

其中 B2 栏中的"Receiver"是"收报人"，也就是通知行（advising bank），开证行先把信用证发送给他，他再把信用证通知给受益人；"BIC Code"＝ Bank Identification Code，是电讯（SWIFT）传递方式下银行的识别代码，它类似于银行名称的简称（initials）。

原文 2：

:27 :　Sequence of Total

　　　1/1

:40A: Form of Documentary Credit

　　　IRREVOCABLE

:20 :　Documentary Credit Number

　　　0159308IM0000242

:31C: Date of Issue

    ××0705

:40E: Applicable Rules

    UCPURR LATEST VERSION

:31D: Date and Place of Expiry

    ××0820 NEGOTIATING BANK

:51D: Application Bank（Full Address）

    STATE BANK OF INDIA

    SACKBAY RECLAMATION

    P.B.NS.11462, RAHEJA CHAMBERS

    MUMBAI

翻译 2：

:27：　信用证页次

1/1 一共 1 页

:40A：跟单信用证的类别

不可撤销

:20：　跟单信用证号码

0159308IM0000242

:31C：（信用证的）开立日期

20××年 07 月 05 日

:40E：适用的规则

最新版本的跟单信用证统一惯例（UCP）和跟单信用证项下银行间偿付统一规则（URR）

:31D：（信用证的）截止日期和截止地点

日期：20××年 08 月 20 日，地点：议付行

:51D：开证申请人的银行（含详细地址）（即开证行）

STATE BANK OF INDIA（印度国家银行）

SACKBAY RECLAMATION

P.B.NS.11462, RAHEJA CHAMSERS

MUMBAI（孟买）

说明 2：

（1）电讯信用证中的日期通常都是使用 6 位阿拉伯数字表示的，开头两位表示"年份"（YY），中间两位表示"月份"（MM），最后两位表示"日期"（DD）；月份和日期小于 10 时，就在第 1 位加零（0）。例如，"170205"表示"2017 年 2 月 5 日"。

（2）"UCPURR"实际上是指"UCP"（跟单信用证统一惯例）和"URR"（跟单信用证项下银行间偿付统一规则），它的英文全称是："Uniform Rules for Bank-to-Bank Reimbursements under Documentary Credits"，目前使用的最新版本是由国际商会在 2008 年修订并发布实施的，其文号为"725"。

（3）"MUMBAI"是孟买的新称谓，它以前叫"Bombay"。孟买是印度西岸的最大城市和全国最大的海港，是印度马哈拉施特拉邦的首府。在孟买岛上，距海岸 16 千米，有桥梁与

原文 3：

:50： Applicant

    DUJODWALA PAPER CHEMICALS LTD.,

    B12-B13 TULSIANI CHAMBERS

    NARIMAN POINT

    MUMBAI

:59： Beneficiary

    BEIJING HENGXIN IMPORT AND EXPORT TRADING CO., LTD.

    （FOR FULL ADD. SEE FIELD 47A POINT NO.9）

:32B： Currency Code, Amount

    USD52.000 00

:39A： Percentage Credit Amount Tolerance

    05/05

:41D： Available With…By…

    ANY BANK

    UNRESTRICTED

    BY NEGOTIATION

:42C： Drafts At…

    45 DAYS FROM THE DATE OF BILL OF LADING

:42D： Drawee

    STATE BANK OF INDIA

    SACKBAY RECLAMATION BRANCH,

    RAHEJA CHAMSERS, NARIMAN

    KOINT, MUMBAI 400 021

:43P： Partial Shipment

    ALLOWED

:43T： Transhipment

    ALLOWED

:44A： Place of Taking in Charge/Dispatch from:

    ANY CHINESE PORT

:44E： Port of loading/Airport of Departure

    ANY CHINESE PORT

:44F： Port of discharge/Airport of Destination

    NHAVA SHEVA

:44B： Place of Final Destination/For Transport

    NHAVA SHEVA

:44C： Latest Date of Shipment

    ××0731

翻译3：

:59：受益人

BEIJING HENGRUNXIN IMPORT AND EXPORT TRADING CO., LTD.

（详细地址参见本信用证第"47A"条第9点）

:32B：（信用证）金额

美元 52 000.00 元

:39A：信用证金额允许增减的幅度

05/05（±5%）

:41D：（信用证允许）兑用的银行及兑用方式

可以在任意的银行兑用

不受限制；

兑用方式：议付

:42C：汇票的付款期限

在提单日期之后 45 天付款

:42D：（汇票的）付款行

STATE BANK OF INDIA（印度国家银行）

SACKBAY RECLAMATION BRANCH,

RAHEJA CHAMSERS, NARIMAN

KOINT, MUMBAI 400 021

:43P：是否允许部分装运

允许

:43T：是否允许转船

允许

:44A：货物接受监管地点/发运地点

任意一个中国港口

:44E：装运港/发运的飞机场

任意一个中国港口

:44F：卸货港/目的地机场

NHAVA SHEVA（那瓦西瓦）

:44B：货运的最终目的地

NHAVA SHEVA（那瓦西瓦）

:44C：最迟装运日期

20××年 07 月 31 日

说明3：

（1）在电讯信用证文本里，那些用于金额、数量等数字中的分节号和小数点都是与实际经济生活中的传统用法"反向"使用的，就是：

传统的使用方法："，"表示"分节号"，"."表示"小数点"。例如，USD76 412.00、4 530.25KG 等；

电讯信用证的使用方法与之正好相反："."表示"分节号"，"，"表示"小数点"。上面两个举例的数字在信用证里就会分别写成：USD76.412 00，4.530 25KG 等。

但是在信用证单据里，以上两种使用方法均可。

（2）"39A"栏中的±5%的伸缩幅度仅指信用证金额可以增加或减少 5%，仅凭此处这一规定，并不能断言该信用证的数量也可以同时增减 5%；同样，信用证只规定了数量的增减幅度而没有规定金额的增减幅度时，数量可以增减而金额却不能增减。

（3）"NHAVA SHEVA"音译"那瓦西瓦"或"那瓦舍瓦"，又叫"尼赫鲁港"或"孟买新港"、"印度新港"等，于 1989 年新建，它与孟买老港（Bombay）是孟买的新老两大港区。

（4）"44A"栏目的意思其实就是"承运人收到托运人提交托运货物的地点"。与此项信息对应的栏目是运输单据中的"Place of Receipt"（承运人从托运人手上接收托运货物的"收货地点"）。这一栏目主要用于多式联运，在单一的海运方式下，通常不需要填写。但在此信用证单据中必须填写，因为信用证已经明确规定了（需要填写）。

原文 4：

:45A: Description of Goods and/or Service

GUM ROSIN W/G GRADE QTY. – 40MT. AT RATE OF USD1300/ PER MT. AS PER
PROFORMA INVOICE NO. PI/HX20××0523 DT. MAY 23, 20××UNDER OPEN
GENNERAL LIECENCE OF FOREIGN TRADE POLICY 2014-2019
CIF NHAVA SHEVA
INCOTERMS CIF
CONTRACT REFERENCE SALES CONFIRMATION NO. HX××0625L DATED 25.
06. 20××

翻译 4：

:45A: 货物及/或服务的描述

松香 W/G 级，数量 40 公吨，单价每公吨 1 300.00 美元，CIF 那瓦舍瓦，详见 20××年 5 月 23 日开立的第 HX20××0523 号形式发票。该商品系（印度政府）2014—2019 年对外贸易政策下的公开普通（进口）许可证（商品）。

适用国际商会 INCOTERMS 项下的 CIF 惯例。

合同号码：HX××0625L，合同日期：20××年 06 月 25 日。

说明 4：

（1）信用证整个"45A"项下的全部内容都必须填写到商业发票上面去，这一点请参见 UCP600 第 14 条 e 款和第 18 条 c 款的规定。但是，制单人既可以"整体"一次性地把这些内容打印在发票的某一处，也可以在发票的几个地方零星分散地分布这些内容，只要它们合起来没有短少就行。

（2）这里特别标注"INCOTERMS"（国际贸易术语解释通则）的思路是很好的，但还不够严谨，因为它的版本太多了，到底是沿用哪一个版本呢？例如，是"INCOTERMS2000"还是"INCOTERMS2010"等，本来应该更进一步明确。

（3）这里的"REFERENCE"＝see，"查看"、"参见"等意思。

原文 5：

:46A: Documents Required

1. DRAFT FOR 100 PERCENT OF INVOICE VALUE

2. SIGNED COMMERCIAL INVOICE IN QUADRUPLICATE FOR A VALUE NOT EXCEEDING LC AMOUNT AND QUOTING FREELY IMPORTABLE UNDER FOREIGN TRADE POLICY 2014-2019.

3. FULL SET CLEAN ON BOARD OCEAN BILL OF LADING MADE OUT TO ORDER STATE BANK OF INDIA, BACKBAY RELAMATION BRANCH, RAHEJA CHAMBER NARIMAN POINT, MUMBAI 400021, INDIA A/C DUJODWALA PAPER CHEMICALS LTD. ATKARGAON, TAKAI ADOSHI ROAD, DIST RAIGAD, MAHARASHTRA INDIA AND MARKED FREIGHT PREPAID

SEPARATE CERTIFICATE TO BE ISSUED BY SHIPPING LINE AGENTS CERTIFYING 14 DAYS FREE DETENTION TIME IS ALLOWED AT PORT OF DESTINATION

4. CERTIFICATE FROM SHIPPING COMPANY OR AGENTS OR LLOYDS CERTIFICATE CERTIFYING THAT CARRYING VESSEL IS A REGULAR LINE VESSEL CLASSIFIED AS PER THE INSTITUTE CLASSIFICATION CLAUSE AND VESSEL IS NOT MORE THAN 25 YEARS OLD CERTIFICATE TO THAT EFFECT SHOULD ACCOMPANY THE DOCUMENTS.

翻译 5:

1. 汇票金额按 100% 的（商业）发票金额（开立）。

2. 经过签署的商业发票一式 4 份，发票金额不得超过信用证的（允许）金额，发票上须注明 "FREELY IMPORTABLE UNDER FOREIGN TRADE POLICY 2014-2019"。（此货物属于2014—2019 年间（印度）外贸政策下自由进口的商品。）

3. 全套清洁、已装船的海运提单，抬头做成 "TO ORDER STATE BANK OF INDIA, BACKBAY RELAMATION BRANCH, RAHEJA CHAMBER NARIMAN POINT, MUMBAI 400021, INDIA"，通知（A/C）"DUJODWALA PAPER CHEMICALS LTD. ATKARGAON, TAKAI ADOSHI ROAD, DIST RAIGAD, MAHARASHTRA INDIA"，并注明运费预付。

另外，由船公司代理单独出具的证明（一份正本），确认（集装箱货物）可以在目的港免费保管 14 天。

4. 由船公司或其代理或劳埃德船级社出具的证明书（一份正本），证明载货船舶按照协会船级条款的分级属于"班轮"，而且其船龄没有超过 25 年。该证明必须与信用证单据一起提交。

说明 5:

（1）第 1 个单据汇票，信用证规定按发票金额的 100% 开立，而 UCP600 第 18 条 b 款规定，商业发票的金额可以超过信用证允许兑用的金额，但银行对超过的部分金额将不予承付或议付；ISBP745 第 B13 段又规定"汇票的金额不能超过要求支款的金额"，也就是不得超过信用证允许兑用的金额。本信用证此处的规定"汇票金额按照发票金额的 100% 开立"；第 2 个单据商业发票，信用证也明确规定"发票金额不得超过信用证的允许金额"。因此，在本信用证项下，上述 UCP600 第 18 条 b 款的惯例不再适用。

（2）第 2 个单据中的"QUOTING"＝引用、引号，即，quoting 后面的文字都需要按照原文打印在相关的单据上面。另外，在一般情况下，信用证行文在要求单据引用的文句结束后，通常还会补上一个"UNQUOTE"，以此表示"引用结束"。

（3）第 3 个单据中的"A/C"，按照传统的理解应为"账号"（current account），但此处这样理解明显不妥。这里的 A/C 应该是"advice"（通知）的缩写形式，就是指在提单的"Notify"（通知人）一栏中填写"DUJODWALA PAPER CHEMICALS LTD. ATKARGAON, TAKAI ADOSHI ROAD, DIST RAIGAD, MAHARASHTRA INDIA"。

（4）第 3 个单据中的"shipping line"可以理解为"船公司"的意思；而 shipping line agents ≈ the carrier and/or its agents，即"既可以是船公司，也可以是船公司的代理"之意。

（5）第 3 个单据中的"detention"不应该是"扣留"的意思，而应该理解为"保管"（preserve），也就是说，货物运抵目的港之后，收货人在 14 天以内提货，免交保管费。

原文 6：

5. PACKING LIST IN QUADRUPLICATE, SHOWING NUMBER OF DRUMS, GROSS WEIGHT, TARE WEIGHT AND NET WEIGHT OF CARGO IS ACCEPTABLE.

6. MARINE CARGO INSURANCE POLICY OF FIRST CLASS INSURANCE COMPANY DATED NOT LATER THAN THE DATE OF BILL OF LADING UNTO ORDER BLANK ENDORSED FOR 10 PCT OVER INVOICE VALUE COVERING INSTITUTE CARGO CLAUSE（A）, INSTITUTE WAR CLAUSE（CARGO）AND INSTITUTE STRIKES CLAUSE（CARGO）, WAREHOUSE TO WAREHOUSE CLAUSE WITH CLAIMS PAYABLE IN INDIA. TRANSHIPMENT RISKS MUST BE COVERED. INSURANCE IS TO BE COVERED FROM SUPPLIERS WAREHOUSE IN CHINA TO NHAVA SHEVA PORT AND THEN UPTO APPLICANT'S WAREHOUSE ANYWHERE IN INDIA AND THIS SHOULD BE SPECIFICALLY MENTIONED IN THE INSURANCE POLICY/CERTIFICATE

7. CERTIFICATE OF ORIGIN ISSUED BY CHINESE GENERAL CHAMBER OF COMMERCE

8. CERTIFICATE OF ANALYSIS ISSUED BY THE SUPPLIER CONFIRMING THE GOODS AND PACKING ARE AS PER SPECIFICATIONS

9. PRODUCT TEST REPORT BATCH WISE TO BE SENT ALONG WITH NEGOTIABLE AND NON-NEGOTIABLE SETS OF DOCUMENTS

翻译 6：

5. 装箱单一式 4 份，上面需要列明货物（包装）桶的数量、毛重、皮重以及净重。

6. 由一流的保险公司出具的海运货物保险单，其出单日期不迟于提单日期，抬头做成"UNTO ORDER"（凭指定），空白背书，按发票金额加成 10% 投保协会海运货物保险条款 ICC（A）险、协会海运货物保险条款战争险和协会海运货物保险条款罢工险，保险起讫适用"仓至仓条款"，保险索赔可以在印度理赔。（另外，还）必须投保转运险。保险从中国供货商的仓库开始起保，直到印度的那瓦舍瓦港口，最后保到开证申请人在印度目的地的仓库为止。而且，这段文字必须特别在保险单或保险凭证上列明。

7. 由中国（总）商会签发的原产地证明书。

8. 由供货商签发的分析证，确认该商品及其包装都符合规格。

9. 分批的产品检测报告分别与成套的正本单据和副本单据（分别）提交（银行）。

说明 6:

（1）第 5 个单据中的 "DRUMS" ＝桶，商品的运输包装。

（2）第 6 个单据中的 "FIRST CLASS"，国际商会已经明文规定，如 UCP600 第 3 条，对这种 "第一流的" 一类修饰出单人的词语，银行将不予理会，即受益人可以向任何一家保险公司投保，都足以满足这个 "FIRST CLASS" 的要求。

（3）UNTO ORDER ＝ To Order，这只是国际贸易单据用语的一种传统用法。另外，请读者注意：① unto ≠ to；② unto 也不能当做不定式（infinitive）的符号使用。

（4）BATCH WISE：分期分批，就是每装运一批就单独出具一套产品的检验报告。

（5）第 6 个单据中：

① 这里的 "NEGOTIABLE" 和 "NON-NEGOTIABLE" 应该是 "正本" 和 "副本" 的意思。副本单据不需要签署，也不具备法律效力；正本单据可以作为副本单据使用。

② 信用证只规定了一套（set）并没有规定正本和副本的份数，按照 UCP600 第 17 条 a 款和 d 款的规定，受益人提交正、副本各一份即可。

③ 信用证在这一条只要求受益人提交检测报告，并没有规定由谁出具这份检测报告。按照 UCP600 第 14 条 f 款的规定推论，如果信用证下的单据没有规定出单人，则该单据中，除保险单据必须由承保人出具、商业发票和汇票只能限制由受益人出具之外，其他单据都可以由任何人出具，其中包括受益人自己。因此，这份检测报告也可以直接由受益人自己出具。

④ 这里的 "batch wise" 为分批次地。其含义是：如果本信用证项下的整批货物不是一次性装运的，每装运一批货物，受益人就需要按照每次装运的数量分别进行检测，并分别出具检测证书，而不能整批货物只出具一份 "总证"。

原文 7:

:47A: Additional Conditions

1. ALL DOCUMENTS SHOULD BE MARKED WITH IEC CODE 0390006327，LC NO. AND DATE, S/C NO. AND DATE AND IMPORT UNDER OPEN GENERAL LICENCE OF FOREIGN TRADE POLICY 2014-2019

2. ALL DOCUMENTS MUST BE DATED ON/OR LATER THAN THE DATE OF THIS LETTER OF CREDIT

3. NON-NEGOTIABLE COPIES OF DOCUMENTS SHOULD BE FAXED/COURIERED TO THE APPLICANT IMMEDIATELY AFTER SHIPMENT AT FOLLOWING ADDRESS:

   DUJODWALA PAPER LTD,

   907，RAHEJA CENTER,

   214，NARIMAN POINT, MUMBAI 400 021

   TEL. NO, - 67522780/81/82 FAX NO. – 67522784

   A COPY OF FAX ACTIVITY REPORT/COURIER RECEIPT AND BENEFICIARYS CERTIFICATE TO THIS EFFECT TO BE ATTACHED ALONG WITH ORIGINAL DOCUMENTS

4. ADVANCE INFORMATION ABOUT SHIPMENT PARTICULARS AND ETA NHAVA SHEVA OF THE VESSEL TO BE FAXED TO LC OPENER-FAX NO. 91.22.67522784

翻译7：

:47A：附加条件

1. 全部信用证单据上都必须注明收货人的进出口注册号码（"IEC CODE 0390006327"）、信用证的号码及开立日期、买卖合同号码及日期，以及该项进口商品属于2014—2019年期间对外贸易政策下的公开、一般进口许可证范围内的商品。

2. 全部信用证单据的出单日期都不得早于本信用证的开立日期。

3. （全部信用证规定的）单据副本都必须在货物装运以后立刻用传真或者快寄递给开证申请人，开证申请人的地址（和电话及传真号码）如下：

DUJODWALA PAPER LTD,

907，RAHEJA CENTER,

214，NARIMAN POINT, MUMBAI 400 021

TEL. NO, - 67522780/81/82 FAX NO. – 67522784

传真发送报告或快递收据以及受益人关于此事的证明必须与信用证单据一起提交。

4. （受益人必须）用传真提前通知开证申请人，告知有关装运详情、（载货）船舶预计到达那瓦舍瓦的日期，传真号码为：91.22.67522784。

说明7：

（1）IEC CODE = Import Export Certificate Code，收货人的进出口注册号码。运到印度的进口货物，船公司会要求在提单上标明目的港收货人的进出口注册号码。

（2）"NON-NEGOTIABLE"，其本意为"不可转让"，一般理解为"副本"。因为副本单据不具备法律效力，没有价值，所以它们不能转让。

（3）"courier"即"courier service"为特快专递，它不同于传统的邮局慢邮"post service"。

（4）ETA = estimated time of arrival，预计到达日期。与之相对应的专用词语是"ETD = estimated time of departure"，预计开航日期。

（5）信用证条款的第4个条件并没有要求受益人提交以供"证明"的单据，因此，"装运通知"（Shipping Advice）或"传真发送报告"（Fax Transmission Report）都不用提交银行，因为UCP600第14条h款明确规定：如果信用证含有一项条件，但未规定以表明该条件得到满足的单据，银行将视为未做规定而不予理会。

（6）此处的"PARTICULARS" = detailed information，详情。

（7）传真号码"91.22.67522784"，其中的"91"应该是"0091"，印度的国别区号代码；"22"应该是城市的区号代码；其中的那两个"."只是纯粹的间隔符号，拨号时应该将它们略去。

原文8：

5. FREIGHT FORWARDERS B/L AND SHORT FORM B.L. ARE NOT ACCEPTABLE

6. ALL CHARGES ARISING OUTSIDE INDIA ARE FOR BENEFICIARY ACCOUNT INCLUDING REIMBURSEMENT CHARGES

7. COPIES PRODUCED BY REPROGRAPHIC OR OTHER AUTOMATIC SYSTEM ARE ACCEPTABLE IF MARKED AS ORIGINAL AND MANUALLY SIGNED

8. PLUS MINUS FIVE PERCENT ALLOWED BOTH IN QUANTITY AND VALUE

9. BENEFICIARY'S NAME AND ADD

BEIJING HENGXIN IMPORT AND EXPORT TRADING CO., LTD.

ROOM 6008, LIYE MANSION, 74 MAJIAPU EAST ROAD, FENGTAI DISTRICT, BEIJING CHINA 100068

TEL: 0086-10-51165208

FAX: 0086-10-51165199

10. USD25,00 WILL CHARGED, PER SET OF DISCREPANT DOCUMENTS,TO THE BENEFICIARY

翻译8：

5. 运输行提单和简式提单都不能接受。

6. 全部发生在印度以外的（银行）费用，包括偿付费用，都由受益人承担。

7. 通过复印或其他自动系统制作的单据，只要上面注明了"正本"（ORIGINAL）、并且是用手写的方式签署的，都可以接受。

8. 数量和金额允许同时增加或减少5%。

9. 受益人的名称和地址如下：

BEIJING HENGXIN IMPORT AND EXPORT TRADING CO., LTD.

ROOM 6008, LIYE MANSION, 74 MAJIAPU EAST ROAD, FENGTAI DISTRICT, BEIJING CHINA 100068

TEL: 0086-10-51165208

FAX: 0086-10-51165199

10. 如果单据存在不符点，每套单据将收取25美元，由受益人承担。

说明8：

"freight forwarder"，在业内有人翻译成"货代"，也有人翻译成"运输行"，他们其实都是属于"代理"的一种：这些人先把零星分散的托运货物收集起来，并亲自向每一个托运人提交一份不能在目的港直接向承运人提货的"分提单"；然后再把这些集中起来的托运货物做成一个"整批"去向承运人办理托运，获得一份"总提单"。货到目的港后，这个"货代"，或称"运输行"，用"总提单"向承运人提取货物，随后再凭"分提单"把这些货物分发给各个收货人提走。"分提单"就是"运输行或货代提单"，这种提单还有一个称谓为"House B/L"。

原文9：

:48 : Period for Presentation

21 DAYS FROM THE DATE OF SHIPMENT

BUT WITHIN PERIOD OF VALIDITY OF THE CREDIT

:49 : Confirmation Instructions

WITHOUT

:53B: Reimbursement Bank（Full Address）

SATATE BANK OF INDIA

NEW YORK

NY 1022

:78 : Instruction to the Paying Bank

DOCS TO BE FORWARDED BY COURIER TO STATE BANK OF INDIA BACKBAY

RECLAMATION BRANCH, RAHEJA CHAMBERS, NARIMAN POINT, MUMBAI 400021

:57D: "Advise through " Bank

BANK OF CHINA, BEIJING BRANCH

NO. 2 CHAOYANGMENNEI STREET

DONGCHENG DISITRICT, BEIJING CHINA

A/C NO. 8145-15855118091001

:72 : Sender to Receiver Information

/TELEBEN/0000008073185084

翻译 9:

:48：交单期限

（受益人）必须在从装运日期起的 21 天之内，同时还要在本信用证的有效期限以内交单。

:49：是否保兑

不予保兑

:53B: 偿付行（详细地址）

SATATE BANK OF INDIA

NEW YORK（纽约）

NY 1022

:78：对付款行的指示

信用证单据请用快递寄到："STATE BANK OF INDIA BACKBAY RECLAMATION BRANCH, RAHEJA CHAMBERS, NARIMAN POINT, MUMBAI 400021"。

:57D: 通知行

BANK OF CHINA, BEIJING BRANCH（中国银行北京分行）

NO. 2 CHAOYANGMENNEI STREET

DONGCHENG DISITRICT, BEIJING CHINA

A/C NO. 8145-15855118091001

:72：发报行（开证行）对收报行（通知行）的提示

/TELEBEN/0000008073185084（请用快捷有效的电讯方式通知受益人，其中包括传真、电报或者电传等）

说明 9:

（1）"53B" 第 3 行的 "NEW YORK" = New York branch（纽约分行）。

（2）"53B" 第 4 行的 "NY 1022" 为纽约的邮政编码，post code。

（3）"78" 第 2 行的 "DOCS" = documents，（信用证）单据。

（4）"72" 第 2 行的 "TELEBEN" = please advise the beneficiary of this L/C with telephone, telex or fax etc.

根据以下信用证条款，填写一份开证申请书（见表3.4）。

一、信用证原文

20×× MAY 28 09:37:33	LOGICAL TERMINAL E201
MT S700　　ISSUE OF DOCUMENTARY CERDIT	PAGE 00001
	FUNC MSG700

MSGACK　DWS7651 AUTH OK, DIGEST, BKCHCNBJ POALILIT RECORD

BASIC HEADER　　　　　　F　01 BKCHCNBJA600 1630 258065

APPLICATION HEADER　　0 700 1254××0527　　POALILITAXXX 5516 735488

××0527 1817 N　　　　　　　　　　　　　　　* BANK HAPOALIM B.M.

　　　　　　　　　　　　　　　　　　　　　　　　*TEL - AVIV

USER HEADER　　　　　SERVICE COOD　　　103

　　　　　　　　　　　BANK. PRIORITY　　113:

　　　　　　　　　　　MSG USER REF.　　108: 791 – 01 – 002605 – 7

　　　　　　　　　　　INFO.　FROM CI　　115:

SEQUENCE OF TOTAL　　*27　　: 1 / 1

FORM OF DOC. CREDIT　　*40 A　: IRREVOCABLE

DOC. CREDIT NUMBER　　*20　　: 791 – 01 – 002605 – 7

DATE OF ISSUE　　　　　31 C　: ××0527

APPLICABLE RULES　　　*40 E　: UCPURR LATEST VERSION

　　　　　　　　　　　　　　　/

EXPIRY　　　　　　　　31 D　: DATE ××0720 PLACE CHINA

APPLICANT　　　　　　*50　　: UNIDRESS TADMIT LTD..

　　　　　　　　　　　　9 KATZENSTEIN ST.

　　　　　　　　　　　　26000 HAIFA - BAY.

　　　　　　　　　　　　ISRAEL

BENEFICIARY　　　　　*59　　: HUBEI XINXU IMPORT AND EXPORT TRADING

　　　　　　　　　　　　　CO., LTD.

　　　　　　　　　　　　56 DONG TING STREET, WUHAN 430014, CHINA

AMOUNT　　　　　　　*32 B：　CURRENCY USD AMOUNT 44.160,00

AVAILABLE WITH / BY　　*41 D : BKCHCNBJ600

　　　　　　　　　　　　　*BANK OF CHINA

　　　　　　　　　　　　　*HANKOU

　　　　　　　　　　　　　*（HUBEI BRANCH）

　　　　　　　　　　　　　BY DEF PAYMENT

DEFERRED PAYM. DET.　　42P : PAYMENT TO BE EFFECTED 60 DAYS

　　　　　　　　　　　　AFTER TRANSPORT DOC. DATE

PARTIAL SHIPMENTS　　43 P : ALLOWED

TRANSHIPMENT   43 T : PROHIBITED
PORT OF LOADING/AIRPORT OF DEPARTURE   44 E :
                        ANY CHINESE PORT
PORT OF DISCHARGE / AIRPORT OF DESTINATION 44F :
                        HAIFA PORT
LATEST DATE OF SHIP.   44 C : ××0630
DESCRIPT. OF GOODS   45 A :
            GARMENTS
            AS PER CONTRACT NOS. ××IS215/216/218/204
            AS PER PROFORMA INVOICE DATED 18 APRIL, 20××
            TERMS: CIF HAIFA PORT, INCOTERMS 2010
DOCUMENTS REQUIRED   46 A :
    + ORIGINAL COMMERCIAL INVOICE HAND SIGNED BY THE BENEFICIARY
       IN 4 COPY（IES）CERTIFING THAT GOODS ARE OF CHINESE ORIGIN AND
       STATING THAT GOODS ARE OF FIRST QUALITY, MADE IN CHINA AND
       THAT HEBREW LABELS INDICATING APPLICANT'S DETAILS AND
       WASHING CARE LABELS WERE ATTACHED TO GOODS.
    + 3/3 ORIGINAL PLUS 3 NON NEGOTIABLE COPIES OF CLEAN "SHIPPED ON
       BOARD" MARINE BILLS OF LADING MADE OUT TO THE ORDER OF BANK
       HAPOALIM B.M. MARKED NOTIFY: APPLICANT, FREIGHT PREPAID,
       SPECIFYING THE FOLLOWING ARABIAN UNLOADING CLAUSE: IN VIEW
       OF THE DANGER OF CONFISCATION, WARRANTED VESSEL NOT TO CALL
       AT PORTS AND NOT TO ENTER THE TERRITORIAL WATERS OF ANY ARAB
       COUNTRIES BELLIGERENT TO THE STATE OF ISRAEL AND/OR ACTIVELY
       SUPPORTING THE ARAB BOYCOTT, PRIOR TO UNLOADING AT PORT OF
       DESTINATION UNLESS IN DISTRESS OR SUBJECT TO FORCE MAJEURE
    + ORIGINAL INSURANCE CERTIFICATE/POLICY IN 2 COPY（IES）TO THE
       ORDER OF BANK HAPOALIM B.M. COVERING CIF VALUE ＋ 10 PERCENT
       AT LEAST, PER INSTITUTE CARGO CLAUSES （A） IRRESPECTIVE OF
       PERCENTAGE, INCLUDING INSTITUTE WAR AND STRIKES CLAUSES AND
       INDICATING   THE   NAME   AND   HPONE/FAX   NO.   OF   A
       CLAIMS-SETTLING-AGENT IN ISRAEL.
    + PACKING LIST IN 4 FOLD（S）.
ADDITIONAL COND.   47 B :
    + OUR DISCREPANT DOCUMENTS FEES, IF ANY, FOR USD 60 PLUS SWIFT
       CHARGES FOR USD 15 EACH （OR EQUIVALENT AMOUNT IN L/C
       CURRENCY） ARE FOR BENEFICIARY'S ACCOUNT.
    + PLEASE BE ADVISED THAT WE ARE WILLING TO DISCOUNT FULLY
       CONFORMING DOCUMENTS PRESENTED UNDER THIS LETTER OF CREDIT

AT LIBOR RATE PLUS 0.9 PERCENT P.A. PLUS USD100 OUR FEES. A.M. RATE IS VALID UNTIL 20.07.20××. IF ACCEPTABLE TO BENEFICAIRY, KINDLY ADVISE US AND WE SHALL QUOTE YOU THE THEN PREVAILING DISCOUNT PRICE AND SEND YOU THE DOCUMENTS NECESSARY FOR IMPLEMENTATION OF THE DISCOUNT.

DETAILS OF CHARGES 71 B : ALL BANKING CHARGES OUTSIDE ISRAEL INCL YOUR SWIFT/TELEX/MAIL/COURIER ARE FOR BENEFICIARY'S ACCOUNT.

CONFIRMATION   *49 :   WITHOUT

REIMBURSING BANK   53 A :   IRVTUS3N

 * BANK OF NEW YORK

 *NEW YORK, NY

INSTRUCTIONS   78 :

UPON PRESENTATION OF DOCUS YOU ARE REQUESTED TO ADVISE US BY SWIFT MT750/MT754 AMOUNT AND VALUE DATE OF YOUR CLAIM, NAME OF VESSEL AND B/L NO AND DATE.

DOCUS MUST BE SENT BY COURIER TO BANK HAPOALIM FOREIGN TRADE OPS. CENTER 40, HAMASGER STREET TEL AVIV 64620 ISRAEL. EACH REMITTANCE LETTER MUST INDICATE OUR L/C NO. AND THE ADVISING BANK REF. NO. + PLEASE ADVISE THIS L/C THROUGH YOUR HUBEI BRANCH, ATT: BAOFENG SUB-BRANCH.

SEND. TO REC. INFO.   72 :

PLEASE ACKNOWLEGE RECEIPT OF THIS L/C BY MT730/TESTED TELEX/HPONEBEN/086 27 8365 1280/FAXBEN/086 27 8365 8266 ATTN. MR. MICHAEL LI

TRAILER   ORDER IS <MAC:> <PAC:> <ENC:> <CHK:> <TNG:> <PDE:> MAC: 856ACD22

CHK: 35B23AA6DC52

二、信用证正文的中文翻译及解释

合计次序   *27   : 1 / 1（一共 1 页）

跟单信用证的类别   *40 A : 不可撤销

跟单信用证号码   *20   : 791 - 01 - 002605 - 7

信用证的开立日期   31 C   : ×年 5 月 27 日

适用的规则   *40 E : 最新版本的 UCP（跟单信用证统一惯例）和 URR（跟单信用证项下银行间统一偿付规则）

/

信用证的截止时间和地点 31 D   : 日期： ×年 7 月 20 日；地点：中国

开证申请人   *50   : UNIDRESS TADMIT LTD..

9 KATZENSTEIN ST.

26000 HAIFA - BAY.（海法湾）

ISRAEL（以色列）

受益人　　　　　　　　*59 : HUBEI XINXU IMPORT AND EXPORT CO., LTD.

　　　　　　　　　　　　56 DONG TING STREET, WUHAN 430014, CHINA

信用证金额　　　　　*32 B : 货币：USD；总值：44160.00 美元

可兑用的银行/兑用方式　*41 D : BKCHCNBJ600（中国银行湖北省分行的电讯代码）

　　　　　　　　　　*BANK OF CHINA

　　　　　　　　　　*HANKOU

　　　　　　　　　　*（HUBEI BRANCH）　（中国银行湖北省分行）

　　　　　　　　　　兑用方式：延期付款（DEF = deferred）

延期付款的具体细节　　42P : 在提单日期的 60 天以后付款

　　　　　　　　　　（PAYM. = payment；DET. = details；DOC. = documents；

　　　　　　　　　　TRANSPORT DOC. = B/L）

是否允许部分装运　　43 P : 允许

是否允许转船　　　　43 T : 不允许

装货港/发运的机场　　44 E : 任何中国港口

卸货港/目的地机场　　44F : 海法港

最迟装运日期　　　　44 C : 20××年 6 月 30 日（SHIP. = shipment）

货物描述　　　　　　45 A :（DESCRIPT. = description）

GARMENTS（服装）

参见第"××IS215/216/218/204"号买卖合同

参见其开立日期为 20××年 4 月 18 日的形式发票

贸易术语：CIF HAIFA PORT（海法港），以"INCOTERMS 2010"（2010 年国际贸易术语解释通则）为准

所需单据　46 A :

+ 经过受益人手签的正本商业发票一式 4 份,发票上需要证实其所载货物系原产于中国，货物质量一流，由中国制造，货物上加贴了希伯来文标签标，标签上标明了开证申请人的详细信息以及货物洗涤的注意事项。

+ 全套（3/3）正本外加 3 份副本清洁、已装船的海运提单，抬头做成"TO THE ORDER OF BANK HAPOALIM B.M."（凭 BANK HAPOALIM B.M.指定），通知开证申请人，注明运费预付。提单上列明以下在阿拉伯地区卸货的条款："IN VIEW OF THE DANGER OF CONFISCATION, WARRANTED VESSEL NOT TO CALL AT PORTS AND NOT TO ENTER THE TERRITORIAL WATERS OF ANY ARAB COUNTRIES BELLIGERENT TO THE STATE OF ISRAEL AND/OR ACTIVELY SUPPORTING THE ARAB BOYCOTT, PRIOR TO UNLOADING AT PORT OF DESTINATION UNLESS IN DISTRESS OR SUBJECT TO FORCE MAJEURE"（为了防止发生货物被没收的危险，所载货物在目的港卸货之前，除非遇难或者遭受不可抗力事件，船方保证其载货船舶不停靠、不进入任何与以

色列交战，及/或积极支持联合抵制以色列的阿拉伯国家的领海）。

+ 正本保险凭证或保险单一式 2 份，抬头做成"TO THE ORDER OF BANK HAPOALIM B.M."（凭 BANK HAPOALIM B.M.指定），按照货物的 CIF 价值加成至少 10%，投保伦敦保险协会海运货物条款 A 险，不计算免赔率，加保伦敦保险协会海运货物条款战争险和罢工险，并且注明承保的保险公司在以色列的赔付代理的名称、电话、传真号码。

+ 装箱单一式 4 份。

附加条件　　　47 B：（COND. = condition）

+ 如果单据出现"不符点"，我行将按每套单据（或每一个不符点）收取 60 美元，外加 15 美元的电讯（SWIFT）费用（或者按信用证的相同货币收取与上述数额等值的金额），这些费用将由受益人承担。（这里的"EACH"有可能是"each set of document"，也有可能是"each discrepancy"；"OR EQUIVALENT AMOUNT IN L/C CURRENCY"是指假设信用证标明的货币不是"美元"的情况）。

+ 请注意：如果本信用证项下的交单完全相符，我行愿意按照 LIBOR 利率、外加年息 0.9%、再加 100 美元手续费的条件给予贴现。上述利率的有效期至 20××年 7 月 20 日截止。如果受益人接受上述条件，请贵行（中国银行）通知我行，我行将向贵行报出即时的贴现利率，并向贵行提交贴现必需的单据。（LIBOR = London Interbank Offered Rate，伦敦同业银行资金拆借利率；P.A. = per annum，每年；A.M. = the above mentioned，上述；这里的 quote=quotation，报价）。

银行费用　　　71 B：　全部发生在以色列以外的银行费用，包括贵行（通知行、指定银行）电讯费、电传费、邮寄费、快件费在内，都由受益人承担（INCL = including）。

是否保兑　　　*49：　不予保兑

偿付行　　　　53 A：　IRVTUS3N（纽约银行的电讯代码，SWIFT code）

　　　　　　　　　　　* BANK OF NEW YORK（纽约银行）

　　　　　　　　　　　*NEW YORK, NY（纽约分行）

对银行的提示　　　　78：

　　　　在贵行提交信用证单据时，请使用 MT750/MT754 格式的电讯（SWIFT）通知我行，同时将总金额、贵行索偿的起息日、载货的船名以及提单号码及日期一起通知我行（DOCUS = documents）。

　　　　全套信用证单据须用快递方式按照下列地址寄达"BANK HAPOALIM FOREIGN TRADE OPS. CENTER"（HAPOALIM 银行对外贸易业务中心）：40, HAMASGER STREET TEL AVIV 64620 ISRAEL。每一份邮寄信函上都须注明本信用证号码、通知行的编号。本信用证请通过贵行的湖北分行宝丰支行通知（OPS. ≈ operations，操作、处理；ATT = for the attention of，由××收）。

开证行对通知行的提示　　　72：

　　　　请贵行收到此信用证后使用 MT730 格式的电讯，或者使用加密的电传确认"收到"并请电话或传真通知受益人。受益人的电话：086 27 8365 1280，传真：086 27 8365 8266，收件人：李先生（SEND. = sender，发报人，这里为开证行；REC.

= receiver，收报人，这里为通知行；INFO. = information；HPONEBEN = please advise beneficiary by telephone；FAXBEN = please advise beneficiary by fax）。

表 3.4　空白开证申请书

DOCUMENTARY CREDIT APPLICATION

TO._____

Beneficiary （full name and address）:	Applicant （full name and address）:
Partial shipments: （　） allowed （　） not allowed	Transhipment: （　） allowed （　） not allowed	Latest date of shipment:_____ Place and Date of Expiry: date:_____， at_____
Loading on board/dispatch/taking in charge From:_____ To: _____ Price term:_____	Amount （both in figures and words）:

Credit available with　（　　　　　　　　）

（　） by negotiation / （　） by acceptance with beneficiary's draft for_____% of the invoice value at_____sight on issuing bank / （　） by sight payment / （　） by deferred payment at_____days against the documents detailed herein

Commodity:	Shipping Mark:

Documents required:

1. （　） Signed commercial invoice in_____fold including L/C No. and Contract No._____

2. （　） Full set （3/3）of clean on board ocean bills of lading made out_____,and blank endorsed marked " （　） freight prepaid/ （　） to collect" notify_____.

  （　） Air waybill consigned to the applicant notify the applicant marked "（　） freight prepaid/（　） to collect".

3. （　） Insurance policy / certificate in_____ fold for 110% of the invoice value, showing claims payable in Mauritius in the currency of the draft, blank endorsed covering （　） ocean marine transportation/（_____ _____ ） air transportation / （　） overland transportation all risks, war risk as per_____clauses.

4. （　） Packing list in_____fold indicating quantity / gross and net weights.

5. （　） Certificate of origin in_____fold.

6. （　） Certificate of quantity in_____fold.

7. （　） Certificate of quality in_____fold issued by （　） manufacturer / （　） beneficiary.

8. （　） Beneficiary's certified copy of telex / fax dispatched to the applicant within_____days after shipment advising goods name, （　） name of vessel / （　） flight No., date, quantity, weight and value of shipment.

9. （　） Beneficiary's certificate certifying that （　） one set of non-negotiable documents / （　） one set of non-negotiable documents （including 1/3 original B/L） has been dispatched to the applicant directly by courier / speed post.

10. （　） Other documents, if any:

Additional Instructions:

1. (✓) All banking charges outside the issuing bank are for beneficiary's account.

2. ( ) Documents must be presented within _____days after the date of shipment but within the validity of this credit.

3. ( ) Both quantity and amount_____% more or less are allowed.

4. ( ) All documents must be sent to issuing bank by courier / speed post in_____fold / lot.

5. ( ) Other terms, if any:

Account No.   with:

Transacted by:

(stamp and signature)

Tel:

第四章 发　票

发票（invoice）是买卖中最常用的单据，它主要是卖方开具给买方（在信用证支付方式下，由受益人开立给开证申请人），用以证明货物（或服务）买卖并且凭以收付货物（或服务）款项的凭证。

本章主要介绍国际贸易单证中的商业发票（Commercial Invoice）、形式发票（Proforma Invoice）、订单（Purchase Order）、海关发票（Customs Invoice）和领事发票（Consular Invoice）以及用于国内出口货源采购和出口退税的增值税发票（Value-Added-Tax Invoice）等。

第一节　商业发票

商业发票在国际贸易实际工作中使用的范围非常广泛。例如，申领进出口官方批件、托运、进出口报关、投保、申请原产地证明书、收付货物款项、索赔理赔、买卖双方会计做账、进出口实绩统计以及进出口业务资料存档等，都离不开商业发票。因此，它的作用是不言而喻的。此外，商业发票还是制单人填制其他国贸单据重要的信息资源，也就是说，商业发票上的很多数据（data），都是可以反复复制到同一笔生意项下的其他单据上面去的。

【单证实物示例】
商业发票

国际货物贸易中的商业发票是一份列明买卖货物明细的总清单，因此，它不同于国内使用的发票，只是简单地填写买方、货名、单价、数量、总值和交易日期等，这样会过于简略。国际贸易中的商业发票除了上述内容必须填写以外，货物描述、商品规格、配码、颜色、包装、总尺码、总净重、总毛重、信用证或买卖合同、买方以及相关的国际惯例等特别规定要求在发票上专门列明的词句或内容等，都要一条一条地分别写明。一份填写完毕的发票一定要达到这样一种效果：能够让一个即使是与本笔生意毫无关系的局外人看过以后，也能够初步了解该发票所涉及的买卖具体是怎么一回事。当然，在国际货物贸易中，卖方（受益人）开立发票的最主要，同时也是最终的目的就是从买方（银行）那里把货款按时收回来。

下面，列举一份根据第三章的信用证条款填写的商业发票作为示范，见表4.1，并以这份商业发票所设立的栏目（field）为线索，逐条说明各相关栏目的主要填写内容和应该注意的问题。

1. Issuer（出单人）

此栏通常都在单据的最上面，并作为单据的"稿头"（letter head/original stationery），谁开立的单据，其稿头就使用该实体（entity）的名称、地址及其联络细节。

商业发票的出单人（Issuer）必须是下面这几种人，其他人都没有资格。

（1）在信用证支付方式下的受益人（Beneficiary）。

（2）在信用证支付方式下，如果信用证已经转让了（transferred），可以由第二受益人（Second Beneficiary）出具，也可以由第一受益人（First Beneficiary）出具。

（3）在其他支付方式下，如汇付（Remittance）、托收（Collection）等，由卖方（Seller）出具。

2. Title of Invoice（发票名称）

在实际工作中，"Commercial Invoice"与"Invoice"的名称实际上是可以交替使用的。例如，在同一份信用证条款中，可以使用"Commercial Invoice"，也可以使用"Invoice"，其实它们都是指"商业发票"或称"发票"。这也就是说，在信用证支付方式下，如果信用证要求受益人出具"Commercial Invoice"，受益人既可以出具"Commercial Invoice"，也可以出具"Invoice"；反过来，信用证要求受益人出具"Invoice"，受益人既可以出具"Invoice"，也可以出具"Commercial Invoice"（参见 ISBP745 第 CI 段的规定）。

表 4.1　商业发票实样

北京恒信进出口贸易有限公司
BEIJING HENGXIN IMPORT AND EXPORT TRADING CO., LTD.

ROOM 6008, LIYE MANSION, 74 MAJIAPU EAST ROAD, FENGTAI DISTRICT, BEIJING CHINA 100068
TEL: 0086-10-51165208　　　FAX: 0086-10-51165199

COMMERCIAL INVOICE

To:	DUJODWALA PAPER CHEMICALS LTD., B12-B13 TULSIANI CHAMBERS NARIMAN POINT MUMBAI		Invoice No.	HX20××0710
			Invoice Date	JULY 10, 20××
			S/C No.	HX20××0520
			S/C Date	MAY 20, 20××

From	SHANGHAI		To	NHAVA SHEVA
Letter of Credit No.	0159308IM0000242	L/C issuing date	JULY 5, 20××	IEC Code　0390006327

Marks and Numbers	Number and kind of package; Description of goods	Quantity	Unit Price INCOTERMS CIF NHAVA SHEVA	Amount
N/M	GUM ROSIN W/G GRADE APPEARANCE: TRANSPARENT GLASSY BRITTLE MATERIAL, LIGHT YELLOW TO BLACK, WITH A FRAGRANT ODOR. OTHER SPECIFICATIONS: <table><tr><td>DENSITY</td><td>MELTING POINT</td><td>PURITY</td><td>FLASH POINT</td><td>SOLUBILITY</td></tr><tr><td>1,07 G/CM3</td><td>70-72°C</td><td>≥ 68.00%</td><td>180°C</td><td>CHLOROFORM: 0.1 G/ML</td></tr></table> GROSS WEIGHT: 42M/T NET WEIGHT: 40M/T MEASUREMENT: 2×25CBM PACKED IN 400DRUMS/2×20'GP OTHER DETAILS AS PER PROFORMA INVOICE NO. PI/HX20××0523 DT. MAY 23, 20××. UNDER OPEN GENNERAL LIECENCE OF FOREIGN TRADE POLICY 2014-2019.	40M/T	USD1 300.00/MT	USD52 000.00
	Total	40M/T		USD52 000.00
Say Total:	SAY U.S. DOLLARS FIFTY TWO THOUSAND ONLY.			

BEIJING HENGXIN IMPORT AND
EXPORT TRADING CO., LTD.

×××

（stamp & signature）

3. Title（抬头人）

此栏就是"COMMERCIAL INVOICE"的发票名称下面标注了"To"的那一栏，它是指发票所开立的对象。

商业发票的"抬头人"一般有以下 3 种人：

（1）在信用证支付方式下，此栏填写开证申请人的名称、地址和联络细节。最省事的办法就是：把电讯信用证中第"50"栏目中的内容复制到这里来，不做任何改动。

（2）在其他支付方式下，如汇付和托收等，此栏填写买方（Buyer）的名称和地址。

（3）在已经转让的信用证项下，此栏可以填写第一受益人的名称和地址，就是可转让（电讯）信用证中第"59"栏目的全部内容。

4. Invoice No.（发票号码）

该号码可以根据出单人公司的具体情况而定：如果公司的经营规模比较大，业务部门比较多，可以考虑以每一个部门一年的经营编制一套相对独立的号码系列。但如果出单人的单位并不大，就直接以该公司一年的经营整体编制一套统一的号码系列。将商业发票以一年为限编制统一的号码系列，是为了方便国贸单据的整套存档和查找。

商业发票一定要有号码，以便其他相关单据上援引（reference），如保险单据（Insurance Documents）、原产地证明书（Certificate of Origin）等，从而把同一份信用证或者同一份买卖合同项下的其他单据关联成一个有机的整体。

5. Invoice Date（发票日期）

这是指出单人出具商业发票的年、月、日，这个日期的"取值范围"相对比较宽泛。仅以信用证支付方式为例：

（1）理论上，该日期最早可以是：信用证的开立日期之后；最迟可以是：信用证的交单期限之前。

（2）实际上，该日期最早可以是：货物托运之前；最迟可以是：申领原产地证明书等单据之前。

在填制国际贸易单据或平时对外发函、行文时，一定要注明填制或发文的年、月、日，而且，对外填写的日期一定要清楚、明白、无误，如"Feb. 7，2017"或者"7th Feb.，2017"等。而不要不写日期，或者写出来的日期，含糊不清，如"02/07/17"、"07/02/17"，"Feb. 7"（到底是指哪一年的"2 月 7 日"呢？）等。

ISBP745 第 C10 段规定（当信用证没有特别规定时），发票无需签署或注明日期（An invoice needs not be signed or dated）。

6. S/C No.（买卖合同号码）

这个"S/C"可以有两种理解：① Sales Contract（销售合同）；② Sales Confirmation（销售确认书）。虽然二者有一些差别，如合同更正式一些等，但它们在理论上都是约束交易双方当事人的法律文件。

7. S/C Date（买卖合同的日期）

这是指当事人草拟和签署本合同的日期（即该份合同正式生效的时间）。此栏目本来在通常情况下是没有的，只是这一份信用证（参见第三章的信用证条款）特别规定了需要在所有的信用证单据上都注明合同的号码和日期，所以制单人一定要特别注意类似这样的细节问题，以免造成"单证不符"（discrepant documents）。

8. from…to…（装运港/地和目的港/地）

这些名称都会在信用证或买卖合同中有明确规定，且规定得很清楚。在一般情况下，电讯信用证的第"44A"栏目是"装运港"（Loading on board），第"44B"栏目是"目的地"（For transport to…），第"44F"栏目是"卸货港"（Port of discharge，它是一批货物海运的终点）。下面举例说明，假设某批货物的全程运输路线是：上海（海运）——达曼（Dammam）（陆运）——利雅得（Riyadh），上海就是"装运港"，达曼就是"卸货港"，利雅得就是"目的地"。

在填写时，还要注意与对应的运输单据（transport documents）、保险单据以及原产地证明书等票据中填写的港口或地名保持严格一致。

9. Letter of Credit No.（信用证号码）

此栏的填写方法如下：

（1）在信用证支付方式下，其号码到电讯信用证的第"20"栏目中去查找。

（2）在其他支付方式下，注明"支付方式"即可，如"PAYMENT BY T/T"（电汇付款），"PAYMENT BY D/P AT SIGHT"（托收支付，付款后交单，见票即付）等。

10. L/C issuing date（信用证的开立日期）

此栏目的填写日期请查找电讯信用证的第"31C"栏目。在通常情况下，此栏目一般不会出现在国际贸易单据上，只是这份信用证特别规定了需要填写，所以制单人临时特别添加上去的。

11. IEC Code（收货人的进出口注册号码）

IEC CODE = Import and Export Certificate Code，是收货人的进出口注册号码。印度是一个外贸管制较严的国家，相关单据上规定标注这类号码，主要是为了货物在印度办理进口海关手续时做"证明"之用。如果没有这类号码，就说明进口商的进出口权利事先没有获得印度政府的批准。

此栏目也是临时添加的，它的号码在第三章电讯信用证的第"47A"栏目的第2行。

12. Marks and Numbers（唛头）

"唛头"在书面语中的称谓是"shipping mark"，在实际工作中还有人把它叫做"唛码标记"。另外，"唛"字在较早的中文字典里找不到，在电脑字库里读"mà"，但是在实际工作中和网络上却都读做"mài"。

此栏目属于国际贸易单据的必须填写栏目（mandatory），如果出口商品有唛头，此处就需要照实填写。即使在信用证支付方式下，信用证并没有明确规定唛头的情况下，也是如此。如果出口货物没有唛头，此栏目就要填写"N/M"（no shipping mark）（没有唛头）。

13. Number and kind of package; Description of goods（货物描述，货物包装的数量和种类）

此栏目的名称把"货物包装的数量和种类"放在了"货物描述"的前面，但在制单时还是尽量把货物描述，至少要把货物的名称，放在最前面，因为这是货物买卖最重要的信息，它就像一篇文章的题目一样，我们不能先把内容叙述完了之后才把题目告诉读者。

"货物描述"的内容主要包括以下两个方面。

（1）在信用证支付方式下：① 电讯信用证第"45A"栏目中的全部内容；② 货物的规格、配码（size assortment）、包装方式、外包装的总件数、总毛重、总净重、总体积等，③ 信用证规定需要填写的其他内容，如第三章的信用证第"47A"栏目第 1 条中规定的内容等。

（2）在其他支付方式下：① 买卖货物的名称、规格、型号、规格、配码、包装方式、外包装的总件数、总毛重、总净重、总体积等；② 买卖合同中规定或者买方特别要求，需要在发票中填写的其他内容，如进口商的进出口注册号码、进口许可证号码等。

"Description of goods"的中文翻译应该根据不同的场合区别对待。例如，在电讯信用证的第"45A"栏目和商业发票的此栏就应该都翻译成"货物描述"，因为在这两处，其内容除了货物的名称以外，还包括一些与该项货物有关的其他信息。再如，在商业发票以外的其他单据中，它就应该翻译成"货物名称"，因为在其他单据中，"Description of goods"只需要把货物的名称（而且其货名只需要列明"统称"即可）列明即满足要求，并不需要再把电讯信用证第"45A"栏目中除货名以外的其余内容都填写上去（参见 UCP600 第 14 条 e 款和第 18 条 c 款的规定）。

"货物包装的数量和种类"一般是指货物的运输包装的件数及其单位（unit）（即"包装方式"）。例如，在纸箱包装方式下，"450 CARTONS"（450 纸箱）；再如，在托盘包装方式下，"25 PALLETS"（25 托盘）等。

但是，有时候为了把包装的信息交代得更详实，也可以再简单地概括一下比较具体的包装情况，例如，"EACH PAIR IN A BOX, THEN 24 PAIRS TO AN EXPORT CARTON WITH ASSORTED SIZES."[每一双（鞋子）装一个纸盒，24 双装进一个出口纸箱，配（混）码装箱。]

14. Quantity（数量）

此栏填写本笔买卖商品的总数量或总重量（weight），如"15 000PIECES"（件）、"3 700SETS"（套）等，或者"19M/T"（公吨）、"20 000KG"（公斤）等。至于什么时候填写数量，什么时候填写重量，这要与货物单价中的"计价单位"相一致。例如，单价是"每公吨多少钱"，此处就填写"多少公吨"；单价是"每一打多少钱"，此处就填写"多少打"（dozen）等。

15. Unit Price（单价）

填写此栏目时可以遵循以下几点做法。

（1）在信用证支付方式下，如果信用证规定了单价，就需要按信用证的规定如实填写。

（2）信用证没有规定单价的，只要同信用证金额不矛盾，就可按照双方约定的单价填写。

（3）在信用证没有规定单价时，如果临时因为"扣款"等特殊原因，发票上可能出现"单价×数量≠（总）金额"的情况时，发票上就只填写（总）金额，而不填写单价。这里特别说明一点：专业书上所说的"价格"（Price），通常并不是"单价"（Unit Price）的意思，而是指整批买卖货物的"总值"（Amount/Total Value）。

（4）在其他支付方式下，一般情况，按照买卖合同的规定如实填写单价和金额；遇到特殊情况时，参照上述第(3)条的做法。

（5）对于"单价"的写法，全世界都没有统一的规定和标准，但制单人在填写时还是应该注意两点：① 使用与信用证相同的货币；② 把单价的"4 个组成部分"（计价货币、计量单位、单位价格和贸易术语）都填写完整，不能太过简略，以免在法律上留下漏洞。

另外，还需要特别注意的是，贸易术语（Trade Terms）（如 FOB SHANGHAI，CPT ALMA-ATA 等）（哈萨克斯坦的阿拉木图）是国际货物贸易价格不可分割的组成部分，因此，发票上一定要注明贸易术语。即使在因特殊原因不标注货物单价的情况下，也要注明贸易术语，因为这涉及明确买卖双方运费、保险费、目的地卸货费等项费用的划分问题。做经济工作，都是在法律的框架下说话办事的，而法律就应该按照严密的逻辑去行为或不行为，而不允许留下漏洞和把柄。此外，ISBP745 第 C8 段规定：当信用证规定贸易术语是货物描述的一部分（就是在货物描述中注明了贸易术语）时，发票应该显示贸易术语；当信用证规定贸易术语的出处（source）时，发票应该显示贸易术语的相同出处，如第三章所列信用证的"45A"栏中的"INCOTERMS CIF"（国际贸易术语解释通则项下的 CIF）。

16. Amount（金额）

此处的"金额"通常是指卖方向买方（在信用证支付方式下为"受益人向开证行或其指定的银行"）收取的货款数额。

发票金额的写法主要有两种：

（1）按照电讯信用证的写法，如 USD25.384 00。

（2）按照传统的写法，如 USD25 384.00。

以上两种写法均可，但总体原则不能随意改变，即：① 一定要写货币名称，且一定要与信用证的货币相同；② 数字要使用分节号，以使数字书写得更规范、更清晰；③ 保留 2 位小数，第 3 位四舍五入，没有小数也要补零（0），以使书写更规范、更专业。

UCP600 第 18 条 a 款规定：商业发票金额的货币名称必须与信用证相同；第 18 条 b 款规定：（在信用证没有特别规定的前提下，）发票金额可以大于信用证的允许金额，但其超过的部分，银行将不会支付。ISBP745 第 C6 段规定：发票应当显示交付或装运的货物等的价值和（当信用证有规定时的）单价。以此推论：如果信用证没有特别规定，发票上就可以不显示"单价"。

17. Total（合计）

这一栏目主要是为"一笔买卖中包含一种以上商品"的情况而预设的。假设一笔买卖共有 3 种不同的商品，在表格的上面先分别列明各种商品的数量（或重量）和金额，然后在此栏目再把它们的和加总（sum up），起到"归纳和总结"的效果。但如果一笔生意只有 1 种商品，这一栏目就可有可无了。

18. Say Total（大写总金额）

此栏目只需要把上面第 17 栏目中加总的金额使用大写（in words）的形式写出来即可，以显示单据的正式和严谨。

大写金额一般只会在汇票（draft/bill of exchange）、商业发票和保险单据（insurance documents）等少量单据中出现。在国际贸易单据中填写大写金额时，需要注意以下几点：

（1）开头一定要用"SAY"，结尾一定要用"ONLY"，以此作为"关门"之用，使其前后都无法再添加数额（作假）。

（2）货币名称不能缩写（如 USD、EUR、GBP 等），而应该使用全称（如 U.S. DOLLARS、

EUROS、GREAT BRITAIN POUNDS 等）。

（3）金额中的小数点（.）一般不要使用"POINT"，而应该使用"CENTS"（分）。

（4）单据中的货币数额一般都保留 2 位小数，第 3 位小数，在保险单据上直接舍去后，一律再向前进一位（其理由将在保险单据中讲解）；在其他单据上，一律四舍五入。假设某笔金额为"USD26 413.7533"，则① 保险单据上的大写保险金额就应该是："SAY U.S. DOLLARS TWENTY SIX THOUSAND FOUR HUNDRED THIRTEEN AND CENTS SEVENTY SIX ONLY."（USD26 413.76），或者是："SAY U.S. DOLLARS TWENTY SIX THOUSAND FOUR HUNDRED AND FOURTEEN ONLY."（USD26 414.00）。② 其他单据上的大写保险金额就应该是："SAY U.S. DOLLARS TWENTY SIX THOUSAND FOUR HUNDRED THIRTEEN AND CENTS SENVENTY FIVE ONLY."　（USD26 413.75）。

19. Stamp & Signature（签署）

此处，在通常情况下分别加盖出单人公司的法人条形章（英文或中英文对照的）和该公司法人代表的私人模拟印章，如图 4.1 所示。

图 4.1　签署实例

在国际贸易单据上使用的印章，一般与国内使用的印章有较大的区别，那种中间带有五角星的、非常正式的、具有法律效力的单一中文的圆形公章在国贸单据中通常不使用。

关于商业发票的签署问题，有以下几点需要说明：

（1）UCP600 第 18 条 a 款和 ISBP 第 C10 段都分别规定商业发票"无需签署"（needs not be signed），ISBP745 第 C10 段甚至规定"不用签署或注明日期"（needs not be signed or dated）。但这些仅在"信用证没有特别规定"的时候如此。如果信用证的规定与这些国际惯例发生冲突时，一律以信用证的规定为准。

（2）有些信用证都规定"Signed commercial invoice…"（经过签署的商业发票……），甚至规定"Commercial invoice must be manually signed"（必须手签）。在这种情况下，上述惯例就不再适用了，出单人必须严格按照信用证规定的要求签署。

（3）即使信用证和国际惯例都没有明确要求签署的单据，出单人签署了也不算"不符"。而且，像商业发票这样的单据，实际工作中通常都是签署的，因为签署了会显得更正式、更严肃、更庄重。

（4）需要手签的单据，可以在原有已经盖印的附近，另外模仿盖印人名的笔迹，再用笔手写一遍即可，不用刻意把原有盖印的人名划掉。

第二节　形式发票和订单

本节主要介绍 3 种单据：形式发票、订单和外贸企业向生产供货单位下发的生产通知单。虽然这 3 种单据都不属于银行单据（不需要提交给银行），只能当做买卖合同或购销合同的附属单据，起补充、说明的作用，但是，这些单据都是国际货物贸易实际工作中不可缺少且使用频率很高的单据。因此，在学习国贸单证时，绝对不能忽略它们。

一、形式发票

形式发票（Proforma Invoice）是指在买卖合同签订前后、买方正式履行合同之前，买方要求卖方向其开立的一种虚拟的商业发票。类似地，形式发票虽然在格式和内容上与正式发票几乎相同，名称中也有发票字样但它不能作为收付凭证使用，不能凭此收付货物款项。ISBP745 第 C1 段也明确规定，形式发票不能代替商业发票。

尽管如此，形式发票在实际工作中的作用还是非常大，具体表现在以下几个方面：

（1）修改先前已经签订的买卖合同条款。买卖双方达成一致签订合同以后，由于后来情况发生了一些变化，如买卖货物的型号、规格、花色、配码、数量等方面需要再做一些微调，而重新签订合同又不太方便。于是，双方在重新商定后，就责成卖方将原合同中继续保持不变的内容与新修改的内容综合起来草拟一份形式发票并且发送给买方，使之成为原有买卖合同的修订和组成部分。

（2）对已经签订的买卖合同条款进行补充和说明。在实际工作中，买卖合同通常都是事先印就的格式性文本，每一栏目预留的空间都是一定的，这些预留空间的大小，不一定适用于每一笔买卖。而国际间买卖的货物往往千差万别，有很多情况比较特殊的商品，需要在合同中将一些特别的指标规定清楚，又因受合同格式的限制而无法如愿。此外，还有一些合同内容本来应该规定的，但买卖双方在签约时却一时忽略了。为了确保合同能够有效地实施，不给后续的履约留下后患，在正式履行合同之前，双方约定由卖方把合同中本来应该详细列明的内容使用形式发票加以补充和说明。

（3）进一步确认并核实先前的买卖合同条款。有很多时候，买卖双方在签订合同与实际履行合同之间，要间隔很长一段时间。在这段时间里，由于年长月久，买方很可能对先前合同条款的印象已经变得比较模糊了。于是，买方在开立信用证或预付货物款项之前，一般会要求卖方向其开立一份形式发票，凭以再把原合同内容核实一遍，以免出错给后期的履约造成一些不必要的麻烦和损失。

（4）进口商凭以向进口国当局申请外汇和进口许可证件的凭证。有些外贸管制或外汇管制比较严格的国家有个不成文的规矩：在进口商向有关当局申请进口许可证件或申请进口外汇开立信用证时，当局会要求进口商向其出具卖方开立的形式发票，以此来确定买方申报的"进口业务"的真实性（因为买卖合同中填写的内容通常都太过简略，远不及形式发票的内容那样具体、详实、可信）。

（5）寄送免费样品时，形式发票是向进出境海关申报的报关单据。跨境邮寄货物或物品，海关需要报关人如实申报这些出入境货物或物品的价值，以便确定它们的进出境关税。但如果寄送样品的人既向海关列明了货物或物品的价值，又同时声明"免费"（free）（即寄件人不向收件人收取样品的成本和邮费），这就需要寄件人向两边的出入境海关都提交相关的形式发票作为证明，这样海关在核实无误后就可以免税放行。

形式发票的实样见表 4.2；形式发票各栏目的含义及其填写方法，可参考本章第一节商业发票中的相关内容。

表 4.2　形式发票实样

北京恒信进出口贸易有限公司
BEIJING HENGXIN IMPORT AND EXPORT TRADING CO., LTD.

ROOM 6008, LIYE MANSION, 74 MAJIAPU EAST ROAD, FENGTAI DISTRICT, BEIJING CHINA 100068
TEL: 0086-10-51165208　　FAX: 0086-10-51165199

PROFORMA INVOICE

To:	DUJODWALA PAPER CHEMICALS LTD., B12-B13 TULSIANI CHAMBERS NARIMAN POINT MUMBAI		Invoice No.	PI/HX20××0523
			Invoice Date	MAY 23, 20××
			S/C No.	HX20××0520
			S/C Date	MAY 20, 20××

From	ANY CHIESE PORT		To	NHAVA SHEVA	
Letter of Credit No.		L/C issuing date		IEC Code	0390006327

Marks and Numbers	Number and kind of package Description of goods	Quantity	Unit Price INCOTERMS CIF NHAVA SHEVA	Amount
N/M	GUM ROSIN W/G GRADE APPEARANCE: TRANSPARENT GLASSY BRITTLE MATERIAL, LIGHT YELLOW TO BLACK, WITH A FRAGRANT ODOR. OTHER SPECIFICATIONS:	40M/T （±10 % ALLOWED ）	USD1 300.00/MT	USD52 000.00

DENSITY	MELTING POINT	PURITY	FLASH POINT	SOLUBILITY
1,07 G/CM^3	70-72℃	≥68.00%	180℃	CHLOROFORM: 0.1 G/ML

GROSS WEIGHT: 42M/T
NET WEIGHT:40M/T
MEASUREMENT: 2×25CBM
PACKED IN 400DRUMS/2×20'GP

OTHER DETAILS AS PER PROFORMA INVOICE NO. HX20××0523 DT. MAY 23, 20××.

UNDER OPEN GENNERAL LIECENCE OF FOREIGN TRADE POLICY 2014-2019.

Total	40M/T	USD52 000.00
Say Total:	SAY U.S. DOLLARS FIFTY TWO THOUSAND ONLY.	

BEIJING HENGXIN IMPORT AND
EXPORT TRADING CO., LTD.
×××
（stamp & signature）

二、订单

订单（Purchase Order）与形式发票非常相似，订单也经常被当做买卖合同的辅助说明性单据使用。订单的主要作用与形式发票的前面三点基本一致，唯一的区别在于：订单是由买方开立给卖方的。有时候买方担心卖方没有完全理解买方的意思，最终交付的商品与其原来的初衷不吻合，从而造成不必要的误会、争议和损失。为了避免这一问题的出现，买方会向卖方提交一份内容比合同更详实、更具体、不容易引起误解的买卖货物的明细，这就是"订单"。

下面列举一份有关其他商品买卖的订单供大家参考，如表 4.3 所示。

表 4.3　订单实例

HIGH-TECH S.R.L.
PIAZZA XXV APRILE, 12-20124 MILANO, ITALY

FAX: （39）-2- 656-8121　　　　　　　　　　**TEL NO:** （39）-2-656- 8125
　　　　　656-8122　　　　　　　　　　　　　　**E-MAIL**: *hightech@gmail.com*

REF:

TO: HUBEI XINXU IMPORT AND EXPORT TRADING COMPANY

PURCHASE ORDER

1. COMMODITY: *MEN'S VELVET SHES*
2. QUANTITY AND PRICE（PRICE TERMS: CIF LA SPEZIA）

CARTON NO.	ITEM NO.	COLOUR	PAIRS /CARTONS	UNIT PRICE/AMOUNT
201-466	CN3862	BLACK	9 576PRS/266CTNS	USD2.50/USD23 940.00
467-566	CN3862	NAVY	3 600PRS/100CTNS	USD2.50/USD9 000.00
		TOTAL:	13 176PRS/366CTNS	USD32 940.00

3. SIZE ASSORTMENT:

40　41　42　43　44　45

　3　　4　　8　　8　　7　　6 = 36PRS/CTN

4. MID-SOLES TO BE PRINTED： *YASAKI　　40（SIZE）*
　　　　　　　　　　　　　　MADE IN CHINA

5. UPPERS TO BE LABELED WITH A 　(**YASAKI**)　BADGE.

6. SHIPPING MARKS:

⑴ SIDE MARK：

HIGH-TECH S.R.L.
FOOTWEAR
ART. NO._____
COLOUR：_____
PACKING SIZE：

　40　41　42　43　44　45

　3　　4　　8　　8　　7　　6=36PRS/CTN
N.W.　*9KG*；　G.W.　*10KG*

⑵ PRONT MARK:

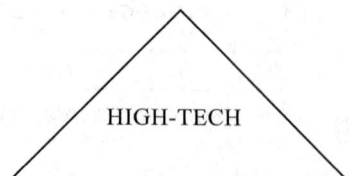

HIGH-TECH

C/NO._____

MEASUREMENT: *46×30.5×38 CM*

7. LATEST DATE OF SHIPMENT: *MARCH 20, 20××.*
8. PORT OF DESTINATION: *LA SPEZIA, ITALY, BY SHIP.*
9. *N.B. SHOES UPPER, OUTSOLE AND BADGE MUST MATCH COLOUR, AND THE PRINT WITH WHITE.*

三、生产（订货）通知单

"生产通知单"，有时也称"订货通知单"，它是国内的外贸公司（出口商）向生产供货厂家下达的、要求工厂迅速开始生产出口货源，并按要求交货的一份书面通知。这份通知单应该是外贸公司与工厂签订的购销合同的组成部分，也是对合同内容的细化，使之更加具有可操作性。

表 4.3 所示的订单是国外进口商下达给国内的出口商的。"生产通知单"其实也是"订单"，只不过它是国内订单，是中国企业（外贸公司）下达给另一中国企业（出口货源的生产厂家）的。这里之所以不称其为"订单"，主要是为了把两者比较清楚地区别开，使初学者不至于把它们弄混淆。

国内下达的生产通知单与国外开来的订单的思路和内容大致相同，只是有些地方在侧重点上具有某些差别。生产通知单的具体实例如表 4.4 所示，可与表 4.3 对照着去理解，学习和借鉴。

表 4.4 生产（订货）通知单实例

HUBEI XINXU IMPORT & EXPORT TRADING COMPANY
湖 北 鑫 旭 进 出 口 贸 易 公 司

56, DONG TING STREET, WUHAN, 430014 CHINA

FAX: （86）-27- 8281-1135
8281-7642

TEL NO: （86）-27-8283- 3515
E-MAIL: hbxcgs@public.wh.hb.cn

REF:

生产（订货）通知单

致：武汉市捷丰制鞋厂：
请贵厂配合速按以下要求尽快安排生产，并在规定的期限内先通过商检，再把货物提交到我公司指定的地点。谢谢合作！

湖北鑫旭进出口贸易公司
（签字盖章）
20××年01月08日

一、数量

箱 号	货 号	颜 色	双数/箱数
201-466	CN3862	黑色 BLACK	9 576PRS/266CTNS
467-566	CN3862	海蓝 NAVY	3 600PRS/100CTNS
合 计			13 176 双/366 箱

二、中底印刷： **YASAKI 40**（鞋号）； 鞋面加贴 （YASAKI）标贴
MADE IN CHINA

三、唛头

　　侧唛：

HIGH-TECH S.R.L.

FOOTWEAR

ART. NO. 　（印货号）

COLOUR: 　（印刷颜色）

PACKING SIZE:

　40　41　42　43　44　45

　　3　　4　　8　　8　　7　　6=36PRS/CTN

N.W. 　9KG; 　G.W. 　10KG

MEASUREMENT: 46×30.5×38 CM

正唛：

C/NO.（印刷箱号）

四、交货期：　20××年01月31日　以前。

五、注意事项：

　　1. 面料、鞋底、标牌均须配色，标牌印字一律白色。

　　2. 外箱尺寸一定要严格按照长宽高外径46CM×30.5CM×38CM的尺寸，既不能扩大，又不能缩小。这一点事先一定要跟纸箱厂交代清楚。

　　3. 正唛与侧唛中括号以及括号里的中文不要印上去了，而要印刷相应的英文。

第三节　海关发票和领事发票

　　海关发票和领事发票通常都是应某些进口国政府的特别要求，由出口商填写并提交给进口商的单据。

一、海关发票

　　"海关发票"（Customs Invoice）是由进口国家的海关设计的一种国际贸易单据，它由进口商将空白格式的海关发票发送给出口商；出口商填制并盖章后，再提交给进口商，进口商凭以向进口国海关办理本批进口货物的海关手续。

　　海关发票也是进口国家实行贸易管制的一种手段，它主要有两点作用：①便于进口国受理海关确定本批进口货物的进口税目和税率；②便于进口国政府比较准确地掌握有关进口商品国内外的市场情况（出口国别、本国的出口值、出口量等）。

　　目前在我国出口贸易中，使用较多且代表性较强的是加拿大的海关发票。这里列举一份加拿大海关发票的实例，见表4.5。其各栏目名称的中文翻译，见表4.6。

表4.5　加拿大海关发票实例

CANADA CUSTOMS INVOICE Canada Customs and Revenue Agency	Page： *ONE of ONE*
1. Vendor（name and address） *HUBEI XINXU IMPORT AND EXPORT TRADING CO., LTD.* *56, DONGTING STREET, WUHAN 430014, CHINA*	2. Date of direct shipment to Canada *APR. 30, 20××* 3. Other references（include producer's order No.） *INVOICE NO. ××HAPJ0324*

4. Consignee （name and address） *NEWFTERAN A PAX BAE LIMITED* *1-0-1,RUE DE FOREANS SAINT-ANTONIN,* *QUEBEC, CANADA*	5. Purchaser's name and address（if other than consignee） *SAME AS THE CONSIGNEE*	
	6. Country of transhipment: *NOT APPLICABLE（N/A）*	
	7. Country of origin of goods: *CHINA*	IF SHIPMENT INCLUDES GOODS OF DIFFERENT ORIGINS ENTER ORIGINS AGAINST ITEMS IN 12.
8.Transportation: Give mode and place of direct shipment to Canada *FROM SHANGHAI TO MONTREAL VIA VANCOUVER, BY MULTIMODAL TRANSPORTATION.*	9. Conditions of sale and term of payment （i.e. sale, consignment shipment, leased goods, etc.） *CIP , MONTRAL; PAYMENT BY L/C AT SIGHT.*	
	10. Currency of settlement: *U.S. DOLLAR*	

11. Number of packages *150 BOUNDLES*	12. Specification of commodities （kind of packages, marks and numbers, general description and characteristics, i.e., grade, quality） *12INCHES×12INCHES×1MM SHELF ADHESIVE PVC TILES* *SHIPPING MARKS:* *NEWFTERAN* *MONTREAL* *INV. ××HAPJ0324* *C/NO. 1-151*	13. quantity （state unit） *30 0000PIECES*	Selling price	
			14. Unit price *USD0.5/PC*	15. Total amount *USD15 000.00*

18. If any of fields 1 to 17 are included on an attached commercial invoice, check this box Commercial Invoice No. ××HAPJ0324 ☐ √	16. Total weight		17. Invoice total *USD15 000.00*
	Net *6 000KG*	Gross *7 500KG*	

19. Exporter's name and address（if other than vendor） *HUBEI XINXU IMPORT AND EXPORT CO., LTD.* *12/F, JINMAO BUILDING, NO.8, JIANGHAN NORTH ROAD, WUHAN 430015, CHINA* （STAMP）	20. Originator （name and address） *SAME AS THE VENDOR*
21. CCRA ruling （if applicable） *NOT APPLICABLE*	22. If fields 23 to 25 are not applicable, check this box ☐ √

23. If included in field 17 indicate amount: （ⅰ）Transportation charges, expenses and insurance: --------- （ⅱ）Costs for construction, erection and assembly: --------- （ⅲ）Export packing ---------	24. if not included in field 17 indicate amount: （ⅰ）Transportation charges, expenses and insurance: --------- （ⅱ）Amounts for commissions other than buying commissions: --------- （ⅲ）Export packing ---------	25. Check（if applicable）: （ⅰ）Royalty payments or subsequent proceeds are paid or payable by the purchaser ☐ （ⅱ）The purchaser has supplied goods or services for use in the production of these goods ☐

表 4.6　加拿大海关发票栏目汉译

加拿大海关发票		页码：　1/1
加拿大海关税务总署		
1. 发货人（名称和地址） *HUBEI XINXU IMPORT AND EXPORT TRADING CO., LTD.* *56, DONGTING STREET, WUHAN 430014, CHINA*	2. 直运加拿大的装船日期 *APR. 30, 20××* 3. 其他编号（包括订单号码） *INVOICE NO. ××HAPJ0324*	

4. 收货人（名称和地址） NEWFTERAN A PAX BAE LIMITED 1-0-1,RUE DE FOREANS SAINT-ANTONIN, QUEBEC, CANADA	5. 购买商的名称和地址（如果不同于"收货人"） SAME AS THE CONSIGNEE	
	6. 转运国名： NOT APPLICABLE（N/A）	
	7. 货物的原产国名： CHINA	如果装运货物来源于不同的原产国家，在 12 栏中按货物品种分别注明其原产地

8. 运输：注明直达加拿大的装运地点及运输方式 FROM SHANGHAI TO MONTREAL VIA VANCOUVER, BY MULTIMODAL TRANSPORTATION.	9. 交易条件及支付方式（即货物的买卖、寄售及租赁等） CIP , MONTRAL; PAYMENT BY L/C AT SIGHT.
	10. 支付的货币币别：U.S. DOLLAR

11. 包装的件数 150 BOUNDLES	12. 货物的规格（包装方式、唛头、概括性的货物名称、特征，即等级、品质等） 12INCHES ×12INCHES ×1MM SHELF ADHESIVE PVC TILES SHIPPING MARKS: NEWFTERAN MONTREAL INV. ××HAPJ0324 C/NO. 1-151	13. 数量 （注明单位） 30 0000PIECES	售价	
			14. 单价 USD0.5/PC	15. 总值 USD15 000.00

18. 如果第 1～17 栏中所填写的内容都包括在随附的商业发票中了，就在右边的方框中打勾（"√"） Commercial Invoice No. ××HAPJ0324 √	16. 总重量 净重　毛重 6 000KG　7 500KG	17. 发票总值 USD15 000.00
19. 出口商的名称和地址（如果与"发货人"不同） HUBEI XINXU IMPORT AND EXPORT CO., LTD. 12/F, JINMAO BUILDING, NO.8, JIANGHAN NORTH ROAD, WUHAN 430015, CHINA　　　（STAMP）	20. 生产（加工）商的名称和地址 SAME AS THE VENDOR	
21. 加拿大海关税务总署的裁定（如果适用的话） NOT APPLICABLE	22. 如果第 23～25 栏不适用，就在右边的方框中打对勾（"√"） √	

23. 如果已经包括了第 17 栏，注明下列总值： （i） 从装运地直运加拿大的运杂费用及保险费 ------ （ii） 生产成本以及进口到加拿大以后发生的安装调试费用 ------ （iii） 出口包装的费用 ------	24. 如果不包括第 17 栏，注明下列总值： （i） 从装运地直运加拿大的运杂费用及保险费 ------ （ii） 除去买方佣金以外的其他佣金的总值 ------ （iii） 出口包装（费用） ------	25. 如果适用，就分别在下边的方框中打勾（"√"）： （i） 由购买商已付或将要支付的特许使用费以及随后的收益 □ （ii） 购买商用于生产这些货物所提供的货物或服务（的价值） □

　　顺便说明一下：本发票的填写内容与前面的业务均无关，因为印度不需要海关发票，第三章的信用证也没有这项要求。

二、领事发票

"领事发票"（Consular Invoice）本来是由进口国家驻出口国家的领事馆的官员向出口商签发的一种发票。后来，"领事发票"逐渐演变成了"由进口国驻出口国领事馆的官员直接在出口商开立的商业发票上签字盖章"的发票。出口商将申领的领事发票提交给进口商，进口商需要凭此向其海关办理货物的进口通关手续。

有些进口国家设立"领事发票"的限制，他们称此做法为"legalization"（认证）。作者理解，其意思应该是：要让他们的领事馆官员事先认可并且证明这笔买卖在该进口国家的"合法性"和"有效性"，否则，此批货物将不予进口放行。

"legalization"（认证）这个单词从字面上理解很抽象，具体的做法却很简单，就是：出口商把需要"认证"的单据准备齐全之后，拿到指定的地方去，出钱请那里的官员在每一份单据上都分别签字盖章。

可能是因为进口国在出口国的领事馆比较少，出口商去找他们"认证"确实很困难，这些国家就都改成了直接由该国驻出口国的大使馆商务处（Commercial Office of Embassy）来"认证"了，还有的甚至授权出口国家的商会（International Chamber of Commerce 简称"ICC"）和我国的"贸促会"（China Council for the Promotion of International Trade，简称"CCPIT"）代为给予"认证"，如沙特阿拉伯（Kingdom of Saudi Arabia）就是其中最典型的代表。

第四节　增值税发票

"增值税发票"与前面所述的发票都不同，具体表现在以下两个方面：

（1）它不能由出票人（卖方）自由开立，而必须由售货方公司注册所在地的国家税务局开立；或者在税务局的授权下，由国内售货方（如工厂等）向购货方（如外贸公司等）开立后，售货方再在规定的期限内定期到国税局去缴纳增值税并核销其之前向税务局购买的空白增值税发票。

（2）它一般仅限在国内使用，而不对外商使用[尽管 ISBP745 第 C1 段明确规定可以使用税务发票（tax invoice）代替商业发票]。这种发票对外使用主要有两大障碍：① 国内发票一律都使用中文填写，而不使用英文；② 开立商业发票不需要缴纳增值税，而开立增值税发票却必须缴税。

我国出口退税的基本程序如图 4.2 所示。图中：①表示生产厂家到国税局缴纳增值税，国税局向生产厂家开立增值税发票；②表示生产厂家向出口商交货并提交增值税发票，出口商向生产厂家支付货款；③表示出口商向海关报关，海关放行；④表示出口商凭出口货物报关单、增值税发票和商业发票向国税局申请办理出口退税，国税局退税。

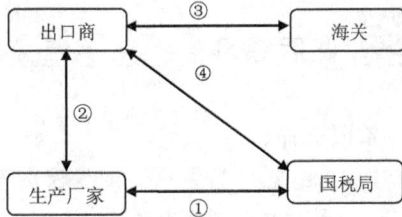

图 4.2　我国出口退税的基本程序示意图

增值税发票的实例见表 4.7。下面再对其做几点说明。

（1）发票中的"单价"是"不含税价格"，也就是从原来包含了增值税的价格中剔除了增值税以后的"净价"。因为在我国传统的"价格"中，通常都是"价税合一"的含税价格。例如，我们到工贸家电去购买一台电冰箱，标价"CNY 2 600.00 元"。顾客在支付了 CNY 2 600.00 元后，这台冰箱就是他的了。可是，该商店实际上自己并没有得到这 CNY 2 600.00 元，还要再从中拿出一定比例的钱去代缴增值税。也就是说，在这位顾客一共支付的 CNY 2 600.00 元中，只有一部分是货价，还有一部分是增值税款。而在一些西方发达国家（如美国）的商店里，商品标价就只是"不含税价格"。再以上面那台电冰箱为例，假设增值税率是 17%，商店的标价就是"CNY 2 222.22 元"［2 600÷（1+17%）］了，但顾客最终向商店支付的仍然还是 CNY 2 600.00 元，只是在有些西方国家，商品的"价格"只标明了货价而"隐藏了"税款而已。我国的增值税发票（在票面上也借鉴了西方人的这一思路和做法）。

（2）发票中的"金额"="不含税价格"×"数量"，这个数字并不是买方支付本笔货款的总数额，而只是"计算该项货款需要缴纳增值税额的基数"。只有下面的"价税合计"才是这笔买卖中购货方（如外贸公司等）向售货方（如工厂等）支付的全额款项。

（3）发票中的"税额"="（不含税）金额"×"增值税率"，也就是理论上的"售货方对本笔买卖须向国税局代缴增值税的数额"，其中代缴是指售货方代替购货方缴税，最终都由购货方实际承担了税负）。

（4）上面所说的增值税额"只是理论上的"，售货方其实向税务局缴纳的增值税往往不是这样计算的，其数额也没有这么多。税务局实际实行的是一种不成文的新算法，即：增值税额=含税价格×40%×增值税率。

再以上面的电冰箱为例。

理论上（票面上）的增值税额为：2 600÷（1+17%）×17%=CNY 377.78 元；

而实际缴纳的增值税额为：2 600×40%×17%=CNY 176.80 元。

在我国出口贸易的国内货源收购中，增值税率为 17%。如果我们再进一步，分别把实际增值税计算公式中的"40%×增值税率"代入具体的税率之后再一细算，就可以得出两种"新增值税率"来，即① 40%×17%=6.8%（工业品的实缴增值税税率）；② 40%×13%=5.2%（农产品的实缴增值税税率）。

另外，除增值税发票外，还有国内使用的支票和汇票等都会用到大写的金额。因此，应提前掌握以下大写数字的写法，以免在实际工作中写错了：零、壹、贰、叁、肆、伍、陆、柒、捌、玖、拾、佰、仟、万、亿、元、角、分、整、¥［"¥"只限在国内票据中使用；在国际票据中，"人民币"的符号一律使用"CNY"（Chinese yuan），而不使用"RMB"］。

课后练习

一、单项选择题

1. 在结汇单据中，商业发票的开立日期应（　　　）。

    A. 早于汇票的签发日期　　　　　　　B. 早于提单的签发日期

    C. 早于保险单的签发日期　　　　　　D. 是签发日期最早的单据

2. 在信用证支付方式下，商业发票的"抬头人"一般必须是（　　　）。

A. 受益人　　　　　　B. 开证申请人　　　　C. 开证行　　　　　　D. 卖方

3. 进口商填写开证申请书的主要依据是（　　　　）。

A. 商业发票　　　　B. 买卖合同　　　　C. 形式发票　　　　D. 进口许可证

4. 在国际贸易中，含佣价的计算公式是（　　　　）。

A. 单价×佣金率　　　　　　　　　　B. 含佣价×佣金率

C. 净价×佣金率　　　　　　　　　　D. 净价/（1－佣金率）

5. 目前经常使用的海关发票是（　　　　）海关发票，其他的已不多见。

A. 美国　　　　　　B. 日本　　　　　　C. 加拿大　　　　　D. 英国

6. 根据 Incoterms 2010 的惯例，FOB、CFR、CIF 术语仅适应于海运或内河运输，如果双方当事人无意以装运港船上为界交货，则应改用（　　　　）术语。

A. FAS　　　　　　B. FCA　　　　　　C. CPT　　　　　　D. CIP

7. 结汇单证中最重要的单据，能让有关当事人了解一笔交易的全貌。其他单据都是以其为依据的单据是（　　　　）。

A. 装箱单　　　　　B. 产地证书　　　　C. 发票　　　　　　D. 提单

8. 某外贸公司的工作人员因为在审证过程中粗心大意，未能发现买卖合同、商业发票上的公司名称与公司印章的名称不一致，合同发票上的是 ABC Corporation，而印章上却是 ABC，仅一词之差，此时又恰逢国际市场价格有变。在这种情况下，（　　　　）。

A. 外商有权拒绝付款　　　　　　　　B. 责任在外商

C. 外商应按规定如期付款　　　　　　D. 不符合拒付理由和条件

9. 货物外包装上印刷有一把火，这种标志属于（　　　　）。

A. 运输标志　　　　B. 唛头　　　　　　C. 指示性标志　　　D. 警告性标志

10. 我国某出口商收到国外开来的信用证两份：①棉布 10 万码，每码 0.40 美元，信用证总金额 42 000 美元；②服装 1 000 套，每套 20.00 美元，信用证总金额 21 000 美元。据此，这两份信用证出运的最高数量和金额可分别掌握为（　　　　）。

A. 棉布 100 000 码，40 000 美元；服装 1 000 套，20 000 美元

B. 棉布 105 000 码，42 000 美元；服装 1 050 套，21 000 美元

C. 棉布 105 000 码，42 000 美元；服装 1 000 套，20 000 美元

D. 棉布 100 000 码，40 000 美元；服装 1 050 套，21 000 美元

11. 在托运、报检和报关的单证中，由出口商出具的有关单证有（　　　　）。

A. 发票、报关单、报检单和提单　　　　B. 发票、装箱单、报检单和通关单

C. 发票、报关单、装箱单和提单　　　　D. 发票、装箱单、报检单和托运单

12. 表示唛码标记的英文缩写是（　　　　）。

A. N/B　　　　　　B. N/M　　　　　　C. N/N　　　　　　D. B/L

13. CIF 条件下交货，（　　　　）。

A. 装运时间先于交货时间　　　　　　B. 装运时间迟于交货时间

C. 装运时间与交货时间一致　　　　　D. 其先后次序视运输方式而定

14. 我国某公司与美国某公司以 CFR Ex ship's hold New York 为条件成交了一笔出口生意，按照一般惯例，这批货物在纽约港的卸货费用应由（　　　　）承担。

A. 美国公司　　　　B. 我国公司　　　　C. 承运人　　　　　D. 保险公司

15. 在下列贸易术语中，（　　）是含佣价。

    A. FOBS   B. FOBT   C. FOBC5%   D. FOBD3%

二、多项选择题

1. 按照 Incoterms 2010 的规定，有关 CIF 和 CIP 的区别，以下说法错误的有（　　）。

    A. 出口报关责任负担不同   B. 进口报关责任负担不同

    C. 保险费、运费的负担不同   D. 风险转移的界限不同

    E. 适用的运输方式不同

2. 在以下条件成交的合同中，属于"装运合同"的有（　　）。

    A. CIF 广州   B. FCA 上海   C. FAS 天津   D. DAT 厦门

    E. CPT 莫斯科

3. 商业发票是出口商在准备全套出口单据时首先缮制的单证，因为在出口货物装运前的（　　）环节中要使用它。

    A. 托运订舱   B. 办理投保   C. 商品报检   D. 出口报关

    E. 申请原产地证明书

4. 买方采用 FOB 条件进口散装小麦，采用租船运输，当买方不愿承担装货费用时，可选用以下（　　）的价格术语变形。

    A. FOB Trimmed   B. FOB Under Tackle

    C. FOB Liner Terms   D. FOB Stowed   D. FOBST

5. 商业发票的作用主要有（　　）。

    A. 进出口报关完税必不可少的单据   B. 是全套单据的中心

    C. 是结算货款的依据   D. 是物权凭证

    E. 是申请出口退税必须提交的单据

6. 采用集装箱海运出口的货物，卖方采用 FCA 比 FOB 更为有利的原因有（　　）。

    A. 可以提前转移风险   B. 可以提早取得运输单据

    C. 可以减少卖方的风险责任   D. 可以提早交单结汇

    E. 可以免交港杂费（THC）

7. 联合国设计推荐使用的国际标准化运输标志（Shipping Mark）包括（　　）。

    A. 收货人简称   B. 合同/订单号   C. 目的地名称   D. 毛、净重

    E. 件号

8. 根据 UCP600 的解释，开证行可以拒付货款的理由是（　　）。

    A. 单证不符   B. 开证申请人破产   C. 单单不符

    D. 单据与货物不符   E. 开证行母国法令禁止支付

9. 根据 ISBP745 第 C1 段的规定，如果信用证只要求"Invoice"（发票），受益人可以出具（　　）。

    A. Commercial Invoice   B. Pro-forma Invoice

    C. Customs Invoice   D. Provisional Invoice

    E. Tax Invoice

10. 根据 ISBP745 第 C1 段的规定，如果信用证只要求"Commercial Invoice"（商业发票），受益人不能出具（　　）。

A. Invoice   B. Pro-forma Invoice   C. Customs Invoice

D. Consular Invoice   E. Tax Invoice

三、判断题

1. 在信用证方式下，商业发票上的货物描述必须与信用证的描述一致，省略或增加货名的任何字或句都会造成单证不符。   (　　)

2. 按照 UCP600 的规定，凡是用 "about" 或 "approximately" 来修饰信用证金额、数量和单价时，可解释为有 10%的增减。   (　　)

3. 关于商业发票的 "抬头人"，如果信用证没有明确规定，就必须以开证行为 "抬头人"。   (　　)

4. 形式发票是一种正式发票，它能够用于托收和议付。   (　　)

5. 在 CFR 条件下，卖方必须在货物装船后立即发出装船通知，以便买方办理投保手续。否则，卖方不能以 "风险在装运港船上已转移" 为由免除责任。   (　　)

6. 信用证中注明 "invoice in three copies"，受益人向银行交单时，必须提供 3 张副本发票，以保证单证一致。   (　　)

7. 信用证中的数量和金额可以冠以 "about"、"approximately" 或类似文字，但是在缮制单证时，发票中的数量和金额却不能冠以 "about"、"approximately" 或类似的文字。   (　　)

8. 不使用海关发票或领事发票的国家，通常要求出口商提供原产地证明书，以确定对货物征税的税率。   (　　)

9. 信用证关于货物的描述为 "Blue Cotton Wears"，而商业发票上显示为 "Colored Cotton Wears" 是可以接受的。   (　　)

10. 增值税发票仅限在签发该份税票的国税局的辖区范围以内使用。   (　　)

四、计算题

1. 某公司出口商品 1 000 箱，每箱人民币收购价 100 元，国内费用为收购价的 15%，出口后每箱可退税 7 元人民币，外销价每箱 19 美元 CFR 曼谷，每箱货应付海运费 1.2 美元。计算该商品的换汇成本。（保留 2 位小数，第 3 位四舍五入）（答案：CNY6.07/ USD1.00）

2. 出口箱装货物一批，报价为每箱 35 美元 CFR 利物浦，英国商人要求改报 FOB 价，已知该货每箱体积为 45×40×25CM，每箱毛重 35 公斤，运费计算标准为 W/M，每运费吨基本运费为 120 美元，并加收燃油附加费 20%，货币附加费 10%，我方应报价多少？（答案：USD27.87/CTN）

3. 以 FOB 新港每公吨 350 美元出口一批货物共 10 公吨，每公吨进货成本为 2 000 元人民币，国内费用率为 12%，出口后获退税 1 600 元，则换汇成本与盈亏率各是多少（设 1 美元折 6.85 人民币）？（答案：CNY5.94/USD1.00; 15.26%）

五、案例分析题

1. 某公司与日商签订一份出口销售合同，合同的标的是 APPLE WINE（苹果酒）。日商开来的信用证中描述的品名是 CIDER（苹果酒）。卖方按信用证规定如期装运，并安全到达目的地。由于当时苹果酒市场的价格较大幅度走低，日商以单据与信用证规定的品名不同，不接受货物并拒绝付款。试分析其原因和教训。

2. 我方同外商洽谈一笔出口业务，双方同意以 CIF 价格条件成交，并就具体价格达成一致。签约时，客户认为该批货物季节性强，因此要求在合同中订明："卖方须于当年10月份在中国上海港装运，并保证货物于11月底之前到达目的地。否则，买方有权撤销合同并要求损害赔偿。"请问这是 CIF 价格条件吗？为什么？

六、根据第三章和第四章课后练习中的买卖合同和信用证的相关内容填制一份商业发票。

补充信息：

CTN. NO.	QUANTUTY	G.W.（KG）	N.W.（KG）
1-67	2 010PCS	938	871
68-370	9 060PCS	5 172	4 869
TOTAL	11 070PCS	6 110	5 740

INVOICE NO. 16IS213-B

INVOICE DATE: JUL.11, 2016

PACKED IN 369 CTNS

TOTAL VOLUME: 21.003CBM

SHIPPING MARK:

    UNIDRESS

    S/C16IS215/216/218/204

    HAIFA PORT

    C/NO. 1-369

表 4.7　空白商业发票实样

湖北鑫旭进出口贸易有限公司
HUBEI XINXU IMPORT AND EXPORT TRADING CO., LTD.
56 DONG TING STREET, WUHAN 430014, CHINA

TEL: 0086-27-8233-3515　　FAX: 0086-27-8211-7462

COMMERCIAL　INVOICE

To:			Invoice No.	
			Invoice Date	
			S/C No.	
			L/C No.	

Shipment from		to		Shipment date	

Marks and Numbers	Number and kind of package Description of goods	Quantity	Unit Price	Amount
	Total			
Say Total:				

HUBEI XINXU IMPORT AND EXPORT TRADING CO., LTD.

×××

（stamp & signature）

第五章 装箱单和汇票

"装箱单"（Packing List）是关于买卖货物的包装明细的清单。与商业发票一样，它也是国际货物贸易中同一笔生意项下其他单据填写内容的重要的信息资源。在内容方面，它与商业发票之间具有较大的交叉性，区别只在于侧重点不同，发票侧重于买卖货物本身的明细，如商品的规格、数量、配码、单价、金额、贸易术语等；而装箱单则侧重于商品包装的明细，如商品的数量、配码、内外包装的方式、单件内外包装的数量、外包装的总数量、总体积、总重量（包括毛重和净重）等。

"汇票"（Draft/Bill of Exchange）是一个人向另一个人签发的无条件的支付命令。汇票可以说是当今国际贸易单据中唯一的"金融票据"（Financial Documents），其余的单据都是"商业票据"（Commercial Documents）。

第一节 装箱单

同其他国际贸易单据比较，装箱单填写的内容相对比较简单。装箱单实例 I 如表 5.1 所示。

1. Issuer（出单人）

"出单人"就是该单据最上面事先印就的格式性内容：公司名称、公司地址以及联络细节，也叫做"稿头"（letter head）。通常情况下，单据以谁的名称做稿头，谁就是"出单人"。 但是，"运输单据"（Transport Documents）却可以例外。

在信用证支付方式下，此栏一般填写电讯信用证第"59"栏目下的全部内容；在其他支付方式下，填写卖方的名称、地址以及联络细节。

ISBP745 第 M3 段规定，如果信用证没有规定出单人，则装箱单就可以由任何人出具。

2. Title of Packing List（装箱单名称）

关于"装箱单的名称"，这里特别说明几点：

（1）"装箱单"早期的名称叫做"Packing List & Weight Memorandum"（装箱单和重量单），后来逐渐分化成"装箱单"和"重量单"（Weight Memo./Weight Note）两种不同名称的单据。装箱单主要用于"以数量计价的商品"，而重量单则主要用于"以重量计价的商品"。再后来，业内似乎逐渐习惯于用"装箱单"单一的名称完全取代了"装箱单"和"重量单"，也就是说，

在实际工作中，无论是包装明细还是重量明细，一律只使用"Packing List"了。

（2）国际商会对有关装箱单的名称规定得很宽松。例如，ISBP745 第 M1 段规定，如果信用证要求提交装箱单，提交的这种单据，既可以使用信用证规定的名称，也可以使用相似的名称，还可以没有名称，只要该单据填写的信息中"包含了与货物包装有关的内容"即可。

（3）ISBP745 第 A40 段规定，如果信用证要求提交一份装箱单和一份重量单，出单人也可以提交两份这两种单据名称合并的单据，只要这种合并的单据上同时表明了货物的装箱明细和重量明细即可。第 A41 段又规定，如果信用证要求提交一份（将装箱单与重量单）合并的单据，出单人也可以按其功能分开出具，但分开出单的总份数就应该是要求合并出具份数的 2 倍。

3．Title（抬头人）

此栏主要填写买方的名称、地址以及联络细节；在信用证支付方式下，一般填写电讯信用证第 50 栏目里的全部内容。

表 5.1　装箱单实例 I

北京恒信进出口贸易有限公司
BEIJING HENGXIN IMPORT AND EXPORT TRADING CO., LTD.
ROOM 6008, LIYE MANSION, 74 MAJIAPU EAST ROAD, FENGTAI DISTRICT, BEIJING CHINA 100068
TEL: 0086-10-51165208　　FAX: 0086-10-51165199

PACKING LIST

To	DUJODWALA PAPER CHEMICALS LTD., B12-B13 TULSIANI CHAMBERS NARIMAN POINT MUMBAI		Number	HX20××0710
			Issuing Date	JULY 10, 20××
			S/C No.	HX20××0625
			S/C Date	JUNE 25, 20××
From	SHANGHAI	To		NHAVA SHEVA
Letter of Credit No.	0159308IM0000242	IEC Code		0390006327

Marks and Numbers	Number and kind of package Description of goods	Quantity	Package	G.W.	N.W.	Tare Weight	Meas.
N/M	GUM ROSIN W/G GRADE PACKED IN 400 GALVANIZED IRON DRUMS/2×20'CONTAINERS UNDER OPEN GENNERAL LIECENCE OF FOREIGN TRADE POLICY 2014-2019.	40M/T	400DRUMS	42M/T	40M/T	2 M/T	50CBM
Total		40M/T	400DRUMS	42M/T	40M/T	2 M/T	50CBM
Say Total	SAY FORTY METRIC TONS PACKED IN FOUR HUNDRED DRUMS/ TWO TEU ONLY.						

其实，在国内很多装箱单的格式里都没有设置这一栏目，也就是说，装箱单里只需要说明包装明细，并不需要强调"此份单据是对谁开立的"。

4. Number（装箱单号码）

无论在何种支付方式下，装箱单的号码都可以与相关的商业发票的号码相同，这主要是为了存档备查方便。

另外，在国内很多装箱单的格式里没有设置这一栏目，也就是说，装箱单也可以没有编号。

5. Issuing Date（出单日期）

此栏的填写内容可以与相关发票的出单日期相同。

6. S/C No.（买卖合同号码）

此栏的填写内容与商业发票相同栏目的填写内容完全相同。填写这类信息的主要作用是把相关的单据有机地关联成为一笔生意项下的整套单据。

7. S/C Date.（买卖合同的日期）

填写上面第6栏中买卖合同的签署日期。此栏为"非常设栏目"，只因信用证特别规定了，制单人不得已而为之。

8. from…to…（装运港/地和目的港/地）

在"from"后面填写装运港（地），在"to"后面填写目的港（地）。这里一定要注意"单证一致、单单一致"，此处的相关港口或地名与提单、信用证或买卖合同上列明的须保持严格一致。

9. Letter of Credit No.（信用证号码）

此栏的填写方法与商业发票上相同栏目的填写内容一致。

10. L/C issuing date（信用证的开立日期）

此栏的填写方法与商业发票上相同栏目的填写内容一致。此栏为"非常设栏目"，只因信用证特别规定了，制单人不得已而为之。

11. IEC Code（收货人的进出口注册号码）

此栏参照商业发票和信用证上的相关号码填写，不能出错。此栏为"非常设栏目"，只因信用证特别规定了，制单人不得已而为之。

12. Marks and Numbers（唛头）

此栏的填写方法与商业发票上相同栏目的填写内容一致。

13. Number and kind of package; Description of goods（货物描述；包装的数量和种类）

此栏主要填写两项内容：

（1）商品名称（Description of goods），只填写与信用证中的描述不矛盾的概括性用语（Correspond，相符）即可，不需要像商业发票那样"相同"（identical）。

关于这一点，可以参见UCP600第14条e款的规定。（In documents other than the commercial invoice, the description of the goods…if stated, may be in general terms not conflicting with their description in the credit.）

这个"概括性用语"可能不容易理解，下面列表举例说明（表 5.2）。

表 5.2　货物名称的"全称"与"统称"举例比较

序号	全称（full name）	概括性用语（in general terms）
①	Men's Jackets Art. No. W3JK042 FILA Brand	Men's Jackets
②	PVC Handbags Art. No. 3562	PVC Handbags

"不矛盾"是指单据上列明的货物描述（或名称）与相关信用证上的描述之间没有以下关系，见表 5.3。

表 5.3　信用证的货物描述与单据的货物描述之间的矛盾举例

序号	矛盾关系	举例	
		信用证上的货物描述	单据上的货物描述
①	包含关系	Men's Jackets…	Jackets
②	相反关系	Men's Jackets…	Ladies' Jackets
③	不相关关系	Men's Jackets…	PVC Handbags

（2）商品的包装种类及其件数。"货物包装的数量和种类"一般是指货物的运输包装的件数及其单位（unit）（就是"包装方式"）。例如，在纸箱包装方式下，"550 CARTONS"（550 纸箱）；再如，在塑料桶包装方式下，"600 PALASTIC DRUMS"（600 塑料桶）等。

当然，因为这是装箱单，需要详细列明商品的全部、具体的包装信息。例如，一批衬衣（Men's Shirts），如果它们的包装方式是："one piece packed in a poly bag, then 36 pieces to a carton."这段文字也应该在装箱单中详细列明。

14.　Quantity（数量）

此栏填写本笔买卖商品的总数量或总重量（weight），即当货物是数量计价时，此栏就填写与单价中的计量单位相同的数量；否则，当货物是以重量计价时，此栏就填写与计量单位相同的重量。例如，单价是"每公斤多少钱"，此处就填写"整批货物一共有多少公斤"；单价是"每一件多少钱"，此处就填写"整批货物一共有多少件"（pieces）等。

15.　Package（外包装的名称及其数量）

此栏只填写商品的"外包装"（outer packing），也就是"运输包装"（shipping packing）的包装方式及其数量。

另外，"Package"与"packing"常被笼统地翻译成"包装"，二者之间的主要差别是："Package"主要是指"包装物"，而"packing"则主要是指"包装手段"。

16.　G.W.（总毛重）

此栏填写一整批货物的总毛重（general gross weight），就是全部商品及其包装重量的总和。在国贸单据中的"重量"最常用的单位是"KG"（kilogram）（公斤）；下同，将不再重复。

17.　N.W.（总净重）

此栏填写一整批货物的总净重（general net weight），即全部商品自身的重量（不包括包装的重量）的总和。

18. Tare Weight（总皮重）

此栏填写一整批货物的总皮重（general tare weight），即全部商品仅包装的总重量，也就是"总毛重"与"总净重"的差。此栏为"非常设栏目"，只要信用证没有特别规定，此栏目完全可以删去，或者保留栏目但不填写内容。

19. Meas.（总体积）

此栏填写整体货物的体积。在国贸单据中的"体积"最常用的单位是"CBM"（cubic meters）（立方米）。

另外，"Meas." = measurement；"体积"还有一个单词：volume。

20. Total（合计）

这一栏目主要为"一笔买卖中包含1种以上商品"的情况而预设的，假设一笔买卖共有3种不同的商品，先在表格的上面先分别列明各种商品的数量、包装件数、毛重、净重等，然后在此栏目把它们的和加总，起"归纳和总结"的作用。但如果一笔生意只有1种商品，这一栏目就可有可无了。

21. Say Total（大写总毛重）

因为本单据是装箱单，它的重中之重是本批商品的总数量、总重量以及包装的件数。所以，这里可以用一句最精炼的文字把第20栏中最重要的数字，使用大写数字填写在此即可。因为是"大写的数字"，所以还是沿用"SAY...ONLY."的格式，以显正式。

22. Stamp（盖章）

国际惯例没有对装箱单的签署做出规定，但在实际工作中，装箱单通常是不需要像发票、汇票那样"签字盖章"（stamp and signature）的，就只加盖一个出单人公司英汉双语的椭圆形印章即可（参见表5.4的右下方）。

由于表5.1的装箱单所列的商品的包装特别简单，而且它所依据的那份信用证（第三章）的规定又比较偏，因此，这份装箱单的内容作为教材还是有所欠缺。为了弥补这一缺陷，又加列了一份装箱单如表5.4所示，它的商品包装稍微复杂一些、包装的明细也更翔实，而其栏目的设置及其填写内容却更简洁、更实用、更具通用性。

表5.4的装箱单所载商品是一批男鞋，它有2种款式（货号），2种颜色，7个鞋码，每一双装一个内盒，24双装一个纸箱,混色混码(具体内容参见表5.4中的"SIZE ASSORTMENT"，即"配码"或"搭配"），这个装法很便于零售。

表 5.4　装箱单实例 II

**HUBEI PROVINCIAL ANIMAL BY-PRODUCTS
IMPORT AND EXPORT CORPORATION**

湖 北 省 畜 产 进 出 口 公 司　　　　　　　　　　　　　　**PACKING LIST**

56, DONG TING STREET, WUHAN, 430014 CHINA

FAX:（027）82811135　　　TELEX: 40111 HBNPA CN

		WUHAN,CHINA　　JUNE 18, 20××
MARKS & NUMBERS	COMMODITY	

```
                    MEN'S SHOES

   HIGH TECH
   LA SPEZIA        SIZE ASSORTMENT:
   C/NO. 1-450      SIZES:  38  39  40  41  42  43  44
                    ------------------------------------------
                    BLACK   1   1   2   3   3   2   2
                    BROWN   1   1   1   1   2   2   2
                    ------------------------------------------
                    2       2   3   4   5   4   4=24PAIRS/CARTON

                    CARTON NO.      ART. NO.        QUANTITY
                    ------------------------------------------
                    1-270           M-043           270CTNS/6 480PRS
                    271-450         M-044           180CTNS/4 320PRS
                    ------------------------------------------
   TOTAL:    450CARTONS/10 800PAIRS
             GROSS WEIGHT: 4 950KG.
             NET WEIGHT:    4 500KG.
             VOLUME:         30.75CBM.

   L/C NO. TF0115304009

   WE EVIDENCE THE FOLLOWING:
   1. PACKING: EACH PAIR IN A COLOURED BOX, 24 PAIRS TO EACH CARTON.
   2. WE HAVE PUT A STRONG LABEL INSIDE DOOR OF CONTAINER STATING NAME
      AND ADDRESS OF OPENER, TEL. NO., COMMODITY DESCRIPTION AND MODE OF
      PACKING.
```

第二节　汇票

在我们的经济生活中，实际上有两种现行的汇票。

一种是国内不同城支付使用的汇票，它就是我国《票据法》中规定的汇票，这种汇票的当事人及支付的路径和程序如图 5.1 所示。

在图 5.1 的国内汇票支付业务中，"付款行"是"出票人"，它在法律上是汇票的"主债务人"，承担汇票兑付的义务；"解付行"是"受票人"，它是受付款行的委托或授权，代表付款行向汇票的持票人（抬头人、收款人）支付汇票款项的人，它在法律上处于"从债务人"的地位；"收款人"是汇票的持票人，就是付款人向其提交汇票的人，它当然就是有权得到汇票款项的人；而真正的"付款人"在汇票开立之后，在汇票支付业务中就什么都不是了。

图 5.1 所述的汇票并不适用于国际间的支付业务，它也不是本节所要讲解的汇票。

【单证实物示例】
汇票

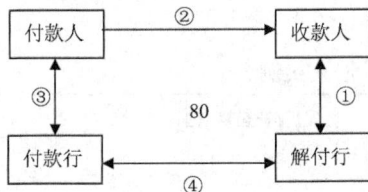

图中:
① 付款人到付款行购买汇票;
② 付款人将汇票交给收款人;
③ 收款人凭汇票要求解付行付款;
④ 解付行与付款行办理清算。

图 5.1　国内汇票支付流程示意图

另外一种汇票就是我们在国际贸易实际工作中（在信用证和托收支付中）广泛使用的汇票。这种汇票并不是我国《票据法》中规定的汇票，它也不适用于我国的《票据法》。本节所要讲解的汇票就是这种汇票，这种汇票的当事人及支付的路径和程序如图 5.2 所示（仅以信用证支付方式为例）。

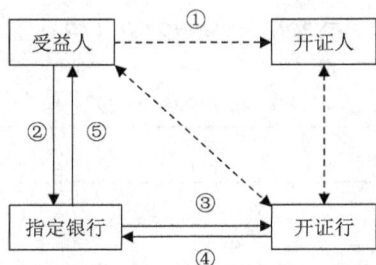

① 卖方（受益人）向买方（开证人）交货;
② 受益人开立汇票，连同单据一起提交银行;
③ 指定银行审单无误后向开证行寄送汇票及单据
④ 开证行审单无误后到期支付信用证款项;
⑤ 指定银行收到信用证款项后与卖方办理结汇手续。
虚线箭头表示与汇票业务没有直接关系，但具有间接关系的某些流程。

图 5.2　信用证业务项下汇票的一般流程示意图

在图 5.2 的国际汇票支付业务中，"出票人"（drawer）是受益人（卖方），它是"收款人"（债权人）；"受票人"（drwee）是银行（开证行或开证行指定的银行），它是"付款人"（债务人）。而图 5.2 中的开证人和指定银行却与汇票业务并没有直接的关联性。

上述两种不同汇票的主要区别如下（"国内汇票"与"国际汇票"的取名不够严谨，这里只是临时指代一下）：

（1）汇票的出票人不同。"国内汇票"的出票人是银行，他是债务人；而"国际汇票"的出票人却是出口商，是债权人（收款人）。

（2）汇票的抬头人不同。"国内汇票"的抬头人就是收款人，即债权人；而"国际汇票"的抬头人却不是收款人（债权人）自己，而是受款人，即收款人指定的代理自己接受汇票款项的某一家银行（这一点，将在下文汇票栏目的讲解中具体说明）。

（3）汇票适用的法律不同。"国内汇票"适用我国的"票据法"，而"国际汇票"却并不适用。

另外，这两种汇票在适用的法律和惯例上的主要区别见表 5.5。

表 5.5　"国内汇票"与"国际汇票"适用法律与惯例区别的举例

序号	主要区别	"国内汇票"	"国际汇票"
①	是否需要"汇票"的名称	必须有（我国《票据法》第 22 条）	可有可无（惯例）
②	汇票可否涂改	不行（惯例）	可以，但需出单人在更正处签署（ISBP745 第 B16、B17 段）
③	汇票的承兑人可否不付款	不行（我国《票据法》第 44 条）	开证行、保兑行以外的承兑行可以不付（UCP600 第 7 条 a 款第 iv 点）
④	汇票的大小写金额可否不同	不行（我国《票据法》第 22 条）	可以，而且以大写的金额为准（ISBP745 第 B14 段）

汇票的票样实例以及其中文翻译分别如表 5.6 和表 5.7 所示。

表 5.6　汇票实例

Bill of Exchange

Drawn under: L/C No. _____0159308IM0000242_____　　　　Dated _____JULY 5, 20××_____

　　Issued by _____STATE BANK OF INDIA_____

No. _____HX20××0710_____　　　　Beijing, China_____JULY 10, 20××_____

Exchange for _____USD52 000.00_____

　At _45 DAYS FROM THE DATE OF BILL OF LADING_ sight of this FIRST of Exchange（Second of the same tenor and date unpaid）pay to the Order of _____RECONSTRUCTION BANK OF CHINA_____ the sum of _SAY U.S. DOLLARS FIFTY TWO THOUSAND ONLY._____

Value received against shipment of the goods as per Invoice No. _HX20××0710_（CIF NHAVA SHEVA）

　　To: _STATE BANK OF INDIA_　　　　　　　　**BEIJING HENGXIN IMPORT AND**

　　　　SACKBAY RECLAMATION BRANCH,　　　**EXPORT TRADING CO., LTD.**

　　　　RAHEJA CHAMSERS, NARIMAN　　　　　　××××

　　　　KOINT, MUMBAI 400 021　　　　　　　（stamp & signature）

表 5.7　汇票实例翻译

汇　　票

凭：信用证号码第 _____"0159308IM0000242"_____ 号，开证日期为：_____20××年5月7日_____

由_____印度国家银行_____开立。

号码：_____HX20××0710_____　　　　出票地点：_中国北京_，出票日期：_20××年7月10日_

汇票金额：_美元52 000.00_

见此第一联汇票时按 _中国建设银行_ 的指示在 _提单日期之后的45 天_ 支付（与之具有相同到期日和出票日期的第二联不付）总金额为 _美元伍万贰仟元整_。

此款项系发票号码第 _HX20××0710_ 号项下的装运货物的价值 （价格条款: CIF 那瓦舍瓦）。

致：_印度国家银行_

地址: _SACKBAY RECLAMATION BRANCH,_　　　　**北京恒信进出口贸易有限公司**

　　　SACKBAY RECLAMATION BRANCH,　　　　　　　××××

　　　RAHEJA CHAMSERS, NARIMAN　　　　　　　（签　署）

　　　KOINT, MUMBAI 400 021

1. Title of Draft（汇票名称）

有关汇票的名称，有以下两点需要说明：

（1）习惯上，外国人多把汇票称为 "Draft"，而中国人则多称之为 "Bill of Exchange"。但这两种称谓在国际上都会被理解并接受为 "汇票"。

（2）在国际贸易实际工作中使用的汇票，其 "汇票" 的名称是可有可无的。也就是说，汇票上即使没有 "Draft" 或 "Bill of Exchange" 的字样，也丝毫不会影响出票人的收款结汇。

2. Gist of Issuance（出票依据）

此栏在汇票上显示的栏目名称通常是 "Drawn under:"，它的意思是 "出票人是依据什么开立本汇票的"。此栏的填写内容可分为两种情况：

（1）在信用证支付方式下，分别填写 "信用证号码"、"信用证的开立日期" 和 "信用证的开证行名称" 这 3 项即可。

（2）在托收支付方式下（汇付不适用汇票），可以选择以下选项中的任何一项：① "PAYMENT BY D/P"（此系托收款项）；② "S/C NO. ×××"（买卖合同号码×××）；③ "INV. NO. ×××"（发票号码×××）。

3. Number（汇票号码）

在实际工作中，汇票的号码一般同与其对应的商业发票号码相同，以方便存档和查找。

4. Place and Date of Issuance（汇票的出票日期和出票地点）

在我国使用的汇票通用格式上，此栏目的地点一般都是先印就了，如 "Shanghai, China"、"Wuhan, China" 等。制单人只需要在地点后面的横线上填写上出票当天的年月日即可。汇票的出票日期可以与对应的商业发票的日期相同。

ISBP745 第 A11 段和第 B8 段都明确规定，汇票必须注明出票日期。

5. Amount in figures（小写金额）

汇票上此栏目通常写着 "Exchange for"。这里的 "Exchange" 是 "Bill of Exchange" 的缩写形式（下同），其意思为 "本汇票的小写金额是……"。

汇票上的小写金额一定要标明货币的名称，并且严格按国际标准化组织（International Standard Origanization，ISO）推荐的缩写符号（3 个大写英文字母）去规范书写（表 5.7）。货币符号后面的数字要紧挨着书写，不要留下间隔。数额从小数点开始，往前每个 3 位数都要打上 "分节号"（，）。小数点后面一律保留 2 位小数，第 3 位四舍五入；即使小数点后面 2 位没有数字也要补 "0"。

例如，"Exchange for   USD476 329.10   "；

再如，"Exchange for   EUR36 147.00   "。

世界主要货币及其符号见表 5.8。

表 5.8 世界主要货币及其符号一览表

序号	货币名称		不规范符号	规范符号	辅币进位制
①	人民币	Renminbi Yuan	RMB；￥	CNY	1CNY=10jiao；1jiao=10fen
②	美元	U.S. Dollar	$	USD	1USD=100CENTS（分）
③	欧元	Euro	€	EUR	1EUR=100euro cents（生丁）
④	英镑	Pound, Sterling	£；£Stg.	GBP	1GBP=100new pence（新便士）
⑤	瑞士法郎	Swiss Franc	SF.；SFR.	CHF	1CHF=100centimes（分）
⑥	日元	Japanese Yen	￥	JPY	1JPY=100sen（钱）
⑦	加拿大元	Canadian Dollar	C $	CAD	1 CAD=100CENTS（分）
⑧	澳大利亚元	Australian Dollar	A $	AUD	1 AUD=100CENTS（分）
⑨	港币	Hong Kong Dollar	HK $	HKD	1HKD=100cents（分）
⑩	卢布	Russian Ruble（or Rouble）	Rbs. Rbl.	SUR	1SUR=100 kopee（戈比）
⑪	卢比	Indian Rupee	Re.；复数：Rs.	INR	1INR=100paise（派士）（单数：paisa）
⑫	南特	South African Rand	R.	ZAR	1ZAR=100 cents（分）

ISBP745 第 B14 段规定，汇票应该注明信用证规定的币别。这就是说，如果信用证使用

的是美元（USD），汇票就不能改用其他货币，如欧元（EUR）等。

另外，UCP600 和 ISBP745 都没有规定汇票的支款金额可以超过信用证的允许金额，因此，汇票金额一定要与信用证的允许金额严格一致。

什么是"信用证金额"，什么又是"信用证的允许金额"？下面举例说明。

例Ⅰ：

  32B: Currency Code, Amount

   USD52.000 00

  39A: Percentage Credit Amount Tolerance

   05/05

例Ⅰ中"32B"的数额（USD52 000.00）就是"信用证金额"。而依据"32B"和"39A"给定的综合条件计算出来的数字就是"信用证的允许金额"，即其取值范围介于闭区间[52 000.00×（1−5%），52 000.00×（1＋5%）]范围之内的任何一个数额都是"信用证的允许金额"，在相符交单条件下，银行都会付款。

例Ⅱ：

  32B: Currency Code, Amount

   EUR132.000 00

  39A: Percentage Credit Amount Tolerance

   NOT EXCEEDING

在例Ⅱ中，"信用证金额"就是"32B"的数额 EUR132 000.00。但"39A"明确规定了"不准超过"，因此，它的"信用证的允许金额"是"信用证金额"本身，即 EUR132 000.00。

6. Tenor（付款期限）

汇票的这一栏目通常会显示为"At＿＿＿＿＿sight…"的形式。

汇票的支付期限分为"即期"（at sight）和"远期"（forward）两大类，具体的填写方法，下面分别举例说明。

（1）"即期"："At ＿＿＿＿＿ sight…"即可。

（2）"远期"：

① "At＿30 DAYS AFTER＿sight…"，或者，"At＿30 DAYS'＿sight…"（见票 30 天付款）。

② "At＿45 DAYS AFTER DATE＿sight…"（在汇票的出票日期后 45 天付款）。另外，这是业内通用的行话，其通俗的写法应该是"At 45 days after the date of this draft."。此时，汇票格式中的"sight"就作废不用了。

③ "At＿60 DAYS FROM THE DATE OF B/L＿sight…"（在提单日期后 60 天付款）。此时，汇票格式中的"sight"也将不再使用。

上面第②、③两例中分别使用了"after"和"from"两个介词。UCP600 第 3 条第 10 点和 ISBP745 第 B2 段 d 款都分别规定，如果这两个单词用于确定汇票的付款到期日时，其到期日的计算都从所述日期或发生事件的第 2 天开始起算。下面举例说明。

假设：上面例②的汇票日期是"Feb. 13, 20××"，则"45 天"应从 2 月 14 日开始算第 1天；再假设：上面例③的提单日期是"Mar. 10, 20××"，则"40 天"应从 3 月 11 日开始起算。

此外，汇票格式中还有一段文字需要专门跟大家解释一下：

"At…sight of this FIRST of Exchange（Second of the same tenor and date unpaid）pay…"
这句话的意思是："付款人……照第一联汇票支付，与第一联具有相同日期和付款期限的第二联不付。"但是，在实际工作中，一套汇票通常包含两份正本，而且第二联上此处的文字又正好与第一联的写法相反："At…sight of this SECOND of Exchange（First of the same tenor and date unpaid）pay…"。这种情况叫做"付一不付二，付二不付一"，也就是说，对这两份正本汇票，付款人只需要对其中的任意一份照付就行了，并不需要对两份汇票正本都分别付款。

实际工作之所以开立两份汇票，主要是做"备份"之用的，以防止其中一份损坏或丢失。

7．Payee（受款人）

汇票这一栏目通常会显示为 "…pay to the Order of ＿＿＿＿＿＿" 的形式。

这一栏目填写的就是"接受付款人支付的汇票款项的人"，它也叫"汇票的抬头人"。这一栏的具体填写方法就是：不管是信用证还是托收的支付方式，受益人（卖方）欲将单据交给哪家本地的银行，此栏就填写该银行的英文名称。

另外，在理论上，此栏可以有 3 种填写方法。

（1）记名抬头。例如，"PAY TO A COMPANY ONLY, NOT NEGOTIABLE."（仅付 A 公司，不得转让）。这种汇票不能转让，一般不适用于国际贸易。通常，我国的外贸公司在国外银行里没有账户，而且，按照我国现行的外汇管制政策和制度，外贸公司必须要通过国内某家商业银行的账户才能把国外的钱款收回来。

（2）不记名抬头。此栏目不填写文字，或者仅注明 "PAY BEARER"（付给来人/持票人）。这种汇票不经过背书就可以任意地在市面上流通转让。但它的风险比较大，一旦汇票被盗或丢失，谁持有它谁就是"受款人"，谁就有权得到汇票的款项。因此，这种汇票在实际工作中也不使用。

（3）指示性抬头。例如，"PAY TO THE ORDER OF SB." 或 "PAY TO SB. OR ORDER"（凭××人指定）。这种汇票都需要背书，而后才可以在市面上流通转让。表 5.6 的汇票以及国际贸易实际工作中使用的汇票基本上都是"指示性抬头的汇票"，不难看出，国际贸易的汇票"非转让不可"："收款人"（出票人）是受益人（卖方），而"受款人"（抬头人）却是银行，这在形式上其实就已经转让了。

8．Amount in words（大写金额）

汇票的这一栏目通常会显示为 "…the sum of ＿＿＿＿＿＿" 的形式。

这一栏就是要严格按照上面小写金额的数额，改用英语字母再重复写一遍。例如，小写："Exchange for USD25,741.36"，大写："…the sum of <u>SAY U.S. DOLLARS TWENTY FIVE THOUSAND SEVEN HUNDRED FORTY FIVE AND CENTS THIRTY SIX ONLY.</u>"。再如，小写："Exchange for GBP145,819.53"，大写："…the sum of <u>SAY GREAT BRITAIN POUNDS ONE HUNDRED FORTY FIVE THOUSAND EIGHT HUNDRED NINTEEN AND NEW PENCE FIFTY THREE ONLY.</u>"。

9．Remarks（备注）

此栏目主要用于向付款人附带说明"本笔款项到底是一笔什么性质的钱"，同时也把此份汇票与相关的商业发票关联起来。因此，在此栏的空白处填写其对应的商业发票号码即可。

在实际工作中，还有人特别注明"贸易术语"，这就把事情说得更加清楚明白了。

这段格式性的文字是经过简化了的，理解起来比较困难，其完整的句子为"The value to be received mentioned above is against shipment of the goods as per Invoice No. ×××."（此款项是第"×××"号发票项下装运货物的价值。）（其中的实线文字是作者临时添加的）

这一栏增设在这里只起到辅助说明的作用，它可有可无，无关紧要。因此，就有了"大汇票"和"小汇票"之称。通常，把带有上述"备注"文字的汇票叫做"大汇票"，而把没有预设"备注"栏目的汇票叫做"小汇票"。但是，"大汇票"和"小汇票"在其法律效力上没有差别，不会因此而影响到汇票"支付命令"的功效。

此外，国内还有些汇票上面增设了"支付利息"的栏目，如"Payable with interest of ×% per annum."（按年息 × %计算）等，这是指付款人因延迟付款时间而支付的利息。在实际工作中，基本不会遇到"收款人向付款人讨要利息"的情况。因为在国际货物贸易中，付款与赎单是紧密关联的，买方不付款，他就拿不到单据，而没有单据，他就得不到货物。还有人认为这是"企业与银行间发生的利息"，但不可能：①汇票是卖方开立的，卖方根本无权决定它与银行间的利率，银行是绝对不会吃亏的；②如果是买方与银行之间的利息，卖方更无权决定利率。

10. Drawee/Payer（付款人）

"Draw"是"开立汇票"的意思，"Drawer"是"开立汇票的人"，而"Drawee"则是"汇票的受票人"。汇票是"支付命令"，因而，接受汇票的人就是"付款人"。

这一栏目通常设置在汇票的左下边，以"To"（致：×××）引导，并预设有数条线段。填写此栏目的总原则是：出票人准备找谁要钱，此处就填写谁的名称。具体填法是：

（1）在信用证支付方式下，严格按照信用证的规定填写。在电讯信用证下，严格按照第"42A/D"（Drawee）栏中的内容填写，绝对不能随便填写。例如，某份电讯信用证规定，"42 D Drawee: OURSELVES"，此时，汇票的"付款人"一栏就应该填写开证行的详细名称。

（2）在托收的支付方式下，此栏就填写买方的名称、地址和联络细节。这3项内容一定要详实，以便国外代收行能够及时联系付款人。

在信用证支付方式下，对于汇票的"付款人"一栏的填写问题，国际商会主要有以下规定。

（1）汇票的付款人应该做成信用证中规定的银行（ISBP745 第 B1 段 a 款）。这里的"银行"一般为开证行自己，也可以是开证行指定的某家其他银行，但不能是商业企业。

（2）信用证不得规定凭"以申请人为付款人"的汇票兑用（参见 UCP600 第 6 条 c 款和 ISBP745 第 B18 段）。

（3）当信用证适用于指定银行或任何银行议付时，汇票付款人应做成指定银行以外的一家银行（参见 ISBP745 第 B10 段），但议付行（negotiating bank）不能做汇票的"付款人"（drawee）。

（4）当信用证仅以银行的电讯代码（SWIFT address）表示汇票的付款人时，汇票的付款人可以显示为相同的电讯代码或者该银行的全名（参见 ISBP745 第 B9 段）。

例如，某份电讯信用证规定，"42 D Drawee: SMBCJPJTAOSA"（此为该银行的电讯代码），而该银行的名称为：

*SUMITOMO MITSUI BANKING CORPORATION

　　*OSAKA

　　*（OSAKA）

那么，此份汇票的"付款人"一栏就可以有两种填写方法选项（都正确）：

① "To　SMBCJPJTAOSA　"

② "To　*SUMITOMO MITSUI BANKING CORPORATION

　　*OSAKA

　　*（OSAKA）"

11. Drawer（出票人）

"出票人"就是"收款人"，但它在国际贸易的汇票业务中只是一个"债权人"，并不是"接受汇票款项的人"（payee）（"受款人"是债权人委托的某家商业银行）。

此栏目通常设立在汇票的右下方，一般由出票人直接在此处签署（stamp and signature）即可。无论是信用证还是托收的支付方式，都是如此。还有些外贸公司已经在此栏目将本公司的签署印刷好了（pre-printed），这样也可以算做"签署"，出票人只要在汇票背面做好"背书"即可。

ISBP745 第 B8 段 a 款规定，汇票应由受益人出具并签署，且应注明出具日期。该段 b 款又规定，如果受益人的名称已经改变，而信用证却依旧使用的是受益人以前的旧名称时，汇票的签署仍然可以使用受益人的新名称，只要注明"其原名为……"即可。举例说明如下。

受益人的新名称："Hubei Xinxu Import and Export Trading Company"

受益人的旧名称："Hubei Provincial Animal By-products Import and Export Corporation"

受益人在汇票上可以像这样签署：

Hubei Xinxu Import and Export Trading Company

（formerly known as "Hubei Provincial Animal

By-products Import and Export Corporation"）

×××

12. Endorsement（背书）

此栏只能在汇票的背面（overleaf）做，因此，它在表 5.6 的票面上看不到。但"背书"环节非常重要，几乎在所有国际贸易中使用的汇票上都不可或缺，应高度重视。

"背书"是在金融市场上转让有价证券的一种法定程序，只要是可以转让的有价证券，如汇票、提单、保险单等，都必须由单据的所有权人（又叫"善意持有人"，Bona fide holder，即"符合其持有规则的某种有价证券的持有人"）（汇票的"出票人"更是）背书，否则，银行（或买方）就有权拒收单据、拒付货款。ISBP745 第 B15 段规定，"如果需要，汇票应当背书"。（A draft is to be endorsed, if necessary.）

"背书"分为"空白背书"（blank endorsement）和"记名背书"（special endorsement）两种，但常见的还是"空白背书"，它的具体做法是：把在汇票"签署"处加盖的印章再在汇票背面的任何地方加盖一次。"记名背书"也很简单，就是在原"空白背书"做法的基础上，再在其下注明被转让人的名称。实际工作主要使用"空白背书"，而且，在没有特别要求的情况下，"背书"通常都是"空白背书"。

（1）"空白背书"实例如图5.3所示。

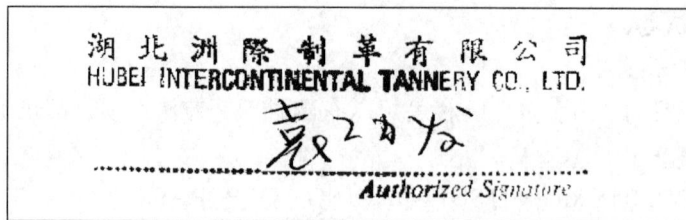

图5.3 "空白背书"实例

（2）"记名背书"实例如图5.4所示。

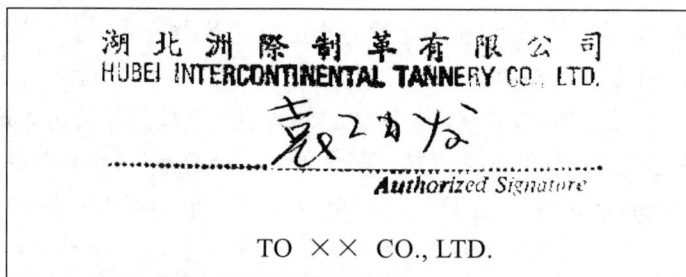

图5.4 "记名背书"实例

课后练习

一、单项选择题

1. 汇票是一种代替现金的支付工具,有两张正本(即 First Exchange 和 Second Exchange),其效力是（　　）。

  A. 付款人付一不付二   B. 付款人付二不付一

  C. 先到先付,后到无效   D. 具有同等效力

2. 汇票的"受款人"又称"抬头人",我国实际业务中多用（　　）为"受款人"。

  A. 议付行   B. 受益人   C. 开证行   D. 开证人

3. 按照有关规定,对不同包装种类的货物混装在一个集装箱内,这时货物的总件数显示数字之和,包装总类用统称（　　）来表示。

  A. cartons   B. pieces   C. packages   D. pallets

4. 下列单证中,当信用证没有特别规定的时候,可以不签署的单据是（　　）。

  A. 海运提单   B. 保险单   C. 装箱单   D. 汇票

5. 以下单据中,对发票不起补充说明作用的是（　　）。

  A. 装箱单   B. 品质证书   C. 尺码单   D. 重量单

6. 如果其他条件相同,（　　）种规定的远期汇票对收款人最有利。

  A. 承兑日期后 45 天付款   B. 提单签发日后 45 天付款

  C. 见票日期后 45 天付款   D. 货到目的港后 45 天付款

7. 根据 UCP600 的规定，信用证的第一性付款人是（   ）。

    A. 进口人   B. 开证行   C. 议付行   D. 通知行

8. 信用证如果没有注明汇票的 "DRAWEE"，按照 UCP600 的规定，汇票的 "付款人" 应该是（   ）。

    A. Applicant   B. Issuing Bank

    C. Negotiating Bank   D. Beneficiary

9. 汇票的 "抬头人" 是指汇票的（   ）。

    A. 受款人   B. 受票人   C. 付款人   D. 出票人

10. 承兑是指汇票付款人承诺对远期汇票承担到期付款责任的行为。我国《票据法》规定，自收到提示承兑汇票之日起（   ），付款人必须做出承兑。

    A. 2 天内   B. 3 天内   C. 4 天内   D. 5 天内

11. 信用证的汇票条款注明：Drawn on us，则汇票的 "付款人" 就应该是（   ）。

    A. 开证行   B. 开证申请人   C. 通知行   D. 议付行

12. 汇票的 "抬头人" 有 3 种填写方式，我国《票据法》规定，签发（   ）的汇票无效。

    A. 限制性抬头   B. 指示性抬头

    C. 持票人或来人抬头   D. 记名抬头

13. 如果信用证显示 "Available with any bank"，在缮制汇票时，受款人栏目（   ）。

    A. 只能填写 "ANY BANK"   B. 可以由受益人指定

    C. 只能由开证行指定   D. 可以由进口商指定

14. 若信用证规定货物装船后 30 天付款，在信用证中的汇票付款期限栏则应填写（   ）。

    A. AT 30 DAYS AFTER SIGHT   B. AT 30 DAYS AFTER B/L DATE

    C. AT 30 DAYS AFTER DRAFTS DATE   D. AT ************* SIGHT

15. 在国际贸易中使用的商业汇票的 "收款人" 是指（   ）。

    A. 受款人   B. 提示行   C. 受托银行   D. 出票人

二、多项选择题

1. 装箱单的作用主要是补充发票内容的不足，通过对包装件数、唛头、规格等填制，明确产品的包装情况，（   ）。

    A. 便于进口商了解产品的数量与包装

    B. 便于进口国海关检查与核对产品

    C. 是出口商必须向进口商提交的单据

    D. 是出口商必须向银行提交的单据

    E. 便于承运人合理安排装卸和运输

2. 在信用证项下，受益人（出口商）用于结汇的汇票包括（   ）。

    A. 即期汇票   B. 远期汇票   C. 商业汇票   D. 银行汇票

    E. 银行承兑汇票

3. 汇票背书的方式主要有（   ）。

    A. 限制性背书   B. 指示性背书   C. 空白背书   D. 记名背书

    E. 委托代理背书

4. 在实际业务中，远期汇票付款时间的规定办法有（   ）。

    A. 见票后若干天付款   B. 出票后若干天付款

    C. 提单签发日后若干天付款   D. 指定日期付款

    E. 见票付款

5. 出票条款必须按信用证的描述填在"Drawn under"后，如果信用证没有规定出票依据条款，此栏应分别填写（   ）。

    A. 开证行的名称   B. 开证行的地址   C. 信用证编号

    D. 开证日期   E. 开证行的联络细节

6. 根据我国《票据法》的规定，汇票上必须记载的事项包括（   ）等内容。

    A. 确定的金额   B. 汇票日期   C. 付款人名称   D. 合同编号

    E. 付款的期限

7. 计算汇票付款到期日的一般国际惯例包括（   ）

    A. 算尾不算头   B. 算头不算尾

    C. 以月为单位计算付款期限的，一律以相应月份的同一天为到期日，若当月无对应日期，则以该月最后一天代替

    D. 先算整月，后算半月，半月按 15 天计算

    E. 若到期日恰逢周末或节假日，则顺延至其后第一个营业日

8. 信用证的"保兑行"的付款是（   ）。

    A. 有追索权的   B. 无追索权的   C. 终局性的

    D. 对"议付"的单据照样要扣除利息

    E. 开证行承担第一性的付款责任，保兑行承担第二性的付款责任

9. 根据 UCP600 和 ISBP745 的相关规定，信用证项下的汇票的"付款人"可以是（   ）。

    A. 开证申请人   B. 开证行   C. 议付行   D. 付款行

    E. 承兑行

10. 在国际贸易单据中，需要"背书"的单据主要有（   ）。

    A. 商业发票   B. 指示性抬头的物权运输单据   C. 保险单据

    D. 汇票   E. 所有的运输单据

三、判断题

1. 我国对欧洲联盟的国家收汇不使用汇票。   （   ）

2. 汇票经背书后，使汇票的收款权利转让给被背书人，被背书人若日后遭到拒付可向前手行使追索权。   （   ）

3. 装箱单是用于说明买卖货物包装细节的清单，因此，装箱单上一定要说明"货物是如何包装的"，否则，银行或买方绝对有权拒收单据、拒付货款。   （   ）

4. 在有效期之内，如果发生开证行倒闭或拒付，保兑行可以向受益人追索。   （   ）

5. 汇票、提单和保险单的抬头人通常各是付款人、收货人和被保险人。   （   ）

6. 汇票通常开具一式两份，第一份为正本，第二份为副本，只有正本才具有法律效力。

    （   ）

7. 汇票在提示时，遭遇付款人拒绝付款或承兑，或者付款人拒不见票、死亡、宣告破产，

致使付款（承兑）成为不可能，通称拒付，又称退票。 （ ）

8. 一张汇票的收款人写成"Pay to John Stone only"或者"Pay to order"，此汇票可以经过背书转让。 （ ）

9. 在票汇方式下，买方购买银行汇票径寄对方，采用的是银行汇票，所以它属于银行信用。 （ ）

10. 托收支付方式是商业信用，所以使用的汇票属于商业汇票；信用证支付方式是银行信用，所以使用的汇票属于银行汇票。 （ ）

四、根据第三章和第四章"课后练习"中的信用证条款及表 4.7 商业发票的填写内容，填制一份汇票（表 5.9）。

表 5.9　空白汇票

Bill   of   Exchange

Drawn under: L/C No.＿＿＿＿＿＿＿＿＿＿＿＿＿＿　　　Dated ＿＿＿＿＿＿＿＿＿＿＿＿＿

　　Issued by ＿＿＿＿＿＿＿＿＿＿＿＿＿＿＿＿＿＿＿＿＿＿＿＿＿＿＿＿＿＿＿＿＿＿＿

No. ＿＿＿＿＿＿＿＿＿＿＿＿＿＿＿＿＿　　　Wuhan, China＿＿＿＿＿＿＿＿＿＿＿＿＿

Exchange for ＿＿＿＿＿＿＿＿＿＿＿＿

　At ＿＿＿＿＿＿＿＿＿＿＿＿＿＿＿＿＿＿＿＿＿ sight of this FIRST of Exchange（Second of the same tenor and date unpaid）pay to the Order of ＿＿＿＿＿＿＿＿＿＿＿＿＿ the sum of ＿＿＿＿＿＿＿＿＿＿＿

＿＿＿

Value received against shipment of the goods as per Invoice No. ＿＿＿＿＿＿＿＿＿＿＿＿＿＿＿＿＿

　To: ＿＿＿＿＿＿＿＿＿＿＿＿＿＿＿＿　　＿＿＿＿＿＿＿＿＿＿＿＿＿＿＿＿＿＿

＿＿＿＿＿＿＿＿＿＿＿＿＿＿＿＿＿　　＿＿＿＿＿＿＿＿＿＿＿＿＿＿＿＿＿＿

＿＿＿＿＿＿＿＿＿＿＿＿＿＿＿＿＿　　＿＿＿＿＿＿＿＿＿＿＿＿＿＿＿＿＿＿

＿＿＿＿＿＿＿＿＿＿＿＿＿＿＿＿＿　　　　　（stamp & signature）

第六章 运输单据

运输单据（Transport Documents）是指托运人把货物交给承运人或其代理以后，承运人或其代理向托运人签发的单据。UCP600 第 14 条 1 款规定，运输单据可以由任何人出具。但是，在实际工作中，由于运输单据很多都代表货物，都是有价证券，不能随便出具，更不能随便找一个人出具。因此，运输单据的出单人通常只有两种人：承运人或承运人代理。

有的运输单据具有 3 条基本性质和作用：① 货物收据，证明承运人已经收到了托运人交付运输的货物；② 运输合同的证明，以此明确承运人和托运人双方在本笔运输合同下各自的权利和义务；③ 物权凭证，收货人可以并且必须凭此单据才能在目的地向承运人或其代理提取货物，此单据的"善意持有人"（Bona Fide Holder）可以将"指示性抬头"的物权运输单据在市面上背书转让。这类单据主要包括海运提单（B/L）、多式联运运单（MTD）等。

"善意持有人"是一个法律词汇，更是一个专业术语，它主要是指那些持有某种有价证券，并且符合这种证券的持有规则的人。例如，某份记名提单的抬头人（收货人）一栏里填写的是"张三"，如果"张三"持有这份提单，他就是一个"善意持有人"，承运人或其代理就理应在目的地凭此份提单把货物交给"张三"提走；而如果"李四"持有这份提单，

【单证实物示例】
多式联运货物提单

他就不是一个"善意持有人"，承运人或其代理就理应在目的地凭此提单拒绝把货物交给"李四"。再如，一张没有经过背书的指示性抬头的提单，除了发货人自己以外，其他任何人持有它都不是"善意持有人"；但如果经过发货人做过"空白背书"以后，谁持有它，谁都会是一个"善意持有人"。如果谁拿它去目的地提货，承运人或其代理都无权拒绝向该提单的持有人交付货物。

而有的运输单据只有两条性质和作用，它们只是货物收据和运输合同的证明，而不能用于在目的地提货，也不能拿到市面上去转让，因为它们不能代表货物的所有权。这类单据主要包括不可转让的海运单（Seaway Bill）、租船合同提单（Charter Party Bill of Lading）、空运运单（Airway Bill）、国际铁路货物联运运单（International Railway Cargo Through Transport Bill）、邮政收据（Postal Receipt）和快递收据（Courier Receipt）等。

"运输单据"的范围比较广泛，实际工作中使用的"运输单据"的种类也很多、很杂，而国际商会对它们认定的却相对较少。国际商会认定的和不认定的"运输单据"分别如表 6.1 和表 6.2 所示。

表 6.1　国际商会认定的"运输单据"

序号	UCP600 条目	运输单据的名称	
		中文名称	英文名称
①	19	多式联运单据	Multimodal Transport Document

序号	UCP600 条目	运输单据的名称	
		中文名称	英文名称
②	20	提单	Bill of Lading
③	21	不可转让的海运单	Non-negotiable Sea Waybill
④	22	租船合同提单	Charter Party Bill of Lading
⑤	23	空运单据	Air Transport Document
⑥	24	公路、铁路或内陆运输单据	Road, Rail or Inland Waterway Transport Document
⑦	25	快递收据、邮政收据或投递证明	Courier Receipt, Post Receipt or Certificate of Posting

对表 6.1 中所列明的单据，UCP600 第 14 条 C 款规定，如果单据中包含 1 份或多份上述正本运输单据，受益人应在本惯例所指的发运日之后的 21 个日历日内交单（当然，当信用证已经规定了交单期限时，受益人就必须在信用证规定的交单期限内向银行交单），同时不得迟于信用证的截止日。

表 6.2　国际商会不认定的"运输单据"

序　号	运输单据的名称	
	中文名称	英文名称
①	提货通知/提货单	Delivery Note / Delivery Order
②	货物收据	Cargo Receipt
③	运输行收货证明	Forwarder's Certificate of Receipt
④	运输行装运证明	Forwarder's Certificate of Shipment
⑤	运输行运输证明	Forwarder's Certificate of Transport
⑥	运输行货物收据	Forwarder's Cargo Receipt
⑦	大副收据	Mate's Receipt

对表 6.2 中所列明的单据，ISBP745 第 18 段规定，信用证中有关"单据应在装运日期之后若干天以内提交"的规定，银行将不予理会（disregard）。该交单可以在任何时候提交，但无论如何都不得晚于信用证规定的截止日（expiry date）提交。

本章主要介绍的内容有：①海运提单的填写；②其他运输单据的示范与中文翻译；③提单格式性条款的举例及其中文翻译。

第一节　海运提单

海运提单（Bill of Lading）的英文全称是"Ocean Marine Bill of Lading"，简称为"B/L"，它是海运方式下班轮运输中最重要的国际货物运输单据。

本节主要介绍：①提单的业务流程；②出口货物运输委托书；③提单的填写方法。

【单证实物示例】
海运提单

一、提单的业务流程

提单的流程，会因支付方式的不同而有所区别。信用证和托收支付方式下，以及在汇付支付方式下的提单流程分别如图6.1和图6.2所示。

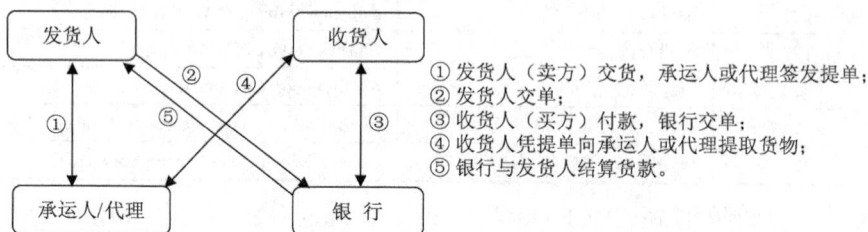

图6.1　信用证和托收支付方式下的提单业务流程示意图

① 发货人（卖方）交货，承运人或代理签发提单；
② 发货人交单；
③ 收货人（买方）付款，银行交单；
④ 收货人凭提单向承运人或代理提取货物；
⑤ 银行与发货人结算货款。

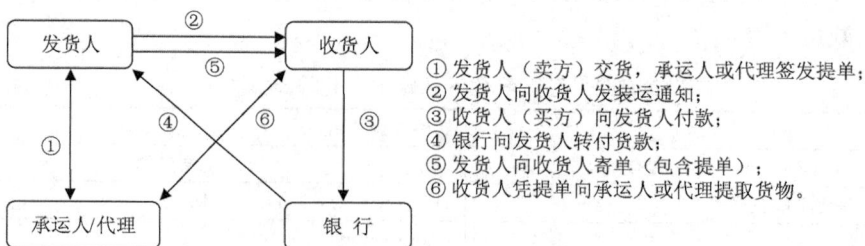

图6.2　汇付支付方式下的提单业务流程示意图

① 发货人（卖方）交货，承运人或代理签发提单；
② 发货人向收货人发装运通知；
③ 收货人（买方）向发货人付款；
④ 银行向发货人转付货款；
⑤ 发货人向收货人寄单（包含提单）；
⑥ 收货人凭提单向承运人或代理提取货物。

需要特别说明的是，图中的"银行"并不是指某一家银行，而是本笔生意收付所涉及所有相关银行的"集合"，它既包括卖方的银行，也包括买方的银行。

图6.1和图6.2都是提单在"宏观层面"上比较粗略的业务流程，但在细节的"微观层面"上，发货人—承运人/代理—收货人之间的货物交接的流程则是采用图6.3所示的形式。

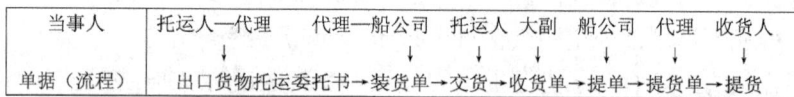

图6.3　提单业务下细节上的货物交接流程示意图

二、出口货物运输委托书

"出口货物运输委托书"（Booking Notes）是托运人向承运人或其代理签发的以作"租船订舱"专用的凭证，在行话里俗称"托单"。它的主要作用如下：

（1）租船订舱（book shipping space）。"租船"是指租赁一整条船舶，类似于叫出租车；"订舱"是指只预订一条船舶的一部分舱位，类似于购买飞机、轮船、火车或公共汽车票。

（2）运输合同的组成部分。其中包含了托运人与承运人双方就某批货物运输而产生的各自的权利和义务。

（3）签发提单等运输单据的重要依据。运输单据很多栏目中的数据（data）都是而且必须严格按照这份"托单"上所给定的信息填写。

（4）承运人或代理向托运人收取运杂费用的凭证。它是收费的凭证之一，如果缺了它，托运人就有权拒付。

（5）法律诉讼的证据。如果承运人和托运人双方因为本笔运输业务发生了诉讼官司，当事人必须向法院当庭提交这份运输委托书。

"出口货物运输委托书"的实例见表 6.3。

表 6.3　出口货物运输委托书实例

出口货物运输委托书	运输编号	发票号码	HX20××0710
	合同号码　HX20××0520	信用证号	0159308IM0000242
（货物明细单）　日期：　　JULY 10, 20××	付款方式　L/C	贸易性质	GENERAL
根据《中华人民共和国合同法》与《中华人民共和国海商法》的规定，就出口货物委托运输事宜订立本合同。	贸易国别　INDIA	消费国别	INDIA

托运人	BEIJING HENGXIN IMPORT AND EXPORT TRADING CO., LTD. ROOM 6008, LIYE MANSION, 74 MAJIAPU EAST ROAD, FENGTAI DISTRICT, BEIJING CHINA 100068 TEL: 0086-10-51165208　FAX: 0086-10-51165199	运输方式	BY VESSEL	出口口岸	SHANGHAI
		装运期限	MAR.10, 20××	有效期限	MAR. 31, 20××
抬头人	TO ORDER　STATE BANK OF INDIA, BACKBAY RELAMATION BRANCH, RAHEJA CHAMBER NARIMAN POINT, MUMBAI 400021, INDIA	装运港	SHANGHAI	目的港	NHAVA SHEVA
		可否转运	ALLOWED	可否分批	ALLOWED
通知人	DUJODWALA PAPER CHEMICALS LTD., B12-B13 TULSIANI CHAMBERS NARIMAN POINT MUMBAI	正本提单	3	副本提单	3
		运费预付	√	运费到付	

标志唛头	货名规格、海关编号	件数及包装式样	总尺码（立方米）	重量（公斤）		价值	
				毛重	净重	单价	金额
N/M	GUM ROSIN H.S. CODE: 3806.1010	400DRUMS	50.000 CBM	42M/T	40M/T	USD1 300	USD52 000.00

法定商检	√	保险条款		保险金额		赔款地点	

受托人注意事项	1. SEPARATE CERTIFICATE TO BE ISSUED BY SHIPPING LINE AGENTS CERTIFYING 14 DAYS FREE DETENTION TIME IS ALLOWED AT PORT OF DESTINATION. 2. CERTIFICATE FROM SHIPPING COMPANY OR AGENTS OR LLOYDS CERTIFICATE CERTIFYING THAT CARRYING VESSEL IS A REGULAR LINE VESSEL CLASSIFIED AS PER THE INSTITUTE CLASSIFICATION CLAUSE AND VESSEL IS NOT MORE THAN 25 YEARS OLD CERTIFICATE TO THAT EFFECT SHOULD ACCOMPANY THE DOCUMENTS. 3. ALL DOCUMENTS SHOULD BE MARKED WITH IEC CODE 0390006327, LC NO. AND DATE, S/C NO. AND DATE AND IMPORT UNDER OPEN GENERAL LICENCE OF FOREIGN TRADE POLICY 2014-2019	指定货代		
		运费		确认
		随附单据	(1) 商业发票　2份 (3) 装箱单　2份 (5) 买卖合同　1份	(2) 报关单　2份 (4) 代理报关委托书　1份

受托人（承运人或货运代理人）		委托人（即托运人）	
名　称		名　称	北京恒信进出口贸易有限公司
电　话	传　真	电　话　××××　传　真　××××	

虽然本批货物是由卖方负责办理货运保险的，但表 6.3 中的"保险条款"、"保险金额"和（保险）"赔付地点"等有关保险信息的栏目都没有填写，其原因是：托运人自办保险，并不需要承运人或其代理代办保险。

出口货物运输委托书虽然不是银行结汇单据，但它却与结汇单据关系紧密。但是，为了避免内容重复，这里只列举已经依据第三章的信用证、第四章的商业发票和第五章的装箱单（表 5.1）等单据的内容而填制的出口货物运输委托书，而对运输委托书的填写方法和应注意事项等不做专门的讲解。这份委托书的内容与下面提单的填写内容是严格呼应的，可以对照提单填写的内容，把这两份单据的栏目及其填制联合起来学习和理解。

三、提单各个栏目的填写方法及注意事项

提单的格式通常都是由各家承运人或他们的代理设计制作的固定模板，各种提单栏目的设置虽然在整体上大同小异，但在某些细节上却存在着一些差异。这里借用的提单格式是中国海运集装箱有限公司的提单。"海运提单"的实例见表 6.4。

（一）提单右上角序号之外的栏目

1. "B/L No."（提单号码）

提单必须编号，且由出单人（承运人或其代理）统一编制。

2. "Letter Head"（出单人名称）

在一般情况下，使用谁作为单据的原始题头（Original stationary），就可以认定此份单据的"出单人"是谁。但运输单据有时候会例外，在经过承运人允许的前提下，承运人的代理可以使用承运人原始题头的运输单据代表承运人向托运人签发并且签署。

3. "Title of B/L"（提单的单据名称）

国际商会规定提单的名称可以任意命名（however named）（参见 UCP600 第 20 条），提单的命名也可以与相关信用证对提单名称的规定不尽一致（参见 ISBP 第 E2 段）。

这份提单名称前面的定语"Port-to-Port Combined Transport"应该是"Port-to-Port and Combined Transport"（港至港运输和联运）的缩写。"港至港"是指"货物从装运港运到目的港"，也就是单一的海运；而"Combined Transport"则是指"一批货物从头至尾使用包括海运在内的两种运输方式"。

"联运"具体可分为两种情形：

（1）"Combined Transport"，参见上述内容；

（2）"Through Transport"，指以一批货物只使用一种运输方式，但是中途需要转船或转运的情况。例如，海运货物从一条船上卸下来，再装到另一条船舶上继续运输；再如，国际铁路货物联运等。

4. "General Terms"（提单的格式性条款）

"格式性条款"是指出单人针对所有可能与该单据关联的当事人的普遍规定，而不是针对具体某个人或某件事而特别制定的规矩。出单人为了自己的利益，往往会在单据上制定很多格式性的条款，以此保护自己限制他人。

表 6.4　海运提单实例

1. Shipper *BEIJING HENGXIN IMPORT AND EXPORT TRADING CO., LTD.* *ROOM 6008, LIYE MANSION, 74 MAJIAPU EAST ROAD, FENGTAI DISTRICT, BEIJING CHINA 100068* *TEL: 0086-10-51165208　FAX: 0086-10-51165199*	B/L　No.　*ETL1703010* 中 海 集 装 箱 运 输 有 限 公 司 CHINA SHIPPING CONTAINER LINES CO., LTD Cable：0001　　　　Telex：33200 CSCO CN Port-to-Port Combined Transport BILL OF LADING

RECEIVED in external apparent good order and condition. Except as otherwise noted, the total number of containers or other packages or units shown in this Bill of Lading receipt said by the shipper to contain the goods described above. Which description the carrier has no reasonable means of checking and is not part of the Bill of Lading. One original Bill of Lading should be surrendered, except clause 22 paragraph 5, in exchange for delivery of the shipment. Signed by the consignor or dully endorsed by the holder in due course. Whereupon the other original（s）issued shall be void. In accepting this Bill of Lading, The Merchants agree to be bound by all the terms on the face and back hereof as if each had personally signed this Bill of Lading.

WHEN the Place of Receipt of the goods an inland point and is so named herein, any notation of "On Board", "Shipped on Board" or words to like effect on this Bill of Lading shall be deemed to mean on board the truck, trail car, air craft or other inland conveyance（as the case may be）, performing carriage from the Place of Receipt of the Goods to the Port of Loading.

SEE clauses 4 on the back of this Bill of Lading（Terms continued on the back hereof Read Carefully）

ORIGINAL

2. Consignee *TO ORDER　STATE BANK OF INDIA, BACKBAY RELAMATION BRANCH, RAHEJA CHAMBER NARIMAN POINT, MUMBAI 400021, INDIA*		

3. Notify Party *DUJODWALA PAPER CHEMICALS LTD. ATKARGAON, TAKAI ADOSHI ROAD, DIST RAIGAD, MAHARASHTRA INDIA*		

4. Pre-carriage by *	5.　Place of Receipt * *SHANGHAI*
6. Ocean Vessel and Voy No *EMIRATES WATS V. 836W*	7. Port of Loading *SHANGHAI*

8. Port of Discharge *NHAVA SHEVA*	9. Place of Delivery *NHAVA SHEVA*	10. Final Destination（of the goods-not the ship）

PARTICULARS FURNISHED BY THE MERCHANTS（field 11-17）

11. Marks & Nos. Container Seal No. *N/M* *CONTAINER NOS:* *TEXU3582990/20'GP* *REGU3006211/20'GP* *14 DAYS FREE DETENTION TIME IS ALLOWED AT PORT OF DESTINATION*	12. No. of Containers or P'kgs *400DRUMS* *（2×20'GP）*	13. Kind of Packages：Description of Goods *GUM ROSIN* *L/C NO. 0159308IM0000242* *L/C ISSUING DATE: JULY 5,* *20××* *S/C No. HX20××0625* *S/C ISSUING DATE: JUNE 25,* *20××* *IEC CODE: 0390006327* *UNDER OPEN GENNERAL LIECENCE OF FOREIGN TRADE POLICY 2014-2019.* SHIPPER'S LOAD,COUNT & SEAL	14. Gross Weight Kgs. *42.000KG* *SHIPPING AGENT AT DISCHARGE PORT:* *MA CGM AGENCIES（INDIA）PVT LTD.* *103-105, MANISA HEIGHTS, 1/F, BALRAJESHWAR ROAD, MULUND WEST 400080 INDIA* *TEL: 91-22-6533-4671* *FAX: :91-22-6533-4675* ON BOARD	15. Measurement *50CBM*

16. Description of Contents for Shipper's Use Only（CARRIER NOT RESPONSIBLE）

17. Total No. Containers or Packages（In Words）	*SAY 400 DRUMS PACKED IN TWO TEU ONLY.*				
18. Freight & Charges *FREIGHT PREPAID* *CY-CY*	19. Revenue Tons	20. Rate	21. Per	22. Prepaid	23. Collect
24. Ex. Rate	25. Prepaid at	26. Payable at		27. Place and Date of Issue: *JULY 20, 20××　IN SHANGHAI*	
	28. Total prepaid in	29. No. of Original B（s）/L *THREE*		Signed for the Carrier **CHINA SHIPPING CONTAINER LINES CO., LTD.** ××× （FOR THE CARRIER）	

Date

JULY 20, 20××

By　***CHINA SHIPPING CONTAINER LINES CO., LTD.***

这些格式性条款的中文翻译，请参考本章第三节的内容，一定要适当阅读和知晓这些格式性条款的内容和含义。

5．"ORIGINAL"（正本提单的声明）

出单人通常会在每一份正本提单上都分别注明"ORIGINAL"字样，因为它是"物权单据"，需要用于在目的港提货的。此外，提单正本还经常用于转让。因此，很多信用证都明确规定正本提单上都要注明"ORIGINAL"（正本）字样。

（二）提单上带有序号的栏目

1．"Shipper"（托运人）

此栏还有一个名称叫做"Consignor"（发货人），是指"把货物交给承运人运输的人"和"与承运人签订运输契约的人"。

此栏的填写方法如下：

（1）在信用证支付方式下，当信用证没有特别规定的时候，直接填写"受益人"（卖方）的名称、地址和联络细节；但如果信用证特别规定了此栏的填写内容，就要严格按照信用证的规定填写。

（2）托收或汇付支付方式下，在买方没有特别规定时，直接填写卖方的名称、地址和联络细节；如果买方有规定，就按照买方的要求填写。

此外，UCP600 第 14 条 k 款规定，任何单据中注明的"托运人"或"发货人"无须为信用证的"受益人"。ISBP745 第 D17 段 a 款和 E13 段 a 款都分别规定，当多式联运单据（或海运提单）的"收货人"做成"to order"或"to order of the shipper"时，该多式联运单据（或海运提单）应由托运人背书，该背书也可以由托运人之外的具名实体（named entity）做出，只要其表明是"为托运人或代表托运人行事的"（The endorsement is made for or on behalf of the shipper）。在实际工作中，有时候信用证的开证申请人只是一个中间商，这时的信用证会要求在运输单据的"Shipper"一栏里填写开证申请人的名称和地址，同时要求下一栏的"Consignee"填写"to order of the shipper"。上述要求，只要该信用证在背书上没有其他特殊规定，受益人通常是可以接受的，并且在运输单据上直接由受益人背书，同时背书处注明"for or on behalf of the shipper"即可。

2．"Consignee"（收货人）

此栏又称"提单的抬头人"，理论上它有 3 种填法，见表 6.5。

表 6.5　提单的 3 种"抬头"

序号	称　谓	举　例	使　用
①	记名提单（Straight B/L）	CONSIGNED TO ×××　CO., LTD.	慎　用
②	不记名提单（Blank/Open B/L）	TO BEARER（货交持票人）	不使用
③	指示提单（Order B/L）	TO ORDER/TO THE ORDER OF×××.	广泛使用

此栏的填写方法是：

（1）在信用证支付方式下，严格按照信用证的规定填写；如果信用证没有特别规定，直接填写"TO ORDER"（凭指定）或"TO THE ORDER OF SHIPPER"（凭托运人指定）。

（2）托收或汇付支付方式下，在买方没有特别规定时，直接填写"TO ORDER"（凭指定）

或"TO THE ORDER OF SHIPPER"（凭托运人指定）；如果买方有规定，就按照买方的要求填写。

3. "Notify Party"（被通知人）

此栏经常被简称为"通知人"，是指货物运到目的港以后，承运人或者他们的代理需要及时告知有关到货信息的对象。

此栏的填写方法如下：

（1）在信用证支付方式下，当信用证没有特别规定的时候，直接填写"申请人"（买方）的名称、地址和联络细节；如果信用证特别规定了此栏的填写内容，就要严格按照信用证的规定填写。

（2）托收或汇付支付方式下，在买方没有特别规定时，就直接填写买方的名称、地址和联络细节；如果买方有规定，就按照买方的要求填写。

需要注意的是，在信用证支付方式下，当申请人的名称、地址和联络细节填写在运输单据的"通知人"一栏，或者填写到记名提单的"收货人"一栏时，一定要与信用证中给定的信息相同（identical），不能有任何改变（参见 UCP600 第 14 条 j 款）。

4. "Pre-carriage by"（前段运输）

此栏目的意思是"货物在办理出口通关之前国内运输的运输工具名称"。例如，一批货物的"装运港"是上海，而这批货物从武汉运往上海就是"前段运输"。

一般情况下，此栏可以不用填写。

5. "Place of Receipt"（收货地点）

此栏的意思是指"签发本单据的人在装运港以外的其他国内地点接收托运人交付托运货物的地方"，如前面第 4 栏举例中的"Wuhan"等。

此栏在电讯信用证上的栏目号是"44A"。

第 4、第 5 两栏通常都是为"多式联运"（multimodal transport）方式预设的，在单一的海运方式下不用填写。如果填写，无论在什么运输方式下，此栏都可以与"装运港"填写相同的港口（或地名）。

6. "Ocean Vessel and Voy. No."（船名和航次）

这里的"Voy. No." = voyage number（航次），船名后面一定要有航次才是真船名。"船名"有很多时候写成"S.S.××××V. ×××"。"S.S." = steamer ship（"船名"的旧称），"V." = Voy.No。

"已装船"（On Board）提单上必须列明船名和航次。

需要注意的是，提单上的船名必须是从信用证或买卖合同上列明的"装运港"开往国外的载货船舶的名称，并不是货物在办理出口通关手续之前运输的船名。例如，某批货物从武汉运往上海再运往布里斯班（Brisbane），都用船运。此时提单上的"船名"如何去填写就要视情况而定了。

（1）如果信用证或买卖合同上规定的"装运港"是"Wuhan"，货物就需在武汉通关，提单上的"船名"就应该填写从武汉开往上海的船名和航次（武汉到布里斯班没有直达船，货物必须在上海转船）；

（2）如果信用证或买卖合同上规定的"装运港"是"Shanghai"，货物就需在上海通关，提单上的"船名"就应该填写从上海开往布里斯班的船名和航次。

7．"Port of loading"（装运港）

此栏在电讯信用证上的栏目号是"44E"。

此栏一定要严格按照信用证或买卖合同的规定填写，不得改变。但信用证有时只是笼统地规定（如"ANY CHINESE PORT"）时，提单上的此栏就不能机械地照抄信用证的内容，而是要填写一个在中国大陆内地（不包括香港等港澳台的港口）装船的具体港口名称，如"Tianjin, China"或者"Huangpu, China"等。

8．"Port of Discharge"（卸货港）

此栏在电讯信用证上的栏目号是"44F"。"卸货港"可以这样去理解：① 在多式联运方式下，它只是海运的终点，但并不是全程运输的目的地（Place of Destination）。例如，货物从大连用船舶运往洛杉矶（Los Angeles），再改用火车最后运往芝加哥（Chicago），洛杉矶就是"卸货港"，芝加哥才是"目的地"。② 在单一的海运方式下，它既是海运的终点又是全程运输的终点（Plort of Destination）。

此栏一定要严格按照信用证或买卖合同的规定填写，不得改变。

9．"Place of Delivery"（到货地点）

"到货地点"（也可以翻译成"交付地点"）是指承运人最终把货物交给收货人提走的地点。这一栏目主要是为"多式联运"方式预设的栏目，在单一的海运方式下，只要信用证没有特别规定，此栏就可以不填写；如果填写，可以与"卸货港"相同。

这里之所以不翻译成"交货地点"，是因为"交货"（delivery）在贸易术语中，不仅具有"把货物由一个人交给另一个人"的意思，同时还含有"货运风险同时由卖方转移给买方"之意。而在目的地的"交付"中，在象征性交货方式下，其含义只有前者，没有后者。

上述栏目所指的方位在逻辑上的顺序可表示为："5. Place of Receipt"→"7. Port of Loading"→"8. Port of Discharge"→"9. Place of Delivery"。

10．"Final Destination（of the goods-not the ship）"［（货物，而不是船舶的）最终目的地］

此栏目预设得有些多余，因为第9栏就是"最终目的地"。在上述第8栏的举例中，货物的最终目的是芝加哥，而船舶的最终目的地是洛杉矶。

11．"Marks & Nos. Container Seal No."（唛头、集装箱及铅封号码）

此栏以填写唛头和集装箱号码为主，以填写其他相关内容为辅。至于铅封号码（seal number），如果信用证没有特别规定，就可写可不写。

另外，① 栏目中的"Container Seal No."应该是"Container No. and Seal No."的"缩写"形式；② 填写内容中的"NOS."= numbers；③ "GP"= general purpose（标准集装箱）。

12．"No. of Containers or P'kgs"（集装箱数量或外包装件数）

如果货物是装整集装箱（FCL）的，则集装箱的个数和货物运输包装的件数这两项都要在此栏列明。但如果货物是装拼箱（LCL）的，集装箱的个数就不用列明了。

另外，① 栏目中的"P'kgs"= packages（包装的数量）；② 这份提单上 "No."= number,

出现了很多处，但它们的意思却并不一定都相同。例如，第 11 栏的含义是"号码"；本栏的含义为"数量"；第 29 栏的含义为"份数"。这些都需要根据它们所处的不同场合认真地加以辨析，不能一概而论。

13. "Kind of Packages; Description of Goods"（外包装件数，货物名称）

此栏的名称应该是"Kind of Packages and Description of Goods"，"Kind of Packages"与"Description of Goods"之间是"并列"的关系。

此栏主要填写货物名称（统称，与装箱单上的"货名"一样），至于货物运输包装的方式，因为第 12 栏已经填写过了，所以此栏可填可不填。剩下的空间可用于填写信用证规定的其他特别内容，还可以填写提单上其他栏目写不下的其他需要填写的内容。

14. "Gross Weight（KG）"［毛重（单位：公斤）］

此栏的"毛重"重量应该与商业发票和装箱单中的毛重一致，但这里标明要以"公斤"为单位，制单人应按照栏目设置的要求去做。

15. "Measurement"（体积）

"体积"一般应该还会同时标注"CBM"（立方米），设计此单据的人可能临时忽视了。

尽管这批货物的重量是"主项"，而体积是其"副项"，但制单人一定要高度重视"单单一致"，使其与相关的商业发票、装箱单等其他单据都保持一致。

16. "Description of Contents for Shipper's Use Only（CARRIER NOT RESPONSIBLE）"［本提单有关商品的内容系由托运人提供（承运人对这些内容的真实性不承担责任）］

此栏目的名称不宜照字面直译，否则就说不通，其表达的意思也就没有多大意义了。其实，理解出单人这一栏目"特别声明"的含义，大家还可以对照第 11~15 栏上面的那一行"格式性条款"，把这两处联合起来加以理解："PARTICULARS FURNISHED BY THE MERCHANTS（field 11-17）"［出单人的特别声明：（以下第 11~17 栏的内容均由托运人提供）］。这里的"particulars"= contents，"merchants"= shipper，"furnish"= provide。

17. "Total No. Containers or Packages（in Words）"［（大写）集装箱的总个数或运输包装的总件数］

此栏的名称应该是"Total No. of Containers or Packages（in Words）"，其中的"No."= number，数量。

此栏的填写内容应该与第 12 栏呼应，第 12 栏写小写数目，此栏写大写。其中的"TEU"= twenty-foot equivalent unit［（一个）20 呎标准集装箱］。

18. "Freight & Charges"（运杂费用）

此栏目的填写内容主要是明确"运费是由卖方支付还是由买方支付"的问题，此栏为"必填栏目"。它有两种填法：

（1）在 FOB、FCA、FAS 等贸易术语下，填写"FREIGHT COLLECT"（其含义是"运费由买方支付"，但却往往翻译成"运费到付"）；

（2）在 CFR、CIF、CPT 和 CIP 等贸易术语下，填写"FREIGHT PREPAID"（其含义是"运费由卖方支付"，但却往往翻译成"运费预付"）。

此栏填写的内容中还有"CY-CY"，这是指"承运人的运输起止界限是：从装运港的集装箱堆场运到目的港的集装箱堆场"，这是"整箱货物"（FCL）在通常情况下的运输服务范围。"CY" = container yard（集装箱堆场）。

与"CY-CY"相对应的主要有"CFS-CFS"，这是指"承运人的运输起止界限是：从装运港的集装箱货运站运到目的港的集装货运站"，这是"拼箱货物"（LCL）在通常情况下的运输服务范围。"CFS" = container freight station（集装箱货运站）。

在理论上，"集装箱货运站"具备现场装箱、掏箱（俗称"拆箱"）以及短暂的集装箱外、货运站仓库之内存放货物的功能，而"集装箱堆场"却不具备。

19. "Revenue Tons"（计费吨位）

海运货物的"计费吨位"（Freight Ton）通常有两种。

（1）"重量吨"（Weight Ton），适用于"重货"（Dead-Weight Cargo，1公吨货物的体积小于1立方米），一个计费吨为"1公吨"（M/T）；

（2）"尺码吨"（Measurement Ton），适用于"轻泡货"（Measurement Cargo，1立方米货物的重量小于1公吨），一个计费吨为"1立方米"（CBM）。

另外，集装箱俗语中的"重箱"（Loaded Container），是指已经装了货物的集装箱，它跟上面的"重货"并不是同一个概念。与"重箱"对应的是"空箱"（Empty Van/Container）。

20. "Rate"（运费的费率）

"运费的费率"实际上就是"运费的单价"。例如，在"计费吨"的条件下，按"每一个计费吨收多少钱"来计收运费等。

21. "Per"（费率的计量单位）

费率的计量单位有很多，有的按"公吨"或"立方米"，有的按"集装箱的个数"，还有的按"货物的价值"（从价）等计收。

22. "Prepaid"（预付运费的金额）

此栏内容的含义有两层：① 需要支付的金额是多少；② 此笔金额由卖方支付。但是，在通常情况下，运输单据上并不显示运杂费用的数额。

23. "Collect"（到付运费的金额）

此栏内容的含义有两层：① 需要支付的金额是多少；② 此笔金额由买方支付。

需注意的是，运费中的"预付"并不一定就是"事先支付"的意思，而主要是"运费由卖方支付"的意思；类似地，"到付"也不一定就是"货物运到目的地后再支付运费"的意思，而主要是"运费由买方支付"的意思。

24. "Ex. Rate"（外汇汇率）

这里的"Ex." = Foreign Exchange（外汇），有些报刊上还有"forex"的写法（词典不认可它）。

这里的"外汇汇率"是指这样一种假设的情况：承运人与托运人约定某笔货物的运费是用美元计价和支付的，而托运人实际却用人民币来支付这笔运费。这时，就存在着"人民币和美元用什么价格换算"的问题，这就是此处"汇率"的含义与用途。

25. "Prepaid at"（预付运费的地点）

此"地点"一般是在提单签发所在地，即卖方需要把运费支付到承运人或其代理签发提单所在地的指定银行账户里。

26. "Payable at"（预付运费的地点）

此"地点"一般是在货物的目的港所在地，即买方需要把运费支付到承运人或其代理在目的港所在地的指定银行账户里。

以上第 19~26 栏、第 28 栏在一般的提单格式中都不会预设，即使预设了在实际工作中也极少填写内容。其主要原因是：① 具体的运费数额通常都是"保密"的，提单的签发人不愿意让局外人知道，卖方有时候也不愿意让买方知道；② 这其中有很多关于"预付"、"到付"的问题在第 18 栏已经规定清楚了，不需要再重复；③ 有些数额没有办法事先固定下来，它们都需要随行就市，如第 24 栏的"汇率"、第 28 栏的"本币金额"等。

27. "Place and Date of Issue"（本提单出具的地点和时间）

此栏为"必填栏目"，而且，国际商会规定，运输单据、保险单据和汇票都必须注明出具的日期（参见 ISBP745 第 A11 段 a 款）；在"已装船"（On Board）提单上，如果没有特别注明装船的日期，就可以把提单出具的日期当做"提单装船的日期"（参见 UCP600 第 20 条 a 款 ii 点）。

另外，在信用证支付方式下，提单的装船日期一定不要迟于或者早于信用证规定的装运日期，此限定的日期在电讯信用证的第"44C"栏目项下。

28. "Total prepaid in"（以本币预付的运费金额）

此栏目的名称应该是"Total prepaid in local currency"，请参考第 24 栏目项下的说明。

如果此栏目确实需要填写，它的数额＝约定的预付运费×外汇汇率（外汇卖出价，承运人是不会少收或吃亏的）。

29. "No. of Original B（s）/L"（正本提单签发的份数）

"B（s）/L"＝Bill（s）of Lading，不能写成"B/L（s）"或者"Bill of Lading（s）"。类似地，"L（s）/C"＝Letter（s）of Credit，不能写成"L/C（s）"或者"letter of Credit（s）"。

在"国际货物运输"行业里，承运人或其代理签发的提单份数，一般都是每套"三正三副"，极少有"例外"的。

如果提单此栏规定为"3 份正本"，那么，3 份正本合起来才算"完整的一套"，每一份正本都需要分别签署；如果是"指示性抬头"的提单，每一份还要分别由受益人（卖方）背书；每一份都可以用于在目的地（港）提货（如果其中一份已经用于提货了，其余份数的正本提单就随即自动失效。无论提单本身有没有这样的规定，行业规范永远如此）。

如果此栏没有填写"份数"，就可以认定"这份提单只有唯一一份正本"。

（三）提单正面的其他栏目

1. "Signed for the Carrier"（提单的签署）

提单是"物权单据"，必须签署（参见 UCP600 第 19 条 a 款 i 点和第 20 条 a 款 i 点）。

提单的签署人，在理论上可以分别由以下 4 种人之一签署：承运人（carrier）、承运人的代理（carrier's named agent）、船长（master）和船长的代理（master's named agent）。

但在实际工作中，提单一般只由承运人和承运人的代理签署。

签署人在签署时，还要注明其身份（capacity）；如果是代理签署，除了注明自己的身份以外，还要注明自己是代表哪个承运人（或船长）。

提单签署的实例如图 6.4（由承运人签署）和图 6.5（由承运人代理签署）所示。图 6.4 和图 6.5 中的中文都只做翻译和说明使用，在实际签署时不用。

CHINA OCEAN SHIPPING（SHANGHAI）CO., GROUP（法人印章）

×××（法人代表的签字或盖印）

AS CARRIER

（作为承运人）

图 6.4 "承运人"签署提单范例

CHINA SHIPPING AGENCY （WUHAN）CO., LTD（法人印章）

×××（法人代表的签字或盖印）

AS AGENT, FOR AND ON BEHALF OF

THE CARRIER: COSCO.

（作为代理，代表承运人：中国远洋运输集团公司）

图 6.5 "承运人代理"签署提单范例

另外，ISBP745 第 D3 段和 E3 段等都规定，如果信用证规定"货运代理人"（Freight Forwarder）或"运输行"（House）的运输单据可以接受，这些单据就可以由其出单人签署，而且不必注明其签署的身份（capacity），也不用注明承运人的名称。

2．"Date...By..."（提单的签署人以及签署的日期）

通常情况下，此栏目可以免予填写："日期"可以用第 27 栏的日期代替，"签署人"也可以用上面的实际签署来代替。

3．"Details of the Shipping Agent at Destination"（承运人在目的地代理的名称、地址和联络细节）

此栏目虽然在这份提单上并不是"常设栏目"，但这一信息对收货人却非常重要，不可或缺，它关系到"货到目的地（港）后，收货人能不能及时提取货物"。因此，现在很多提单都专门为此设置了栏目，如"F/Agent Name & Ref."（目的地代理的名称及相关信息）等。

表 6.4 提单上此栏目的内容，被临时安插在第 14、第 15 栏下面剩余的空位上。

4．"Clean and other remarks"（"清洁"以及其他出单人批注）

"清洁"是指出单人没有在单据上对所载商品及其包装做出任何不良批注的运输单据。例如，"TWO CARTONS ARE BROKEN."（2 箱破裂），"FIVE BAGS HAVE BEEN LOST."（5 袋短少）等都属于"不良批注"。需要注意的是，在运输单据上，只有"清洁"和"不清洁"之分，没有不清洁程度上的"轻"和"重"之分。只要是"不清洁单据"，哪怕只是些"小毛病"，买方和银行都绝对不会接受。

此外，出单人出于"保护其自身利益"的目的，经常会在运输单据上刻意添加一些额外的批注，如"SHIPPER'S LOAD & COUNT"（托运人装载并计数），"SAID BY SHIPPER TO CONTAIN"（填写内容系由托运人报称），"S.T.C."（shipper's total contents，全部填写内容都由托运人提供）等。这些批注，按照 UCP600 第 26 条的规定，银行和买方通常都会接受，它们都不属于"不良批注"。但是，这些批注对托运人来说存在着一定的隐性风险。例如，货物运到了目的地，如果集装箱打开后出现货物短量或包装破损等情况，凭着这些批注，承运人就可以理直气壮地"免责"。因此，对于这类批注，托运人要事先适当地认识它们的含义，并且在实际工作中加以适当的提防（如把承运人或代理在装货后向发货人出具的"收货"便条保存好等），以免造成一些不必要的经济损失。

第二节　其他运输单据

"其他运输单据"主要包括 3 种：①由承运人或其代理向托运人签发的海运提单以外的其他运输单据；②对运输单据起辅助作用的附属单据；③电子提单。

一、承运人或其代理签发的其他运输单据

运输单据，以表 6.1 所列的除海运提单以外的其他运输单据为主，以表 6.2 所列的单据为辅，但其中比较常用的运输单据，只有多式联运运单、空运运单、国际铁路联运运单、快递收据等少数几种。在这些常用的运输单据中，只有海运提单和多式联运运单是具有"物权"性质的单据，收货人必须凭这些单据才能把货物提走；其余单据都没有"物权"的性质，都不能用于在目的地提货。

1. "非物权"运输单据的风险及防范办法

在国际货物运输使用"非物权"单据的情况下，如果卖方先装运货物、买方后支付货款，买方完全可以不支付货款就把货物提走。因此，使用这种运输单据，如果控制、处理不得当，势必对卖方的"安全收汇"造成很大的风险。

为了加深对"物权单据"和"非物权单据"不同含义及其利弊的理解，使这两种不同性质的运输单据在实际工作中得到更加合理的利用，给出了"非物权单据"下的交接货程序示意图，如图 6.6 所示。

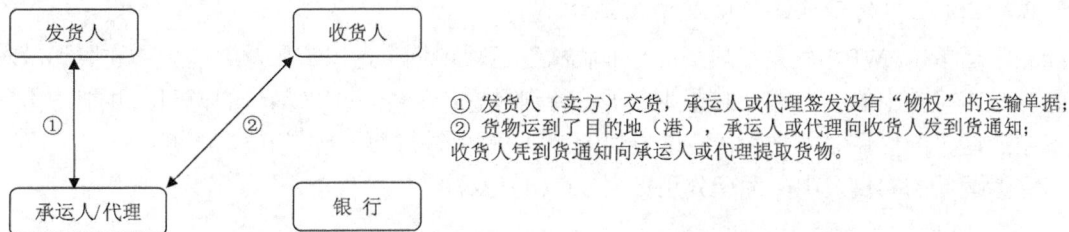

① 发货人（卖方）交货，承运人或代理签发没有"物权"的运输单据；
② 货物运到了目的地（港），承运人或代理向收货人发到货通知；
收货人凭到货通知向承运人或代理提取货物。

图 6.6　使用"非物权运输单据"货物交接流程示意图

从图 6.6 不难看出，在"非物权运输单据"下，收货人（买方）提取货物跟他"是否支付了货款"之间没有丝毫的关联性，这一点与图 6.1、图 6.2 所示海运提单项下的交接货流程截然不同。为了确保在"卖方先装运货物、买方后支付货款，而又使用'非物权运输单据'"情况下的收汇安全，应尽量说服客户接受以下经过变通的货物交接办法。

使用"非物权运输单据"货物安全交接流程如图 6.7 所示。

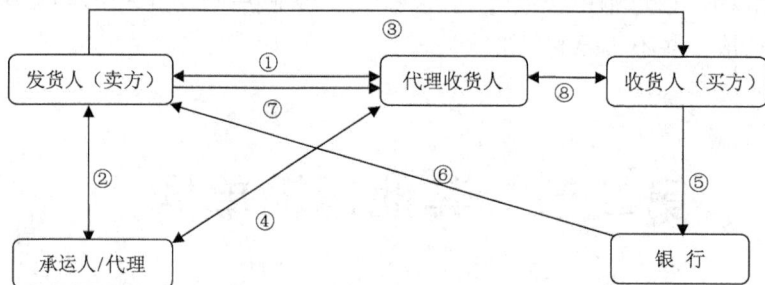

① 发货人（卖方）请求目的地代理收货人代收并暂管货物，代理收货人接受请求；
② 发货人交货，承运人或代理签发没有"物权"的运输单据，注明代理收货人为"收货人"；
③ 发货人向收货人（买方）发装运通知，并要求他及时到银行支付货款；
④ 货物运到了目的地，代理收货人向承运人或代理提取货物；
⑤ 收货人通过银行向发货人支付货款；
⑥ 银行向发货人转付货款；
⑦ 发货人收讫货款后，向代理收货人发"放货通知"；
⑧ 代理收货人把货物交给收货人。

图 6.7 使用"非物权运输单据"货物安全交接流程示意图

图 6.7 中的"代理收货人"可以是承运人在目的地的代理，也可以是信用证的开证行、托收方式下的代收行等相关银行。

图 6.7 的办法不失为一种确保卖方安全收汇、规避出口风险的有效办法，但它也存在两大弊端：

（1）卖方在目的地先找一个临时的"收货人"代为收货并暂时保管，俟（sì，直到）买方付清了货款之后，卖方再通知代理收货人把货物交给买方。这显然是不相信买方的思想和行为，因此，它对买卖双方今后在生意上的继续合作是非常不利的。

（2）在"代理收货人收货—买方支付货款—卖方收到款项—代理收货人放货"这段时间里所发生的相关费用，如代理收货人的劳务报酬、代收货物的仓储保管费用等，都会是一笔不小的支出，这笔额外费用只能由卖方承担。

2. 空运运单的示范、说明及中文翻译

空运运单（AWB）就是最典型的"非物权"运输单据。这里，只对空运运单的填写做示范，同时，将其中的一些常见的专业用语（特别是它们的缩写）做简单的说明，并把一份完整的空运运单的栏目做中文翻译，以方便大家认识并掌握这种运单的填写要领。

空运运单的实例及中文翻译分别见表 6.6 和表 6.7。

表 6.6　空运运单实例

Shipper's name and Address *HUBEI PROVINCIAL* *ANIMAL BY-PRODUCTS* *IMPORT AND EXPORT CORPORATION* *56, TONGTING STREET, WUHAN 430014,CHINA*	Shipper's Account Number *236487*	Not negotiable Air Waybill Issued by	中国南方航空公司 **CHINA SOUTHERN AIRLINES** Guangzhou, China

Consignee's name and Address *HIGH TECH S.R.L.* *PIAZZA XXV APRILE,* *12-20124 MILANO,* *P．IVA 06261740150 , ITALY* *TEL：02-624 1101;　FAX: 02-659 7039*	Consignee's Account Number *SC00546*	Copies 1, 2 and 3 this Air Waybill are originals and have the same validity
		It is agreed that goods described herein are accepted in apparent good order and condition （except as noted） for carriage subject to the conditions of contract on the reverse hereof. All goods may be carried by any other means including road or any other carrier unless specific contrary instructions are given hereon by the shipper, and shipper agrees that the shipment may be carried via intermediate stopping places which the carrier deems appropriate. The shipper's attention is drawn to the notice concerning carrier's limitation of liability. Shipper may increase such limitation of limitation of liability by declaring a higher value for carriage and paying a supplemental charge if required.

Issuing Carrier's Agent and City
ITALIAN LINES
MILAN, ITALY

Accounting Information

FREGHT PREPAID

Agents IATA Code *0735621*	Account No.

Airport of Departure （Addr. of First Carrier） and Requested Routing

WUHAN

To	By First Carrier	To	By	To	By	Currency	Chgs Code	WT/Val		Other		Declared Value for Carrier	Declared Value for Customs
	Routing & Destination							PPD *XX*	COLL	PPD	COLL	*NVD*	*NCV*
	Requested Flight/Date												

Airport of Destination *MILAN*	*CA3541*	*DEC.02, 2 0 XX*	Amount of Insurance *NIL*	If shipper requests insurance in accordance with the conditions thereof indicates amount to be insured in figures in box marked "Amount of Insurance

Handling Information

AS PER REF. NO. ST071203

No. of Pieces RCP	Gross Weight	Kg lb	S	Rate Class Commodity Item No.	Chargeable Weight	Rate / Charges	Total	Nature and Quantity of Goods （Incl. Dimensions or Value）
1 400	*3 200*	*K*			*3 200*		*2 400.00*	*TOOLS* *20CBM*

Prepaid	Weight Charges	Collect	Other Charges
	2 400.00		
	Valuation Charge		*AWB FEE: 200.00*
	Tax		
200.00			Shipper certifies that particular's on the face hereof are correct and agrees THE CONDITIONS ON REVERSE HEREOF: *TIANHE AIR PORT*
	Total Other Charges Due Agent		106　　Signature of Shipper or his agent
	Total Other Charges Due Carrier		Carrier certifies that the goods described hereon are accepted for carriage subject to THE CONDITION OF CONTRACT ON THE REVERSE HEREOF,. The goods hten being in apparent good order and condition except as noted hereon
2 400.00			
Total Prepaid		Total Collect	*DEC. 02, 20 XX*　　*WUHAN, CHINA*
Currency Conversion Rate		CC Charges in Dest. Curency	Executed on （Date）　　at （place）　　Signature of issuing Carrier or as Agent
For carriers Use only at Destination	Charge at Destination	Total Collect Charges	AWB No.　*578-4523 2169*

托运人的名称和地址 *HUBEI PROVINCIAL ANIMAL BY-PRODUCTS IMPORT AND EXPORT CORPORATION 56, TONGTING STREET, WUHAN 430014,CHINA*	托运人的（结算）账号 *236487*	不可转让 空运运单 开立人：	中国南方航空公司 CHINA SOUTHERN AIRLINES 中国 广州

表 6.7　空运运单实例的中文翻译

收货人的名称和地址 *HIGH TECH S.R.L.* *PIAZZA XXV APRILE,* *12-20124 MILANO,* *P. IVA 06261740150 , ITALY* *TEL : 02-624 1101;　FAX: 02-659 7039*	收货人的（结算）账号 *SC00546*	本空运运单一共三份，它们都是正本，都具有同等的法律效力。 依据本运单背面（印就）的条款，兹确认本运单项下的货物在（运单签发人）接受时表面状况良好（本运单如果另有特别说明则除外）。除非托运人此前明确禁止，该批货物可能会使用包括陆运在内的其他运输方式，或者由其他承运人运输。并且，托运人还允许货物在承运人认为合适的地点中转。托运人的注意事项已经列入有关承运人的责任限制的提示之中了。托运人如果需要增加承运人的责任，可以（事先）声明更高的（货物）价值，并且支付（相应的）额外费用。
签单承运人（在目的地）代理的名称和地址 *ITALIAN LINES* *MILAN, ITALY*	结算信息	
（在目的地）代理的 IATA （结算）账号. 代码　*0735621*	*运费预付*	

启运机场 （第一承运人地址） 以及所需的航线（路径）　*WUHAN*

运往	由 第一承运人 路径（航线）及目的地	到	由	到	由	币别	收费代码	按重量/价值		其他		向承运人声明的价值	向海关声明的价值
								预付 *XX*	到付	预付	到付		
												NVD	

目的地机场 *MILAN*	要求的航班号/日期 *CA3541*　*DEC.02, 20××*	保险金额 *NIL*	如果托运人要求投保（货运保险），请在"投保的金额"一栏内填写大写的保险金额。

（有关）操作的信息

AS PER REF. NO. ST071203

收到的件数	毛重	公斤或磅	收费费率等级 货物的货号	计费的重量	费率 / 收费	合计	货物的类别及数量 （包括体积或价值）
1 400	*3 200*	*K*	*S*	*3 200*		*2 400.00*	*TOOLS* *20CBM*

预付	按重量计收	到付	其他费用
	2 400.00		
	按价值计收		
	税赋		*AWB FEE: 200.00*
	其他应向代理的付费合计		托运人（特此）证实本运单正面的填写内容无误，而且同意（接受）本运单背面（所列明）的（全部）条件。
200.00	其他应向承运人的付费合计		*TIANHE AIR PORT* 托运人或其代理人签署
合计预付	合计到付		承运人兹证实本运单所列明的承运货物符合运输契约本面所列条款的规定，除开另有特别注明的外，本批货物的表面状况良好。
2400.00			*DEC. 02, 20××*　　*WUHAN, CHINA*
（计费）货币兑换的汇率	（计费）折合目的地国家货币的数额		签署的日期　　签署的地点　　签发本单据的承运人或其代理签署
仅供承运人在目的地使用	目的地收费	达到收费合计	空运运单号码：　*578-4523 2169*

3. 空运运单常用术语及其解释

IATA = International Air Transport Association，国际航空运输协会

Addr. = address，地址

WT = weight，就是按货物的重量计收运费

Val = value，就是按货物的价值计收运费

PPD = prepaid，运费预付，即"运费由卖方支付"

COLL = collect，运费到付，即"运费由买方支付"

NIL = nothing，零，无，没有

NVD = no value declared，无申明价值，也就是托运人不要求"保价"

NCV = no commercial value，无商业价值。这一声明对进口国海关、出口国海关在办理通关通关放行时，确定减免出入境关税起重要作用。

CBM = cubic metre，立方米

REF. NO. = reference number，编号、号码

RCP ≈ Rate of Combination Point，运价组合点指空运货物不是直达，中途需要转远，中转的城市不同，其运价也会不同。例如，一批货物从北京空运纽约，可能经旧金山中转，也可能经洛杉矶中转。货物在不能直达时，需要在此栏目中注明中转城市的三个大写英文字母的 IATA 的城市代码。

K = Kg，表示按"公斤"计收运费

L = Lb，表示按"磅"计收运费，1 磅 ≈ 0.454 千克

Incl. = include，包含、包括

CC ≈ currency conversion，将一种货币兑换成另一种货币（这是猜测的答案，不能肯定。）

Dest. = destination，目的地

主要空运运价代码：

M = minimum weight rate（最低重量运价）

N = normal rate（45kg 以下普通货物运价）

Q = quantity rate（45kg 以上普通货物运价）

C = specific commodity rate（指定商品运价）

S = class rate surcharge（等级货物附加运价）

R = class rate reduction（等级货物折扣运价）

二、运输单据的附属单据

"附属单据"是指信用证或买卖合同特别规定的除了运输单据（如海运提单、多式联运运单或空运运单等）以外，还需要承运人或其代理人另外再出具一些随附上述单据的带有"证明"性质的其他单据。

在实际工作中，对于这类"附属单据"需要注意两点：①它们的出单人一定与它们所依托的运输单据（如提单等）是同一个出单人；②它们的签署也一定要与其所依托的运输单据完全相同，以免发生"单单不一致"的问题。

第三章的信用证规定的两种附属于表 6.4 海运提单的单据分列于表 6.8 和表 6.9。

表 6.8　船公司证明 I

中 海 集 装 箱 运 输 有 限 公 司
CHINA SHIPPING CONTAINER LINES CO., LTD
Cable：0001　　　　Telex：33200 CSCO CN

CERTIFICATE

SHANGHAI, CHINA　*JULY. 20, 20✕✕*

RE: 400DRUMS/40M/T OF GUM ROSIN W/G GRADE UNDER THE FOLLOWING DOCUMENTS:
  L/C NO. 0159308IM0000242;　L/C ISSUING DATE: JULY 5, 20✕✕
  S/C NO. HX20✕✕0625;　　　S/C ISSUING DATE: JUNE 25, 20✕✕
  B/L NO. ETL1703010
  IEC CODE：0390006327
  UNDER OPEN GENNERAL LIECENCE OF FOREIGN TRADE POLICY 2014-2019.

TO WHOM IT MAY CONCERN, WE HEREBY CERTIFY THAT 14 DAYS FREE DETENTION TIME AT PORT OF DESTINATION FOR THE ABOVE MENTIONED GOODS IS ALLOWED.

CHINA SHIPPING CONTAINER LINES CO., LTD
✕ ✕ ✕
（FOR THE CARRIER）

表 6.9　船公司证明 II

中 海 集 装 箱 运 输 有 限 公 司
CHINA SHIPPING CONTAINER LINES CO., LTD
Cable：0001　　　　Telex：33200 CSCO CN

CERTIFICATE

SHANGHAI, CHINA　*JULY. 20, 20✕✕*

DEAR SIRS,
RE: 400DRUMS/40M/T OF GUM ROSIN W/G GRADE UNDER THE FOLLOWING DOCUMENTS:
  L/C NO. 0159308IM0000242;　L/C ISSUING DATE: JULY 5, 20✕✕
  S/C NO. HX20✕✕0625;　　　S/C ISSUING DATE: JUNE 25, 20✕✕
  B/L NO. ETL1703010
  IEC CODE：0390006327
UNDER OPEN GENNERAL LIECENCE OF FOREIGN TRADE POLICY 2014-2019.

WE HEREBY CERTIFY THAT THE CARRYING VESSEL IS A REGULAR LINE VESSEL CLASSIFIED AS PER THE INSTITUTE CLASSIFICATION CLAUSE AND VESSEL IS NOT MORE THAN 25 YEARS OLD.

CHINA SHIPPING CONTAINER LINES CO., LTD
✕ ✕ ✕
（FOR THE CARRIER）

三、电子提单

　　"电子提单"（Electronic B/L）是指托运人把货物交给承运人或其代理之后，要求他们不签发运输单据，而是等候托运人的"处理通知"。托运人收讫了买方的货款后，立即向承运人或其代理出具一份书面保函，要求他们凭此份担保，不使用提单，而是在目的地（港）直接把货物交给收货人提走。承运人或其代理向目的地（港）的代理人发送一份具有法律效力的（telex）或电子邮件（E-mail），命令他仅凭这份函电，不使用纸质提单，直接把货物交给指定的收货人提走。这份函电就是"电子提单"，它起到的作用就是代表纸质的"提单"。因此，它在实际工作中通常被称做"电放提单"（Telex-release B/L）。

"电子提单"主要适用于在汇付的支付方式下，装运港与目的港之间的距离很近（如中国—韩国、日本等地），而买卖双方都互相信任的情况。当装运港和目的港之间的距离很近的时候，如果提单按照传统做法，按"承运人或代理→卖方→卖方银行→买方银行→买方→承运人或代理"的顺序依次传递，势必造成货物在目的地（港）压舱的情况。为了使货物能够在目的地（港）及时提取，从而避免压舱和巨额的存仓费用，就出现了"电子提单"。

"电子提单"使用的基本流程如图 6.8 所示。

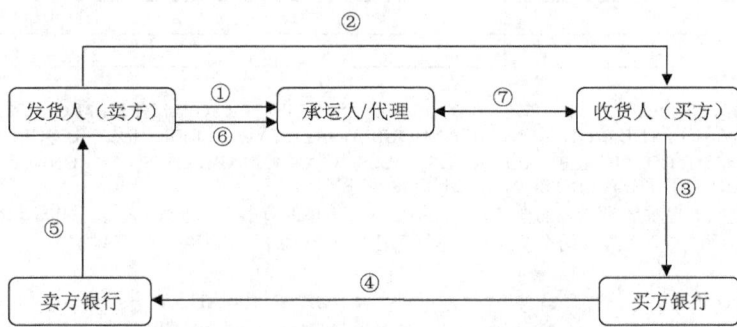

① 发货人（卖方）交货，要求承运人或代理暂不签发运输单据；
② 发货人向收货人（买方）发装运通知；
③ 收货人向发货人电汇货款；
④ 买方银行（汇出行）向卖方银行（汇入行）办理电汇；
⑤ 卖方银行向发货人办理结汇手续；
⑥ 发货人向承运人或代理提交"无单放货"的纸质保函，承运人向其目的地（港）代理发"无单放货"的电令；
⑦ 货物运到了目的地（港），目的地（港）代理按电令向收货人交付货物。

图 6.8 使用"电子提单"货物交接流程示意图

有些专家和学者在定义"电子提单"时，说"托运人交货后，承运人或其代理先向其签发了纸质提单，随后托运人又把该提单退还给原签发人……"这种思路和做法多此一举、违背常理。即使偶尔发生类似的情形，那也只会是个别的"特例"。因为：①"准备使用'电子提单'"的主张通常早在货物装运之前就已经形成了，并不是仅凭买卖双方一时的灵感临时想到的主意；②"签发提单"也是要耽误至少一两天时间的，而货物从大连、天津、青岛、上海等港运到韩国、日本去，一般也就是两三天的航程。要想达到"货到了不压舱"的目的，托运人根本就没有时间去"签单—退单作废—担保'无单提货'"；③很多船公司签发纸质提单都是要向托运人收取"签单费"，托运人都是商人，他们也不会去花费多余的费用。

下面，列举一份在"电子提单"下，托运人向承运人或其代理签发的要求其在目的地（港）"无单放货"的保函的实例，见表 6.10。

表 6.10 "电放担保函"实例

电 放 保 函

To. *山东烟台国际海运公司*:

VSL/VOY NO.（船名/航次）: *HAPPY ISLAND V. 0615E*

ETD（预计到港时间）: *APR 15, 20××*

DISCHARGE PORT（目的港）: *MOJI, JAPAN*

WITH REGARD TO BELOW MENTIONED CARGO（对于以下货物）:

B/L NO.	*SYSHJMPS6158560*
CONSIGNEE	*SNAAE HIGASHI*
ADDRESS	*648 MIYAHARA, TAMANA CITY, KUMAMOTO PREF, JAPAN*

WE HEREWITH SURRENDER THE FULL SET OF B/L FOR THIS CARGO WITH FIRM GUARANTEE THAT THE ENDORSEMENT9（S）ON THE B/L IS ALL CONTINUOUSLY VALID. YOU ARE KINDLY REQUESTED TO RELEASE THIS CARGO TO A/M CONSIGNEE. ALL RISKS, LOSSES AND LIABILITIES IN CONNECTION WITH THE RELEASEING OR ARISING THEREAFTER WILL BE BORNE BY US.

我公司在此向贵公司呈交该批货物的全套正本提单，保证提单的背书全部连续有效，并申请贵公司无正本提单凭船公司电报放货给以上收货人。我公司将承担无正本提单放货而产生的一切风险、责任和损失。

SHIPPER'S SIGNATURE   AGENT SIGNATURE
（WITH COMPANY STAMP）   （WITH COMPANY STAMP）
发货人签字（公司盖章）   代理签字（公司盖章）
　　×××   　×××

（IN THE EVENT OF ANY DISCREPANCY BETWEEN THE INTERPRETATION OF THE CHINESE AND ENGLISH TEXT, THE CHINESE TEXT SHALL PREVAIL.）

该保函中如有中英文不同时，将以中文为准。

第三节　提单的格式性条款

提单有"全式提单"（Long Form B/L）和"简式提单"（Short Form B/L）之分，前者是指背面印就了格式性条款的提单，后者是指背面为完全空白的提单。在实际工作中使用的提单基本上都是"全式提单"。

在"全式提单"上，那些印就的格式性条款都是使用六号甚至小六号的英文字母印刷而成，有的文本除了分段外，在每个自然段落内都几乎看不到用做断句的标点符号。这些文字一般人较难看懂，只要一细看就极容易头晕，托运人通常都都不看，而把它们忽略了。但是，就是这些非常不起眼的"虱头小字"，却在保护着提单出单人"免责"的利益——一旦承运人和托运人之间发生了法律纠纷，这些格式性条款就会堂堂正正地站到"法律"面前，把托运人驳得哑口无言。

此外，提单的正面也常常印就一些格式性条款，它们的作用同提单背面的条款基本上是一致的。

"格式性条款"（General Terms and Conditions）是指国际贸易单据的出单人在一些单据的正面及/或反面事先专门印就的条文，虽然它们并不是特别针对某一个特定的单据签发对象的，但这些规定对每一个对象都具有一定的法律约束力。

因此，在学习国际贸易单证知识时，不仅要理解和掌握各种单据填写栏目的含义和填写方法，还应该适当认识和了解与各栏目息息相关的格式性条款，绝对不能对它们熟视无睹。

本节旨在帮助大家理解提单格式性条款的含义，仅做列举和中文翻译，不做评述和说明。

一、表 6.4 提单正面的格式性条款

RECEIVED in external apparent good order and condition. Except as otherwise noted, the total number of containers or other packages or units shown in this Bill of Lading receipt said by the shipper to contain the goods described above. Which description the carrier has no reasonable means of checking and is not part of the Bill of Lading. One original Bill of Lading should be surrendered, except clause 22 paragraph 5, in exchange for delivery of the shipment. Signed by the consignor or dully endorsed by the holder in due course. Whereupon the other original（s）issued shall be void. In accepting this Bill of Lading, The Merchants agree to be bound by all the terms on the face and back hereof as if each had personally signed this Bill of Lading.

WHEN the Place of Receipt of the goods an inland point and is so named herein, any notation of "On Board", "Shipped on Board" or words to like effect on this Bill of Lading shall be deemed to mean on board the truck, trail car, air craft or other inland conveyance（as the case may be）, performing carriage from the Place of Receipt of the Goods to the Port of Loading.

SEE clauses 4 on the back of this Bill of Lading（Terms continued on the back hereof Read Carefully）

其中文翻译如下：

出单人收到的托运货物表面状况良好。

除非另有说明，本提单上显示的上述货物的集装箱或其他包装或装置的数量等项信息，都是由托运人提供的。对这些信息承运人无法检查核实，因此，它们不属于本提单内容的组成部分。

除开本提单背面条款第22条第5款的情形之外，其中的一份正本提单必须用于提货。这份正本提单需要在提货之前经过发货人签署或经善意持有人背书。在数份正本提单中的任何一份用于提货之后，其余份数的正本提单将随即失效。

接受本提单，这就意味着托运人同意受本提单上所有正面和背面条款的约束，就像每个当事人都分别亲自签署了本提单一样。

当货物的收货地点为内陆某处并且如此填写时，在本提单上的"已装船"的"装船"批注或类似批注，（根据具体情况而定）均可分别视为将货物装上了卡车、集装箱拖车、飞机或其他内陆运输工具，随后再将货物从收货地点运至装货港。

二、提单背面的格式性条款

这里加列的是一份内容完整的目前世界上最大的集装箱航运公司丹麦"马士基航运公司"（Maersk Line）的提单背面条款，希望大家认真阅读，至少需要把它的中文翻译通读一两遍，以便开阔眼界，增长知识和见识。

Multimodal transport bill of lading

Terms and conditions of carriage

1. Definitions

2. Carrier's Tariff

3. Warranty

4. Subcontracting

5. Carrier's Responsibility: Port-to-Port Shipment

6. Carrier's Responsibility - Multimodal Transport

7. Compensation and Liability Provisions

8. General

9. Notice of Loss, Time Bar

10. Defences and Limits for the Carrier

11. Shipper-packed Containers

12. Perishable Cargo

13. Inspection of Goods

14. Description of Goods

15. Merchant's Responsibility

16. Freight, Expenses and Fees

17. Lien

18. Optional Stowage, Deck Cargo and Livestock

19. Methods and Routes of Carriage

20. Matters Affecting Performance

21. Dangerous Goods

22. Notification and Delivery

23. Both-to-Blame Collision Clause

24. General Average and Salvage

25. Variation of the Contract

26. Law and Jurisdiction

1. Definitions

"Carriage" means the whole or any part of the carriage, loading, unloading, storing, warehousing, handling and any and all other services whatsoever undertaken by the Carrier in relation to the

Goods.

"Carrier" means A.P. Møller– Mærsk A/S trading as Maersk Line of 50 Esplanaden, DK-1098, Copenhagen K, Denmark.

"Container" includes any container（including an open top container）, flat rack, platform, trailer, transportable tank, pallet or any other similar article used to consolidate the Goods and any connected equipment.

"Freight" includes all charges payable to the Carrier in accordance with the applicable Tariff a nd this bill of lading.

"Goods" means the whole or any part of the cargo and any packaging accepted from the Ship per and includes any Container not supplied by or on behalf of the Carrier.

"Hague Rules" means the provisions of the International Convention for the Unification of Certain Rules relating to Bills of Lading signed at Brussels on 25th August 1924 and inclu des the amendments by the Protocol signed at Brussels on 23rd February 1968, but only if such amendments are compulsorily applicable to this bill of lading.（It is expressly provided that nothing in this bill of lading shall be construed as contractually applying the said Rules as amended by said Protocol.）

"Holder" means any Person for the time being in possession of this bill of lading to or in wh om rights of suit and/or liability under this bill of lading have been transferred or vested.

"Maersk Line" is the trade name of the Carrier.

"Merchant" includes the Shipper, Holder, Consignee, Receiver of the Goods, any Person owni ng or entitled to the possession of the Goods or of this bill of lading and anyone acting on behalf of such Person, or any principal of such Person.

"Multimodal Transport" arises if the Place of Receipt and/or the Place of Delivery are indicat ed on the reverse hereof in the relevant spaces.

"Ocean Transport" means the same as Port-to Port Shipment.

"Package" where a Container is loaded with more than one package or unit, the packages or o ther shipping units enumerated on the reverse hereof as packed in such Container and entered in th e box on the reverse hereof entitled "Carrier's "Receipt" are each deemed a Package.

"Person" includes an individual, corporation, or other legal entity.

"Port-to-Port Shipment" arises when the Carriage is not Multimodal.

"Subcontractor" includes owners, charterers and operators of vessels（other than the Carrier）, stevedores, terminal and groupage operators, road and rail transport operators, warehousemen a nd any independent contractors employed by the Carrier performing the Carriage and any direct or indirect Subcontractors, servants and agents thereof whether in direct contractual privity or not.

"Terms and Conditions" means all terms, rights, defences, provisions, conditions, exceptions, limitations and liberties hereof.

"US COGSA" means the US Carriage of Goods by Sea Act 1936.

"Vessel" means any water borne craft used in the Carriage under this Bill of Lading which ma y be a feeder vessel or an ocean vessel.

2. Carrier's Tariff

The terms and conditions of the Carrier's applicable Tariff are incorporated herein. Attention is drawn to the terms therein relating to free storage time and to container and vehicle demurrage or detention. Copies of the relevant provisions of the applicable Tariff are obtainable from the Carrier upon request. In the case of inconsistency between this bill of lading and the applicable Tariff, this bill of lading shall prevail.

3. Warranty

The Merchant warrants that in agreeing to the Terms and Conditions hereof he is, or has the authority to contract on behalf of, the Person owning or entitled to possession of the Goods and this bill of lading.

4. Subcontracting

4.1 The Carrier shall be entitled to sub-contract on any terms whatsoever the whole or any part of the Carriage.

4.2 The Merchant undertakes that no claim or allegation whether arising in contract, bailment, tort or otherwise shall be made against any servant, agent, or Subcontractor of the Carrier which imposes or attempts to impose upon any of them or any vessel owned or chartered by any of them any liability whatsoever in connection with the Goods or the Carriage of the Goods whether or not arising out of negligence on the part of such Person, and, if any such claim or allegation should nevertheless be made, to indemnify the Carrier against all consequences thereof. Without prejudice to the foregoing every such servant, agent, and Subcontractor shall have the benefit of all Terms and Conditions of whatsoever nature herein contained or otherwise benefiting the Carrier including clause 26 hereof, the law and jurisdiction clause, as if such Terms and Conditions （including clause 26 hereof） were expressly for their benefit and, in entering into this contract, the Carrier, to the extent of such Terms and Conditions, does so on its own behalf, and also as agent and trustee for such servants, agents and Subcontractors.

4.3 The provisions of the second sentence of clause 4.2 including but not limited to the undertaking of the Merchant contained therein, shall extend to all claims or allegations of whatsoever nature against other Persons chartering space on the carrying vessel.

4.4 The Merchant further undertakes that no claim or allegation in respect of the Goods shall be made against the Carrier by any Person other than in accordance with the Terms and Conditions of this bill of lading which imposes or attempts to impose upon the Carrier any liability whatsoever in connection with the Goods or the Carriage of the Goods, whether or not arising out of negligence on the part of the Carrier, and if any such claim or allegation should nevertheless be made, to indemnify the Carrier against all consequences thereof.

5. Carrier's Responsibility: Port-to-Port Shipment

5.1 Where the Carriage is Port-to-Port, then the liability （if any） of the Carrier for loss of or damage to the Goods occurring between the time of loading at the Port of Loading and the time of discharge at the Port of Discharge shall be determined in accordance with any national law making the Hague Rules compulsorily applicable to this bill of lading （which will be US COGSA for shipments to or from the United States of America） or in any other case in accordance with the Hague Rules Articles 1-8 inclusive only.

5.2 The Carrier shall have no liability whatsoever for any loss or damage to the Goods while in its actual or constructive possession before loading or after discharge, howsoever caused. Notwithstanding the above, in case and to the extent that any applicable compulsory law provides to the contrary, the Carrier shall have the benefit of every right, defence, limitation and liberty in the Hague Rules as applied by clause 5.1 during such additional compulsory period of responsibility, notwithstanding that the loss or damage did not occur at sea.

5.3 Where US COGSA applies then the provisions stated in the said Act shall govern before loading on the vessel or after discharge therefrom, as the case may be, during Carriage to or from a container yard or container freight station in or immediately adjacent to the sea terminal at the Port of Loading and/or Discharge. If the Carrier is requested by the Merchant to procure Carriage by an inland carrier in the United States of America and the inland carrier in his discretion agrees to do so, such carriage shall be procured by the Carrier as agent only to the Merchant and such carriage shall be subject to the inland carrier's contract and tariff. If for any reason the Carrier is denied the right to act as agent at these times, his liability for loss damage or delay to the Goods shall be determined in accordance with clause 6 hereof.

5.4 In the event that the Merchant requests the Carrier to deliver the Goods:

（a） at a port other than the Port of Discharge; or

（b）(save in the United States of America) at a place of delivery instead of the Port of Discharge, and the Carrier in its absolute discretion agrees to such request, such further Carriage will be under taken on the basis that the Terms and Conditions of this bill of lading are to apply to such Carriage as if the ultimate destination agreed with the Merchant had been entered on the reverse side of this bill of lading as the Port of Discharge or Place of Delivery.

6. Carrier's Responsibility - Multimodal Transport

Where the Carriage is Multimodal Transport, the Carrier undertakes to perform and/or in his own name to procure performance of the Carriage from the Place of Receipt or the Port of Loading, whichever is applicable, to the Port of Discharge or the Place of Delivery, whichever is applicable, and, save as is otherwise provided for in this bill of lading, the Carrier shall be liable for loss or damage occurring during the Carriage only to the extent set out below:

6.1 Where the stage of Carriage where loss or damage occurred is not known.

（a） Exclusions

The Carrier shall be relieved of liability for any loss or damage where such loss or damage was caused by:

（i） an act or omission of the Merchant or Person acting on behalf of the Merchant other than the Carrier, his servant, agent or Subcontractor,

（ii） compliance with instructions of any Person entitled to give them,

（iii） insufficient or defective condition of packing or marks,

（iv） handling, loading, stowage or unloading of the Goods by the Merchant or any Person acting on his behalf,

（ⅴ） inherent vice of the Goods,

（ⅵ） strike, lock out, stoppage or restraint of labour, from whatever cause, whether partial or general,

（ⅶ） a nuclear incident,

（ⅷ） any cause or event which the Carrier could not avoid and the consequences whereof he could not prevent by the exercise of reasonable diligence.

（b） Burden of Proof

The burden of proof that the loss or damage was due to one or more of the causes or events specified in this clause 6.1 shall rest upon the Carrier. Save that if the Carrier establishes that, in the circumstances of the case, the loss or damage could be attributed to one or more of the causes or events specified in clause

6.1（a）（ⅲ）, （ⅳ） or （ⅴ）, it shall be presumed that it was so caused.

The Merchant shall, however, be entitled to prove that the loss or damage was not, in fact, caused either wholly or partly by one or more of these causes or events.

（c） Limitation of Liability

Except as provided in clauses 7.2（a）, （b） or 7.3, if clause 6.1 operates, total compensation shall under no circumstances whatsoever and howsoever arising exceed USD 500 per package where Carriage includes Carriage to, from or through a port in the United States of America and in all other cases 2 SDR per kilo of the gross weight of the Goods lost or damaged.

6.2 Where the stage of Carriage where the loss or damage occurred is known. Notwithstanding anything provided for in clause 6.1 and subject to clause 18, the liability of the Carrier in respect of such loss or damage shall be determined:

（a） by the provisions contained in any international convention or national law which provisions:

（ⅰ） cannot be departed from by private contract to the detriment of the Merchant, and

（ⅱ） would have applied if the Merchant had made a separate and direct contract with the Carrier in respect of the particular stage of the Carriage during which the loss or damage occurred and received as evidence thereof any particular document which must be issued if such international convention or national law shall apply; or

（b） in case of shipments to or from the United States of America by the provisions of US COGSA if the loss or damage is known to have occurred during Carriage by sea to or from the USA or during Carriage to or from a container yard or container freight station in or immediately adjacent to the sea terminal at the Port of Loading or of Discharge in ports of the USA; or

（c） by the Hague Rules Articles 1-8 only inclusive where the provisions of clauses 6.2（a） or （b） do not apply if the loss or damage is known to have occurred during Carriage by sea; or

（d） if the loss or damage is known to have occurred during Carriage inland in the USA, in accordance with the contract of carriage or tariffs of any inland carrier in whose custody the loss or damage occurred or, in the absence of such contract or tariff by the provisions of Clause 6.1, and in either case the law of the State of New York will apply; or

（e）where the provisions of clause 6.2（a）,（b）,（c）and/or（d）above do not apply, in accordance with the contract of carriage or tariffs of any inland carrier in whose custody the loss or damage occurred or in the absence of such contract or tariff by the provisions of clause 6.1. For the purposes of clause 6.2 references in the Hague Rules to carriage by sea shall be deemed to include references to all waterborne Carriage and the Hague Rules shall be construed accordingly.

6.3 If the Place of Receipt or Place of Delivery is not named on the reverse hereof the Carrier shall be under no liability whatsoever for loss or damage to the Goods howsoever occurring:

（a）if the Place of Receipt is not named on the reverse hereof and such loss or damage arises prior to loading on to the vessel; or

（b）if the Place of Delivery is not named on the reverse hereof, if such loss or damage arises subsequent to discharge from the vessel, save that where US COGSA applies then the provisions stated in said Act shall govern before loading on to and after discharge from any vessel and during Carriage to or from a container yard or container freight station in or immediately adjacent to the sea terminal at the Port of Loading and/or Discharge.

6.4 Amendment of Place of Delivery In the event that the Merchant requests, and the Carrier agrees to amend the Place of Delivery, such amended Carriage will be undertaken on the basis that the Terms and Conditions of this bill of lading are to apply until the goods are delivered to the Merchant at such amended Place of Delivery.

7. Compensation and Liability Provisions

7.1 Subject always to the Carrier's right to limit liability as provided for herein, if the Carrier is liable for compensation in respect of loss of or damage to the Goods, such compensation shall be calculated by reference to the invoice value of the Goods plus Freight and insurance if paid. If there is no invoice value of the Goods or if any such invoice is not bona fide, such compensation shall be calculated by reference to the value of such Goods at the place and time they are delivered or should have been delivered to the Merchant. The value of the Goods shall be fixed according to the current market price, by reference to the normal value of goods of the same kind and/or quality.

7.2 Save as is provided in clause 7.3:

（a）Where the Hague Rules apply hereunder by national law by virtue of clause 5.1 or clause 6.2（a）the Carrier's liability shall in no event exceed the amounts provided in the applicable national law. If the Hague Rules Article 1-8 only apply pursuant to clauses

5.1 or 6（c）the Carrier's maximum liability shall in no event exceed GBP 100 per Package or unit.

（b）Where Carriage includes Carriage to, from or through a port in the United States of America and US COGSA applies by virtue of clauses 5.1 or 6.2（b）neither the Carrier nor the Vessel shall in any event be or become liable in an amount exceeding US$500 per Package or customary freight unit.

（c）In all other cases compensation shall not exceed the limitation of liability of 2 SDR per kilo as provided in clause 6.1（c）.

7.3 The Merchant agrees and acknowledges that the Carrier has no knowledge of the value of the Goods and higher compensation than that provided for in this bill of lading may be claimed only when, with the consent of the Carrier, the value of the Goods declared by the Shipper upon delivery to the Carrier has been stated in the box marked "Declared Value" on the reverse of this bill of lading and extra freight paid. In that case, the amount of the declared value shall be substituted for the limits laid down in this bill of lading. Any partial loss or damage shall be adjusted pro rata on the basis of such declared value.

7.4 Nothing in this bill of lading shall operate to limit or deprive the Carrier of any statutory protection, defence, exception or limitation of liability authorized by any applicable laws, statutes or regulations of any country. The Carrier shall have the benefit of the said laws, statutes or regulations as if it were the owner of any carrying ship or vessel.

8. General

8.1 The Carrier does not undertake that the Goods or any documents relating thereto shall arrive or be available at any point or place at any stage during the Carriage or at the Port of Discharge or the Place of Delivery at any particular time or to meet any particular requirement of any licence, permission, sale contract, or credit of the Merchant or any market or use of the Goods and the Carrier shall under no circumstances whatsoever and howsoever arising be liable for any direct, indirect or consequential loss or damage caused by delay. If the Carrier should nevertheless be held legally liable for any such direct or indirect or consequential loss or damage caused by such alleged delay, such liability shall in no event exceed the Freight paid for the Carriage.

8.2 Save as is otherwise provided herein, the Carrier shall under no circumstances be liable for direct or indirect or consequential loss or damage arising from any other cause whatsoever or for loss of profits.

8.3 Once the Goods have been received by the Carrier for Carriage the Merchant shall not be entitled neither to impede, delay, suspend or stop or otherwise interfere with the Carrier's intended manner of performance of the Carriage or the exercise of the liberties conferred by this bill of lading nor to instruct or require delivery of the Goods at other than the Port of Discharge or Place of Delivery named on the reverse hereof or such other Port or Place selected by the Carrier in the exercise of the liberties herein, for any reason whatsoever including but not limited to the exercise of any right of stoppage in transit conferred by the Merchant's contract of sale or otherwise. The Merchant shall indemnify the Carrier against all claims, liabilities, loss, damages, costs, delay, attorney fees and/or expenses caused to the Carrier, his Subcontractors, servants or agents or to any other cargo or to the owner of such cargo during the Carriage arising or resulting from any stoppage（whether temporary or permanent）in the Carriage of the Goods whether at the request of the Merchant, or in consequence of any breach by the Merchant of this clause, or in consequence of any dispute whatsoever in respect of the Goods （including, but without restriction, disputes as to ownership, title, quality, quantity or description of and/or payment for the Goods） involving any one or more party defined herein as the Merchant as between themselves or with any third party other than the Carrier and the liberties provided for in clauses 19 and 20 shall be available to the

Carrier in the event of any such stoppage.

8.4 The Terms and Conditions of this bill of lading shall govern the responsibility of the Carrier in connection with or arising out of the supplying of a Container to the Merchant whether before, during or after the Carriage.

9. Notice of Loss, Time Bar

Unless notice of loss or damage and the general nature of such loss or damage be given in writing to the Carrier or his agents at the Place of Delivery (or Port of Discharge if no Place of Delivery is named on the reverse hereof) before or at the time of removal of the Goods into the custody of the Merchant or if the loss or damage is not apparent within three days thereafter, such removal shall be prima facie evidence of the delivery by the Carrier of the Goods as described in this bill of lading. In any event, the Carrier shall be discharged from all liability whatsoever in respect of the Goods unless suit is brought within one year after their delivery or the date when they should have been delivered.

10. Defences and Limits for the Carrier

The Terms and Conditions of whatever nature provided for in this bill of lading shall apply in any action against the Carrier for any loss or damage whatsoever and howsoever occurring (and, without restricting the generality of the foregoing, including delay, late delivery and/or delivery without surrender of this bill of lading) and whether the action be founded in contract, bailment or in tort and even if the loss or damage arose as a result of unseaworthiness, negligence or fundamental breach of contract.

11. Shipper-packed Containers

If a Container has not been packed by the Carrier:

11.1 This bill of lading shall be a receipt only for such a Container;

11.2 The Carrier shall not be liable for loss of or damage to the contents and the Merchant shall indemnify the Carrier against any injury, loss, damage, liability or expense whatsoever incurred by the Carrier if such loss of or damage to the contents and/or such injury, loss, damage, liability or expense has been caused by all matters beyond his control including, inter alia, without prejudice to the generality of this exclusion.

(a) the manner in which the Container has been packed; or

(b) the unsuitability of the Goods for carriage in Containers; or

(c) the incorrect setting of any thermostatic, ventilation, or other special controls thereof; or

(d)the unsuitability or defective condition of the Container provided that, if the Container has been supplied by the Carrier, this unsuitability or defective condition could have been apparent upon reasonable inspection by the Merchant at or prior to the time the Container was packed.

11.3 The Merchant is responsible for the packing and sealing of all shipper-packed Containers and, if a shipper-packed Container is delivered by the Carrier with any original seal intact, the Carrier shall not be liable for any shortage of Goods ascertained at delivery.

11.4 The Shipper shall inspect Containers before packing them and the use of Containers shall be prima facie evidence of their being sound and suitable for use.

12. Perishable Cargo

12.1 Goods, including Goods of a perishable nature, shall be carried in ordinary Containers without special protection, services or other measures unless there is noted on the reverse side of this bill of lading that the Goods will be carried in a refrigerated, heated, electrically ventilated or otherwise specifically equipped Container or are to receive special attention in any way. The Merchant undertakes not to tender for Carriage any Goods which require refrigeration, ventilation or any other specialized attention without giving written notice of their nature and the required temperature or other setting of the thermostatic, ventilation or other special controls to the carrier. If the above requirements are not complied with the Carrier shall not be liable for any loss of or damage to the Goods howsoever arising.

12.2 The Merchant should note that refrigerated Containers are not designed

（a）to freeze down cargo which has not been presented for stuffing at or below its designated carrying temperature and the Carrier shall not be responsible for the consequences of cargo being presented at a higher temperature than that required for the Carriage; nor

（b）to monitor and control humidity levels, albeit a setting facility exists, in that humidity is influenced by many external factors and the Carrier does not guarantee the maintenance of any intended level of humidity inside any Container.

12.3 The term "apparent good order and condition" when used in this bill of lading with reference to goods which require refrigeration, ventilation or other specialized attention does not mean that the Goods, when received were verified by the Carrier as being at the carrying temperature, humidity level or other condition designated by the Merchant.

12.4 The Carrier shall not be liable for any loss or damage to the Goods arising from latent defects, derangement, breakdown, defrosting, stoppage of the refrigerating, ventilating or any other specialized machinery, plant, insulation and/or apparatus of the Container, vessel, conveyance and any other facilities, provided that the Carrier shall before and at the beginning of the Carriage exercise due diligence to maintain the Container supplied by the Carrier in an efficient state.

13. Inspection of Goods

The Carrier shall be entitled, but under no obligation, to open and/or scan any Package or Container at any time and to inspect the contents. If it appears at any time that the Goods cannot safely or properly be carried or carried further, either at all or without incurring any additional expense or taking any measures in relation to the Container or the Goods, the Carrier may without notice to the Merchant（but as his agent only）take any measures and/or incur any reasonable additional expense to carry or to continue the Carriage thereof, and/or to sell or dispose of the Goods and/or to abandon the Carriage and/or to store them ashore or afloat, under cover or in the open, at any place, whichever the Carrier in his absolute discretion considers most appropriate, which sale, disposal, abandonment or storage shall be deemed to constitute due delivery under this bill of lading. The Merchant shall indemnify the Carrier against any reasonable additional expense so incurred. The Carrier in exercising the liberties contained in this clause shall not be under any obligation to take any particular measures and shall not be liable for any loss, delay or damage howsoever arising from any action or lack of action under this clause.

14. Description of Goods

14.1 This bill of lading shall be prima facie evidence of the receipt by the Carrier in apparent good order and condition, except as otherwise noted, of the total number of Containers or other packages or units indicated in the box entitled "Carriers Receipt" on the reverse side hereof.

14.2 No representation is made by the Carrier as to the weight, contents, measure, quantity, quality, description, condition, marks, numbers or value of the Goods and the Carrier shall be under no responsibility whatsoever in respect of such description or particulars.

14.3 The Shipper warrants to the Carrier that the particulars relating to the Goods as set out on the reverse hereof have been checked by the Shipper on receipt of this bill of lading and that such particulars, and any other particulars furnished by or on behalf of the Shipper, are adequate and correct. The Shipper also warrants that the Goods are lawful goods, and contain no contraband, drugs, other illegal substances or stowaways, and that the Goods will not cause loss damage or expense to the Carrier, or to any other cargo during the Carriage.

14.4 If any particulars of any Letter of Credit and/or Import License and/or Sales Contract and/or Invoice or Order number and/or details of any contract to which the Carrier is not a party, are shown on the face of this bill of lading, such particulars are included at the sole risk of the Merchant and for his convenience. The Merchant agrees that the inclusion of such particulars shall not be regarded as a declaration of value and in no way increases Carrier's liability under this bill of lading.

15. Merchant's Responsibility

15.1 All of the Persons coming within the definition of Merchant in clause 1 shall be jointly and severally liable to the Carrier for the due fulfillment of all obligations undertaken by the Merchant in this bill of lading.

15.2 The Merchant shall be liable for and shall indemnify the Carrier against all loss, damage, delay, fines, attorney fees and/or expenses arising from any breach of any of the warranties in clause 14.3 or from any other cause whatsoever in connection with the Goods for which the Carrier is not responsible.

15.3 The Merchant shall comply with all regulations or requirements of customs, port and other authorities, and shall bear and pay all duties, taxes, fines, imposts, expenses or losses (including, without prejudice to the generality of the foregoing Freight for any additional Carriage undertaken), incurred or suffered by reason thereof, or by reason of any illegal, incorrect or insufficient declaration or by reason of any illegal, incorrect or insufficient declaration, marking, numbering or addressing of the Goods, and shall indemnify the Carrier in respect thereof.

15.4 If Containers supplied by or on behalf of the Carrier are unpacked by or for the Merchant, the Merchant is responsible for returning the empty Containers, with interiors clean, odour free and in the same condition as received, to the point or place designated by the Carrier, within the time prescribed. Should a Container not be returned in the condition required and/or within the time prescribed in the Tariff, the Merchant shall be liable for any detention, loss or expense incurred as a result thereof.

15.5 Containers released into the care of the Merchant for packing, unpacking or any other purpose whatsoever are at the sole risk of the Merchant until redelivered to the Carrier. The Merchant shall indemnify the Carrier for all loss of and/or damage and/or delay to such Containers. Merchants are deemed to be aware of the dimensions and capacity of any Containers released to them.

16. Freight, Expenses and Fees

16.1 Full Freight shall be payable based on particulars furnished by or on behalf of the Shipper. The Carrier may at any time open the Goods or Container（s）and, if the Shipper's particulars are incorrect the Merchant and the Goods shall be liable for the correct Freight and any expenses incurred in examining, weighing, measuring, or valuing the Goods.

16.2 Full Freight shall be considered completely earned on receipt of the Goods by the Carrier and shall be paid and non returnable in any event.

16.3 All sums payable to the Carrier are due on demand and shall be paid in full in United States currency or, at the Carrier's option, in its equivalent in the currency of the Port of Loading or of Discharge or the Place of Receipt or of Delivery or as specified in the Carrier's Tariff.

16.4 The Merchant's attention is drawn to the stipulations concerning currency in which the Freight is to be paid, rate of exchange, devaluation, additional insurance premium and other contingencies relative to Freight in the applicable Tariff. In the event of any discrepancy between Freight（incl. charges etc.）items in the bill of lading and any Carrier invoices, the latter shall prevail.

16.5 All Freight shall be paid without any set-off, counter-claim, deduction or stay of execution at latest before delivery of the Goods.

16.6 If the Merchant fails to pay the Freight when due he shall be liable also for payment of service fee, interest due on any outstanding and/or overdue sum, reasonable attorney fees and expenses incurred in collecting any sums due to the Carrier. Payment of Freight and charges to a freight forwarder, broker or anyone other than the Carrier or its authorized agent, shall not be deemed payment to the Carrier and shall be made at the Merchant's sole risk.

16.7 Despite the acceptance by the Carrier of instructions to collect Freight, duties, fees, demurrage/detention and costs and expenses from the shipper or consignee or any other Person, then, in the absence of evidence of payment（for whatever reason）by such shipper or consignee or other Person when due, the Merchant shall remain responsible for and for the payment of such Freight, duties, fees, demurrage/detention and costs and expenses on receipt of evidence of demand within the meaning of clause 16.3.

16.8 If the Carrier, at its sole discretion, grants credit on any sums payable to the Carrier, the terms and conditions applicable to any credit（Credit Terms）are available from the Carrier or his authorized agents or at http://www.maerskline.com-creditterms. The applicable Credit Terms will automatically apply to any granting of credit by the Carrier, unless otherwise agreed by the Carrier.

17. Lien

The Carrier shall have a lien on the Goods and any documents relating thereto for all sums payable to the Carrier under this contract and for general average contributions to whomsoever due. The Carrier shall also have a lien against the Merchant on the Goods and any document relating thereto for all sums due from him to the Carrier under any other contract. The Carrier may exercise his lien at any time and any place in his sole discretion, whether the contractual Carriage is completed or not. In any event any lien shall extend to cover the cost of recovering any sums due and for that purpose the Carrier shall have the right to sell the Goods by public auction or private treaty, without notice to the Merchant. The Carrier's lien shall survive delivery of the Goods.

18. Optional Stowage, Deck Cargo and Livestock

18.1 The Goods may be packed by the Carrier in Containers and consolidated with other goods in Containers.

18.2 Goods, whether packed in Containers or not, may be carried on deck or under deck without notice to the Merchant unless on the reverse side hereof it is specifically stipulated that the Containers or Goods will be carried under deck. If carried on deck, the Carrier shall not be required to note, mark or stamp on the bill of lading any statement of such on-deck carriage. Save as provided in clause 18.3, such Goods(except livestock)carried on or under deck and whether or not stated to be carried on deck shall participate in general average and shall be deemed to be within the definition of goods for the purpose of the Hague Rules or US COGSA and shall be carried subject to such Rules or Act, whichever is applicable.

18.3 Goods(not being Goods stowed in Containers other than flats or pallets)which are stated herein to be carried on deck and livestock, whether or not carried on deck, are carried without responsibility on the part of the Carrier for loss or damage of whatsoever nature or delay arising during the Carriage whether caused by unseaworthiness or negligence or any other cause whatsoever and neither the Hague Rules nor US COGSA shall apply.

19. Methods and Routes of Carriage

19.1 The Carrier may at any time and without notice to the Merchant:

(a) use any means of transport or storage whatsoever;

(b)transfer the Goods from one conveyance to another including transshipping or carrying the same on a vessel other than the vessel named on the reverse hereof or by any other means of transport whatsoever and even though transshipment or forwarding of the Goods may not have been contemplated or provided for herein;

(c)unpack and remove the Goods which have been packed into a Container and forward them via Container or otherwise;

(d) sail without pilots, proceed via any route, (whether or not the nearest or most direct or customary or advertised route) at any speed and proceed to, return to and stay at any port or place whatsoever (including the Port of Loading herein provided) once or more often, and in any order in or out of the route or in a contrary direction to or beyond the Port of Discharge once or more often;

（e） load and unload the Goods at any place or port （whether or not any such port is named on the reverse hereof as the Port of Loading or Port of Discharge） and store the Goods at any such port or place;

（f） comply with any orders or recommendations given by any government or authority or any Person or body or purporting to act as or on behalf of such government or authority or having under the terms of the insurance on any conveyance employed by the Carrier the right to give orders or directions.

19.2 The liberties set out in clause 19.1 may be invoked by the Carrier for any purpose whatsoever whether or not connected with the Carriage of the Goods, including but not limited to loading or unloading other goods, bunkering or embarking or disembarking any person（s）, undergoing repairs and/or drydocking, towing or being towed, assisting other vessels, making trial trips and adjusting instruments. Anything done or not done in accordance with clause 19.1 or any delay arising therefrom shall be deemed to be within the contractual Carriage and shall not be a deviation.

20. Matters Affecting Performance

If at any time Carriage is or is likely to be affected by any hindrance, risk, danger, delay, difficulty or disadvantage of whatsoever kind and howsoever arising which cannot be avoided by the exercise of reasonable endeavours, （even though the circumstances giving rise to such hindrance, risk, danger, delay, difficulty or disadvantage existed at the time this contract was entered into or the Goods were received for Carriage） the Carrier may at his sole discretion and without notice to the Merchant and whether or not the Carriage is commenced either:

（a） Carry the Goods to the contracted Port of Discharge or Place of Delivery, whichever is applicable, by an alternative route to that indicated in this bill of lading or that which is usual for Goods consigned to that Port of Discharge or Place of Delivery. If the Carrier elects to invoke the terms of this clause 20（a） then, notwithstanding the provisions of clause 19 hereof, he shall be entitled to charge such additional Freight as the Carrier may determine; or

（b） Suspend the Carriage of the Goods and store them ashore or afloat upon the Terms and Conditions of this bill of lading and endeavour to forward them as soon as possible, but the Carrier makes no representations as to the maximum period of suspension. If the Carrier elects to invoke the terms of this clause 20（b） then, notwithstanding the provisions of clause 19 hereof, he shall be entitled to charge such additional Freight and Costs as the Carrier may determine; or

（c）Abandon the Carriage of the Goods and place them at the Merchant's disposal at any place or port which the Carrier may deem safe and convenient, whereupon the responsibility of the Carrier in respect of such Goods shall cease. The Carrier shall nevertheless be entitled to full Freight on the Goods received for the Carriage, and the Merchant shall pay any additional costs incurred by reason of the abandonment of the Goods. If the Carrier elects to use an alternative route under clause20（a）or to suspend the Carriage under clause 20（b）this shall not prejudice his right subsequently to abandon the Carriage.

21. Dangerous Goods

21.1 No Goods which are or which may become of a dangerous, noxious, hazardous, flammable, or damaging nature （including radioactive material）, or which are or may become liable to damage any Persons or property whatsoever, and whether or not so listed in any official or unofficial, international or national code, convention, listing or table shall be tendered to the Carrier for Carriage without previously giving written notice of their nature, character, name, label and classification（if applicable）to the Carrier and obtaining his consent in writing and without distinctly marking the Goods and the Container or other covering on the outside so as to indicate the nature and character of any such Goods and so as to comply with any applicable laws, regulations or requirements. If any such Goods are delivered to the Carrier without obtaining his consent and/or such marking, or if in the opinion of the Carrier the Goods are or are liable to become of a dangerous, noxious, hazardous, flammable or damaging nature they may at any time or place be unloaded, destroyed, disposed of, abandoned or rendered harmless without compensation to the Merchant and without prejudice to the Carrier's right to Freight and, the Carrier shall be under no liability to make any general average contribution in respect of such Goods.

21.2 The Merchant warrants that such Goods are packed in a manner adequate to withstand the risks of Carriage having regard to their nature and in compliance with all laws, regulations or requirements which may be applicable during the Carriage.

21.3 The Merchant shall indemnify the Carrier against all claims, liabilities, loss, damage, delay, costs, fines and/or expenses arising in consequence of the Carriage of such Goods, and/or arising from breach of any of the warranties in clause 21.2 including any steps taken by the Carrier pursuant to clause 21.1 whether or not the Merchant was aware of the nature of such Goods.

21.4 Nothing contained in this clause shall deprive the Carrier of any of his rights provided for elsewhere.

22. Notification and Delivery

22.1 Any mentioning in this bill of lading of parties to be notified of the arrival of the Goods is solely for information of the Carrier. Failure to give such notification shall not involve the Carrier in any liability nor relieve the Merchant of any obligation hereunder.

22.2 The Merchant shall take delivery of the Goods within the time provided for in the Carrier's applicable Tariff. If the Merchant fails to do so, the Carrier may without notice unpack the Goods if packed in containers and/or store the Goods ashore, afloat, in the open or under cover at the sole risk of the Merchant. Such storage shall constitute due delivery hereunder, and thereupon all liability whatsoever of the Carrier in respect of the Goods or that part thereof shall cease and the costs of such storage shall forthwith upon demand be paid by the Merchant to the Carrier.

22.3 If the Goods are unclaimed within a reasonable time or whenever in the Carrier's opinion the Goods are likely to deteriorate, decay or become worthless, or incur charges whether for storage or otherwise in excess of their value, the Carrier may at his discretion and without prejudice to any other rights which he may have against the Merchant without notice and without any responsibility attaching to him sell, abandon or otherwise dispose of the Goods at the sole risk and expense of the Merchant and apply any proceeds of sale in reduction of the sums due to the Carrier from the Merchant in respect of this bill of lading.

22.4 Refusal by the Merchant to take delivery of the Goods in accordance with the terms of this clause and/or to mitigate any loss or damage thereto shall constitute a waiver by the Merchant to the Carrier of any claim whatsoever relating to the Goods or the Carriage thereof.

22.5 The Carrier may in his absolute discretion receive the Goods as Full Container Load and deliver them as less than Full Container Load and/or as break bulk cargo and/or deliver the Goods to more than one receiver. In such event the Carrier shall not be liable for any shortage, loss, damage or discrepancies of the Goods, which are found upon the unpacking of the Container.

23. Both-to-Blame Collision Clause

The Both-to-Blame Collision and New Jason clauses published and/or approved by BIMCO and obtainable from the Carrier or his agent upon request are hereby incorporated herein

24. General Average and Salvage

24.1 General average to be adjusted at any port or place at the Carrier's option and to be settled according to the York-Antwerp Rules 1994, this covering all Goods carried on or under deck. General average on a vessel not operated by the Carrier shall be adjusted according to the requirements of the operator of that vessel.

24.2 Such security including a cash deposit as the Carrier may deem sufficient to cover the estimated contribution of the Goods and any salvage and special charges thereon, shall, if required, be submitted to the Carrier prior to delivery of the Goods. The Carrier shall be under no obligation to exercise any lien for general average contribution due to the Merchant.

24.3 Should the Carrier in its own discretion choose to post general average and/or salvage security due from cargo interests or pay general average and/or salvage contributions due from cargo interests, the Merchant hereby assigns to the Carrier all his rights in respect of the general average and/or salvage.

24.4 If a salving ship is owned or operated by the Carrier, salvage shall be paid for as fully as if the said salving ship belonged to strangers.

25. Variation of the Contract

No servant or agent of the Carrier shall have the power to waive or vary any Terms and Conditions of this bill of lading unless such waiver or variation is in writing and is specifically authorized or ratified in writing by the Carrier.

26. Law and Jurisdiction

Whenever clause 6.2（d）and/or whenever US COGSA applies, whether by virtue of Carriage of the Goods to or from the United States of America or otherwise, that stage of the Carriage is to be governed by United States law and the United States Federal Court of the Southern District of New York is to have exclusive jurisdiction to hear all disputes in respect thereof. In all other cases, this bill of lading shall be governed by and construed in accordance with English law and all disputes arising hereunder shall be determined by the English High Court of Justice in London to the exclusion of the jurisdiction of the courts of another country.

[译文]

多式联运提单

运输条款与条件

1. 定义

2. 承运人费率表

3. 保证

4. 转包

5. 承运人责任：港到港装运

6. 承运人责任——多式联运

7. 赔偿和责任规定

8. 概要

9. 损失通知，诉讼时效

10. 承运人抗辩和限制

11. 经托运人装载的集装箱

12. 易腐货物

13. 货物检查

14. 货物描述

15. 货方责任

16. 运费、开支和费用

17. 留置权

18. 自由装载、舱面货和牲畜

19. 运输方式和路线

20. 影响履约事件

21. 危险货物

22. 通知和交货

23. 互有责任碰撞条款

24. 共同海损和救助

25. 合同变更

26. 适用法律和管辖权

1. 定义

"运输"（Carriage）指承运人针对货物所承担的全部或部分运输、装卸、储存、仓储、搬运及任何和所有其他服务。

"承运人"（Carrier）指以马士基航运公司（50 Esplanaden, DK-1098, Copenhagen K, Denmark）名义进行交易的 A.P. 穆勒 - 马士基 A/S。

"集装箱"（Container）包括任何集装箱（包括开顶式集装箱）、框架箱、平台、拖车、可运载储罐、托盘或用来拼装货物的任何其他类似物品和任何连接装备。

"运费"（Freight）包括所有依照适用费率表和本提单应支付给承运人的费用。

"货物"（Goods）指托运人提供的全部或部分货物和任何包装，包括非承运人或其代理提供的集装箱。

"海牙规则"（Hague Rules）指 1924 年 8 月 25 日于布鲁塞尔签署的"统一与提单有关的若干法律规定的国际公约"的各项条款，包括根据 1968 年 2 月 23 日在布鲁塞尔签署的协议所做的修正案（仅当该修正案强制性地适用于本提单时才有效）。（本条款明确规定，本提单中任何内容均不能解释为在合同中应用根据上述协议修改的上述规定）。

"持有人"（Holder）指已向其转让或授予本提单项下诉讼权及/或责任的临时提单持有人。

"马士基航运公司"（Maersk Line）是承运人的贸易名称。

"货方"（Merchant）包括托运人、持有人、收货人、提货人、任何拥有或有资格拥有货物或本提单的人及其代理人。

"多式联运"（Multimodal Transport）指提单背面相关空白处标有收货地及/或交货地时采用的运输方式。

"远洋运输"（Ocean Transport）同"港到港装运"。"包装"（Package），集装箱装载了一个以上的包装或单元时，提单背面列明此集装箱内装有这些包装或其他装运单元，并在标题为承运人"收据"的方框内输入这些项目，每个项目就是一个包装。"个人"（Person）包括个人、公司或其他法人实体。

"港到港装运"（Port-to-Port Shipment）即非多式联运的运输方式。

"转包人"（Subcontractor）包括货主、租船人和船舶运营商（非承运人）、装卸工、码头和成组经营商、公路和铁路运输运营商、仓储人员及承运人为执行运输所雇用的任何独立承包商和该独立承包商的任何直接或间接的转包人、服务人员和代理（不管其是否与该承包商存在直接契约关系）。

"条款与条件"（Terms and Conditions）指所有相关条款、权利、抗辩、规定、条件、例外、限制和特权。

"US COGSA"指 1936 年美国《海上货物运输法》。

"船舶"（Vessel）指根据本提单执行运输的水运工具，可能是支线船舶也可能是远洋船舶。

2. 承运人费率表

本文纳入了承运人适用费率表的条款和条件。该条款重点述及免费储存时间、集装箱和运输工具延期费或滞留费。适用费率表相关规定副本可向承运人索取。如提单与适用费率表不一致，应以提单为准。

3. 保证

货方保证其在同意本文条款与条件后有权代表货物和提单拥有人或其授权拥有人签约。

4. 转包

4.1 承运人有权根据任何条款转包全部或部分运输。

4.2 当承运人对其雇员、代理、转包人或其拥有、租用的船舶就货物或货运提出或试图提出赔偿时，无论这种赔偿是否由上述各方的疏忽而引起，即使为了使承运人免于承担由此导致的所有后果而提出任何赔偿或指控，货方应保证上述各方免于这种赔偿或指控，无论其是否由合同、委托、侵权或其他问题而引起。在不违背上述条款的情况下，每位雇员、代理和转包人应享有本文中所包含任何性质的所有有利条款和条件或对承运人有利的其他条款和条件，包括第 26 条，即法律和管辖权条款，即这些条款和条件（包括第 26 条）应明显对其有利，而且，签订此合同后，承运人不仅代表自己，而且还将作为上述雇员、代理和转包人的代理和受托人享受这些条款和条件提供的便利。

4.3 第 4.2 条第 2 句的规定包括但不限于货方在此处做出的保证，这些规定应同样适用于对租用运输船舶舱位的其他人所提出的任何性质的索赔或指控。

4.4 任何人就货物或货运对承运人提出或试图提出赔偿时，无论这种赔偿是否因承运人一方的疏忽而引起，即使为了使承运人免于承担由此引起的所有后果而提出任何索赔或指控，货方应进一步保证，除本提单条款和条件规定人员外，其他人不会就货物对承运人提出这种索赔或指控。

5. 承运人责任：港到港装运

5.1 如果是港到港运输，则承运人对货物在装运港至卸货港期间发生的损失或损坏所负的责任（如果有），应依照强制规定《海牙规则》对此提单适用的任何国家法律（如果是以美国为装货港或卸货港的装运，则按照 US COGSA）或在其他情况下按《海牙规则》第 1~8 条而确定。

5.2 承运人对装载前或卸载后因任何原因对实际占有或推定占有的任何货物所引起的任何损失或损坏不负责任。虽有上述规定，如任何适用强制性法律做出相反规定，即使损失或损坏不是在海上发生，在此附加性强制责任期内，承运人仍可在此强制性法律所规定的范围内行使条款 5.1 中引用的《海牙规则》中的每一权利、抗辩权、限制权和自由权。

5.3 如 US COGSA 适用，则无论在货物装船之前或卸货之后，根据具体情况，在至集装箱堆场或集装箱货运站的运输途中，或在载货港及/或卸货港码头或其附近，均应遵道上述法案的规定。如果货方要求承运人在美国联系内陆承运人进行内陆运输，且该内陆承运人自行同意承担此项任务，则承运人应仅以货方代理的身份联系此内陆运输，并且此内陆运输应受制于内陆承运人的合同和费率表。此时，如因任何原因承运人被拒绝担任货方代理的权利，其对货物损失、损坏或延期所负的责任应根据条款 6 确定。

5.4 如货方要求承运人按下列情况交货：

（a）在卸货港之外的港口；或者

（b）（除了在美国）在交货地而不是卸货港，且承运人自行决定同意此要求，此进一步运输应在本提单条款与条件将适用于此运输（如同在本提单背面已把货方同意的最终目的地载为卸货港或交货地）的基础上进行。

6. 承运人责任：多式联运

如果是多式联运，承运人承诺履行及/或以其自身名义确保履行从收货地或装运港（选适用的一项）到卸货港或交货地（选适用的一项）的运输，且承运人应仅按下列规定的范围对运输中发生的损失或损坏负责。

6.1 如不了解损失或损坏在哪一运输阶段发生。

（a）免责条款

如果此损失或损坏是由以下原因引起的，承运人将不承担任何责任。

（ⅰ）货方或其代理（而不是承运人及其服务人员、代理或转包人）的行为或不作为；

（ⅱ）遵循任何权利人士的指示；

（ⅲ）包装或标记不足或有缺陷；

（ⅳ）由货方或其代理对货物进行搬运、装载、装货或装卸；

（ⅴ）货物固有缺陷；

（ⅵ）任何原因引起的部分或全体性罢工、闭厂、停工或劳工监禁；

（ⅶ）核事件；

（ⅷ）承运人采取力所能及的措施也不可避免、防止的任何原因、事件及后果。

（b）举证责任

如导致损失或损坏的是条款 6.1 中规定的一个或多个原因或事件，则举证责任应由承运人承担。但是，如承运人能确定损失或损坏的发生可归因于条款 6.1（a）（ⅲ）、（ⅳ）或（ⅴ）里规定的一个或多个原因或事件，则应假定为事实如此，承运人无须举证。然而，货方有权证明全部或部分损失或损坏事实上并不是由一个或多个此原因或事件造成的。

（c）赔偿责任限额

除非条款 7.2（a）、（b）或 7.3 中有所规定，如条款 6.1 适用，在任何情况下，不管是以美国某港口为装货港或卸货港，或为中途港的任何运输，对每一损失或损坏的包装所做的赔付总额不得超过 500 美元；在其他情况下，按每千克毛重为 2 SDR（特别提款权）对损失或损坏货物做出赔偿。

6.2 当知道货物损失或损坏是在哪一运输段发生时，尽管在条款 6.1 和条款 18 中有相关规定，承运人对此损失或损坏所负的责任应按以下方式确定。

（a）根据任何国际公约或国家法律所包含的规定进行确定，且不得出现下列行为：

（ⅰ）依照私人合同对这些规定断章取义，使其不利于货方；

（ⅱ）如果货方与承运人就损失或损坏所发生的特殊运输阶段另行订立直接合同，并在根据此国际公约和国家法律必须发布任何特定诉讼案卷时，将其作为证据予以接收，则应以上述规定为准；

（b）在进行以美国为出发地或目的地的货物运输时，如果已知损失或损坏是在以美国为出发地或目的地的海运途中发生，或是在以集装箱堆场或集装箱货运站为出发点或目的地的运输途中发生，或是在美国装货港或卸货港的码头里或附件发生，则按 US COGSA 规定确定；

（c）如已知损失或损坏是在海运途中发生，但条款 6.2（a）或（b）的规定不适用时，仅按《海牙规则》第 1~8 条确定；

（d）如已知损失或损坏是在美国内陆运输中发生，则按对发生损失或损坏的货物有保管权的内陆承运人的运输合同或费率表确定；如果没有此合同或费率表，则按条款 6.1 的规定确定；上述两种情况下，纽约州法律均适用；或

（e）如以上条款 6.2（a）、（b）、（c）及/或（d）不适用，则按对发生损失或损坏的货物有保管权的内陆承运人的运输合同或费率表确定；如果没有此合同或费率表，则按条款 6.1 的规定确定，在第 6.2 条里，对《海牙规则》中海上运输的参考应被视为包括对所有水上运输的参考，此时应根据《海牙规则》解释。

6.3 如提单背面没有指定收货地或交货地点，承运人不对任何原因造成的任何货物损失或损坏负责。

（a）如提单背面没有指定收货地，此损失或损坏是货物装船之前发生；

（b）如提单背面没有指定交货地点，此损失或损坏是在卸载后发生，除非 US COGSA 适

用，上述法案的规定应在货物装载前和卸载后都适用，无论是在以集装箱堆场或集装箱货运站为出发地或目的地的运输途中，或在装货港或卸货港码头里或附近。

6.4 交货地更改

如货方要求，且承运人同意更改交货地点，在货物被运送至此更改交货地交至货方之前，更改后的运输将根据提单条款与条件适用情况进行。

7. 赔偿和责任规定

7.1 在以本文规定的承运人赔偿责任限额为准的前提下，如承运人有责任就货物损失或损坏做出相关赔偿，则此赔偿金的计算应参考货物的发票价值、运费和已付保险费。如没有货物发票价值或此发票不真实，对此赔偿金的计算应参考此货物在交付给或应交付给货方的时间和地点的价值。货物价值应根据当前市场价格参考同种类及/或质量货物的普通价值而确定。

7.2 除条款 7.3 的规定以外：

（a）如《海牙规则》适用，根据条款 5.1 或 6.2（a）及国家法律，任何情况下，承运人的赔偿责任决不能超过适用国家法律所规定的赔偿金额。如《海牙规则》第 1~8 条适用，根据条款 5.1 或 6(c)，任何情况下，承运人的最大赔偿责任决不能超过每包装或每单元 100 英镑。

（b）如运输是以美国某港口为装货港、卸货港或中途港，且 US COGSA 适用，根据条款 5.1 或 6.2（b），在任何情况下，承运人或船舶决不能针对每一包装或通用运输单元做出超出 500 美元的赔偿。

（c）在所有其他情况下，赔偿不能超过条款 6.1（c）所规定的赔偿限额（每公斤 2 SDR）。

7.3 货方同意并确认承运人不了解货物的价值，仅在承运人同意、托运人在交货时向承运人所申报的货物价值已在本提单背面"申报价值"项下标明且额外运费已付的情况下，才允许提出的索赔金额超出本提单中规定。在这种情况下，所申报的货物价值的金额应代替此提单规定的限额。任何部分损失或损坏都应根据此申报价格成比例调整。

7.4 此提单中的内容都不能限制或剥夺承运人由任何国家的适用法律、法令或法规所赋予的任何法定保护、抗辩、异议或责任限制。承运人应按如同是任何运输船舶的主人的身份，诉诸于上述法律、法令或法规。

8. 概要

8.1 承运人不保证货物或相关文件在任何特定的时间到达运输过程中的任何地点或地方或卸货港或交货地，或满足许可证、销售合同或货方的信用的任何特定要求或任意市场或货物的使用；并且，在任何情况下，承运人无论如何都不对因延期造成的直接、间接或后果性的损失或损坏承担责任。如承运人仍然在法律上需要对因此延期而造成的直接、间接或重大损失或损坏负责，对此责任所做的赔偿决不能超过已付运费。

8.2 除了在此处所规定的，承运人在任何情况下都不对任何原因造成的直接的或间接的或后果性的损失或损坏或利润损失负责。

8.3 一旦货物已交付承运人待运，货方无权以任何原因，包括但不限于履行其销售合同或其他合同所规定的运输中任何停工权利，而妨碍、耽搁、延缓或阻止或干涉承运人以预定方式进行运输或行使本提单所授予的特权，也不能命令或要求将货物交到非提单背面所指定的卸货港或交货地或承运人行使其特权所选择的其他港口或地点。对于货物运输中因为或出于任何货物运输的停止（不论是暂时或永久的）而引起的针对承运人及其转包人或服务人员或代理或针对任何货物或任何此货物的货主的所有索赔、责任、损失、损坏、费用、延期、律师公费及/或花费，不论此停止是否经货方要求或由于货方违反任何条款引起或由此文中货方定义所涉及的任何一方或多方之间的或与任何第三方（不是承运人）之间的任何纠纷而引起的，货方应向承运人及其转包人或服务人员或代理做出赔偿，如出现任何此运输停止，承运人可行使条款 19 和 20 所授予的特权。

8.4 本提单条款应管辖承运人的、与提供集装箱给货方相关或由此引起的责任，无论是在运输之前、之中或之后。

9. 损失通知，诉讼时效

除非损失或损坏通知及损失或损坏的普通性质，在交货地点（或卸货港，如果提单背面没有指定交货地点）移交货物给货方保管之前或在移交的时候，以书面形式给予承运人或其代理。如在其后 3 天内未发现损失或损坏，货物的移交应如提单所规定的那样，作为承运人运输的初步证据。任何情况下，承运人应被解除与货物相关的所有责任，除非在交货日或在预定交货日后 1 年内承运人遭到起诉。

10. 承运人抗辩和限制

此提单中规定的任何性质的条款应适用于任何因为货物损失或损坏针对承运人的行为，不论发生的原因（以及但不限定上述的一般性，包括延期、延迟交货及/或无提单交货）及此行为是否由合同、寄存规定或侵权引起（即使损失或损坏是不适航、疏忽或基本的违背合同引起的）。

11. 经托运人装载的集装箱

如果集装箱不是由承运人装载，那么：

11.1 此提单仅作为收到此集装箱的证据；

11.2 如果货物损失或损坏及/或伤害、损失、损坏、责任或费用是由其控制之外的原因（不损坏此除外情况的一般性）造成，承运人不应为货物损失或损坏承担责任，且货方应赔偿承运人受到的任何伤害、损失、损坏、责任或费用。

（a）集装箱的装载方式；

（b）货物不适合在集装箱中运输；

（c）集装箱不合适或存在缺陷，或者任何温度调节、通风及其他特殊控制设施不正确时，如集装箱由承运人提供，货方在集装箱包装时或之前合理检查时，应发现此不适合或有缺陷的情况。

11.3 货方应为所有托运人包装的集装箱的包装和封箱负责，如托运人包装的集装箱在承运人运输时由托运人粘贴的原始封条完好无缺，那么对于任何运输时确认的货物不足情况，承运人将不予负责。

11.4 托运人应在装货之前检查集装箱，且集装箱的使用应作为其完好并适合使用的初步证据。

12. 易腐货物

12.1 除非提单背面注明货物应用冷藏、加热、电力通风或其他有特定设备的集装箱运输或需要以特殊方式运输，货物（包括易腐烂的货物）将在没有特殊保护、服务或其他措施的普通集装箱中运输。货方应保证运输任何需要冷藏、通风或任何其他特殊照顾的货物时，书面通知承运人其性质和温度要求或其他温度调节、通风或其他特殊控制设施。如果没有做到以上要求，承运人将不对任何原因引起的货物损失或损坏负责。

12.2 货方应注意冷藏集装箱不得用于以下用途：

（a）冷冻没有作为需在其指定运输温度或更低货物装箱提交的货物，承运人不对依照比货物运输要求高的温度提交的货物的后果负责；

（b）监控和控制湿度。虽然存在这样的设施设备，但因湿度受许多外部因素影响，承运人不担保维持集装箱内的任何预期湿度。

12.3 此提单中关于要求冷藏、通风或其他特殊照顾的货物的"表面状态良好"条款，不代表货物在交货时由承运人验证为处于运输温度、湿度或其他货方指定的条件。

12.4 承运人应在运输时或之前对承运人提供的集装箱进行有效的维修，其不应对任何因集装箱、船舶、运输工具和任何其他设备的冷藏、通风或任何其他特殊机器、设备、绝缘及/或仪器潜在的缺陷、扰乱、故障、解冻停止造成的货物的损失或损坏负责。

13. 货物检查

承运人应有权利(但没有义务)在任何时候打开及/或扫描任何包装或集装箱并检查货物。在任何时候，如果货物不能安全或适当地运输或继续运输，不论是否完全不能运输或没有产生任何附加费用或采取任何关于集装箱或货物的措施，承运人可不需要通知货方（但只作为其代理），采取任何措施及/或产生任何合理的附加费用来运输或继续运输、及/或销售或处理货物、及/或遗弃运输、及/或在岸上或海上储存货物（任何地方、无论是否有覆盖或在野外），以承运人判断为最合适的方式的销售、处理、遗弃或储存应根据此提单被视为运输的一部分。货方应赔偿承运人就此产生的任何合理的附加费用。承运人行使其在本条款下的特权时，并无义务采取任何特殊措施，也不对因按本条款采取或未采取行动而引起的任何损失、延迟或损坏负有责任。

14. 货物描述

14.1 除非另行说明，此提单应视为承运人收到处于表面良好状态和条件的、本提单背面"承运人收据"项下的方框内所标明的全部数量集装箱或其他包装或单元的表面证明。

14.2 承运人不对货物的重量、内容、尺寸、数量、质量、品名、条件、标志、编号或价值做出任何陈述，也不对此相关描述或细节负责。

14.3 托运人向承运人保证提单背面所述货物的相关细节已在其收到此提单时经其检查，且此细节，及其提供的或以其名义提供的任何其他细节，均正确完整。托运人同时保证，该货物是合法的，不含任何违禁品、毒品、其他非法物质或偷渡者，且该货物不会对承运人或同程运输的任何其他货物引起损失、损坏或产生费用。

14.4 如果本提单正面载有任何信用证/进口许可证及/或销售合同及/或发票的任何细节或订单号，及/或不以承运人为当事人的任何合同的细节，则此细节的载入应由货方独担风险且仅为其提供方便。货方同意此细节的载入不得视为价值声明，也决不增加承运人在本提单项下的责任。

15. 货方责任

15.1 条款 1 "货方"定义中包括的所有人，将共同且各自就如期履行本提单所规定的货方应承担的所有义务对承运人负责。

15.2 如果由于货方违反第 14.3 条中的任何保证或任何其他与货物相关的原因而引起

不属于承运人责任范围之内的所有损失、损坏、延迟、罚金、律师费及/或开支，货方应自行负责，并对承运人做出赔偿。

15.3 货方应遵守海关、港口和其他机构的所有规章或要求，并应承担和支付且保护承运人免受因违反此规章或要求所产生的、或由于任何非法、不正确、或不充分的声明或由于任何非法的、不正确的或不充分的声明、标志、编号或收货地址而引起的所有关税、税收、罚金、征税、费用或损失（包括，但不违背所承担的任何附加运输的上述运费之一般性原则）。

15.4 如果承运人或其代表所提供的集装箱在货方的地点被拆包，货方应负责在规定的时间内将毫无异味、内部干净且保持接收时原样的空集装箱退还至承运人指定的地点或地方。如果货方未在按"费率表"中所指定的时间及其所要求的条件退还集装箱，由此产生的的任何延滞费、损失或费用应由货方负责。

15.5 出于包装、拆包或任何其他目的，交由货方看管的集装箱，在该集装箱交还至承运人之前，应由货方独担风险。货方应就上述集装箱遭受的所有损失及/或损坏及/或延误赔偿承运人。货方将被视为知悉其所提取集装箱的尺寸和容积。

16. 运费、开支和费用

16.1 运费应按托运人或其代表提供的细节予以全额支付。如果托运人提供的细节不正确，承运人可随时打开货物或集装箱，对于因检查、称重、测量或对货物估值所产生的任何费用及相关运费应由货方承担。

16.2 全额运费应被视为在承运人收到货物时完全确定，在任何情况下均应得到支付且不可退还。

16.3 所有应支付给承运人的金额，经承运人要求应立即以美元，或按承运人的选择，以装货港、卸货港、收货地、交货地货币或按承运人费率表所规定的货币，予以等价全额支付。

16.4 货方应注意对运费支付币种、汇率、贬值、附加保险费及与适用费率表中规定的运费相关的附带费用所作的规定。如果提单中的运费（包括收费等）项目与任何承运人发票之间存在着任何差异，应以后者为准。

16.5 所有的运费应至少在发货前支付，且不得有抵销、反索赔、扣款或延缓。

16.6 如果货方未能如期支付运费，其应负责支付服务费、任何未支付及/或逾期金额的利息、合理的律师费及由于收取应支付给承运人的任何金额所产生的费用。支付给货运代理、经纪人或承运人之外的任何人或其授权代理的运费和收费，不应视为支付给承运人的款项，货方应对此独自承担风险。

16.7 即使承运人收到了托运人、收货人或任何其他人的运费、关税、滞留/扣押费、成本和开支的收取说明，但如果该托运人、收货人或任何其他人没有如期提供付款证据（无论出于何种原因），货方仍有责任按照条款 16.3 的规定在收到所要求的证据时支付此运费、关税、费用、滞留/扣押费、成本和开支。

16.8 如果承运人根据自己的决定同意赊欠应向承运人支付的任何金额，适用于任何信用（信用条款）的条款和条件均可从承运人或其他授权的代理人处获得，也可通过下载网站（http://www.maerskline.com-creditterms）获得。

适用的信用条款自动适用于承运人同意的任何信用，除非承运人另行同意。

17. 留置权

承运人应对所有相应货物和单据享有留置权，以便按此合同收取所有应付款项，同时向所有相关方支付共同海损分摊费用。如果货方未能如期向承运人支付按任何其他合同规定其应支付给承运人的所有金额，承运人应对货方有扣压货物和任何相关单据的留置权。不管契约性运输是否已完成，承运人可自行决定随时随地行使其留置权。任何情况下，任何留置权应包括追偿任何到期金额所产生的费用，由于此目的，承运人有权通过公开拍卖或私下立约变卖货物，而不必通知货方。承运人的留置权在交货后仍有效。

18. 自由装载、舱面货和牲畜

18.1 货物可经承运人用集装箱装载，并与其他货物拼箱。

18.2 货物，不管其是否已装入集装箱，可在甲板上或甲板下运输而不必通知货方，除非提单反面特殊规定该集装箱或货物将于甲板下运输。如果在甲板上运输，承运人不得被要求在提单上对此甲板上运输的声明加以引注、标志或盖章。除非条款 18.3 中另有规定，在甲板上或甲板下运输的此货物（牲畜除外），不管是否具有在甲板上运输的声明，均应参与共同海损，且应被视为符合《海牙规则》或 US COGSA 中对货物所做的定义，且应按适用的此规则或法律进行运输。

18.3 在运输此提单中所声明的在甲板上运输的货物（不是平板或货盘上而是集装箱里所载货物）及不管是否在甲板上运输的牲畜时，任何性质的损失或损坏或运输中出现的延迟，不管是否由不适于海运或过失或任何其他原因引起的，承运人对此不负担任何责任，也不应诉诸于《海牙规则》或 US COGSA。

19. 运输方式和路线

19.1 在不通知货方的情况下，承运人可以自行安排以下内容：

（a）运用任何运输或储存方式；

（b）对货物进行转运，包括转船或将此货物换到提单背面所指定船舶之外的船舶，或以任何其他运输方式，即使该提单中可能未对该货物的转船或转运做出预期或规定；

（c）拆包和取出已装载于集装箱里的货物，将其转至其他集装箱或其他装载物进行转运；

（d）不必试航，自选路线（不管是否是最近的或最直接的或传统的或指定的路线）以任何速度航运，并可在任何港口或地方（包括此提单中规定的装货港）进行一次或多次起航、往返和停留，可以路线之内或之外的任何次序或以相反方向航行或一次或多次绕过卸货港；

（e）在任何地方或港口（不管该提单背面是否指定该港口为装货港或卸货港）装卸或储存货物；

（f）遵守任何政府、机构、个人或团体所做出的任何指令或建议，声称或代表此政府或机构进行运输，或按承运人所采用的任何运输工具的保险条款进行运输。

19.2 承运人可出于任何目的，不管其是否与货物运输相关，调用条款 19.1 里所规定的特权，包括但不限于装卸其他货物，掩护或装运任何人并使其登岸，进行修理及/或进入干船坞，拖引或被拖引，帮助其他船舶，进行试航和调整仪器。不管承运人是否已根据条款 19.1 规定行事，或因此引起的延迟，不应被视为超出和偏离于契约性运输。

20. 影响履约事件

如果在任何时候承运人受到或可能受到任何原因引起的障碍、风险、危险、延误、困难或任何不利因素的影响，且这些影响不能通过合理的努力避免（即使这些障碍、风险、危险、延误、困难和不利因素是在订立本合同或已收到货物待运时发生），其可在不通知货方的情况下自行决定是否按以下方式开始运输：

（a）根据实际情况，选择提货单中指定的路线以外的其他路线或货物托运常规路线将货物运输约定的卸货港或交货地。如果承运人决定援引条款 20（a），尽管需遵守第 19 条的规定，但有权自行决定此额外运费；

（b）根据本提单条款与条件暂停货物运输，将货物储存在岸边，并尽快将货物转岸，但承运人不就最长暂停期限做出陈述。如承运人决定援引条款 20（b），尽管需遵守第 19 条的规定，但有权自行决定收取此额外运费和费用；

（c）放弃货物运输，将货物存放在其自认为安全方便的地点或港口交由货方处置，此时，承运人对此货物的相关责任自告终止。尽管如此，承运人仍有权收取货物运输的全额运费，货方应支付因放弃货物运输所产生的任何额外费用。如承运人按条款 20（a）选择沿其他路径运输，或按条款 20（b）暂停运输，这将不影响其最终放弃货物运输的权利。

21. 危险货物

21.1 对于具有或可能产生危险性、毒性、易燃性或破坏性的货物（包括放射性材料），同时对于会导致或易于导致任何人身伤害或财产损害的货物，无论其是否被列入任何官方的或非官方、国际或国内法规、公约、清单或表格，如未向承运人提前书面通知其性质、特征、名称、标签和分类（若适用），获取承运人书面同意，并出于标明此货物的性质和特征及不违反任何适用法律、法规或要求的目的对货物和集装箱作以明显标志或在货物或集装箱外面盖有其他覆盖物，不得交与承运人进行运输。如果在未经承运人同意及/或未做相应标记的情况下，将任何此货物运至承运人处，或承运人认为此货物将导致或易于导致危险、毒性、危害或损害，则可随时随地卸下、销毁、处置、遗弃此货物或消除其危害，而不必对货方做出赔偿，且不损坏承运人收取运费的权利，承运人无任何责任就此货物做任何共同海损分摊。

21.2 货方保证在已考虑到此货物的性质及遵守可能适用于运输的所有法律、法规或要求的前提下，以足以承受运输中风险的方式装载此货物。

21.3 由于运输此货物，或违反条款 21.2 里的任何保证，包括承运人根据条款 21.1 采取的措施而引起的任何索赔、责任、损失、延误、费用、罚款及/或支出，不管货方是否知晓此货物的性质，均应向承运人做出赔偿。

21.4 本条款中所包含的规定不应剥夺其他条款所赋予承运人的任何权利。

22. 通知和交货

22.1 只要此提单中提及需要接收到货通知的各方，其目的仅在于告知承运人。此通知的未发出并不能使承运人承担任何责任，也不能解除货方应承担的本条款项下的任何义务。

22.2 货方应在承运人适用费率表中规定的时间内提货。如果货方未能及时提货，承运人可在不给予通知的情况下，卸下集装箱里的货物并/或将其露天或遮盖储存在岸或船上，风险应完全由货方承担。此储存应视为如期交货，此后承运人对货物所负的所有或部分相关责任即告终止，经承运人要求，货方应立即支付此储存所产生的费用。

22.3 如果货物在合理的时间内无人领取，或者承运人认为货物可能变质、腐烂、或已经无价值、或因储存或其他原因而产生超出货物价值的费用，承运人在不影响其针对货方可能享有的其他权益、不予通知和不承担任何责任的情况下，自行决定出售、抛弃或另做处理货物，风险和费用由货方独自承担，且运用出售所得收益抵扣按本提单规定货方应支付给承运人的金额。

22.4 若货方拒绝按照本条规定提货及/或减轻任何相关损失或损坏，应被视为其自动放弃向承运人提出关于货物和运输的任何索赔。

22.5 承运人可完全自行决定以整箱货收取货物，以拼箱货及/或散装货交货，或将货物交给不止一个收货人。在这种情况下，承运人对开箱时发现的任何货物短少、损失、损坏和不符概不负责。

23. 互有责任碰撞条款

此条款包括由 BIMCO 公布及/或批准的可在承运人或其代理处索取的"互有责任碰撞条款"和"新杰森条款"。（BIMCO = The Baltic and International Maritime Council，波罗的海国际航运公会）

24. 共同海损和救助

24.1 共同海损可按承运人选定在任何港口或地方进行调整并按照 1994 年《约克——安特卫普规则》进行解决，这适用于所有甲板上或甲板下运输的货物。若共同海损发生在不是承运人经营的船舶上，则可根据该船舶的操作员的要求进行调整。

24.2 此抵押，包括承运人认为足以支付所预计的货物共同海损分摊及任何救助和特殊费用的保证金，如经承运人要求，该保证金应在交货前提交给承运人。承运人没有义务对货方的共同海损分摊行使任何留置权。

24.3 如果救助船舶属承运人拥有或经营，应按该救助船舶归他人所有的情况支付全额救助费。

25. 合同变更

承运人的任何服务人员或代理均无权自动放弃或变更提单中的任何条款，除非此放弃或变更在事先行成了文字并且得到了承运人的特别批准和授权。

26. 适用法律和管辖权

只要条款 6.2（d）及/或 US COGSA 适用，无论是以美国为出发地还是以美国为目的地的货物运输，整个运输过程应受美国法律管辖，纽约南区的美国联邦法院对所有相关纠纷的审理有独家管辖权。在所有其他情况下，此提单应受英国法律管辖并依其解释，因此引起的所有纠纷应由设于伦敦的英国最高法院裁决，其他国家的法院均无管辖权。

课后练习

一、单项选择题

1. 以下选项中，不属于"班轮提单的性质和作用"的是（　　　）。

A. 物权凭证　　　　　　　　　　B. 承运人签发给托运人的货物收据

C. 承运人与托运人之间运输契约的证明　　D. 出口人纳税的依据

2. 海运提单的"抬头"是指提单的（   ）。

    A. Shipper   B. Consignee

    C. Notify Party   D. Title

3. 如果出口货物采用海运和其他运输方式联合运输，由第一程承运人签发包括全程运输，并能在目的港或目的地凭以提货的提单是（   ）。

    A. 直达提单   B. 转船提单

    C. 备运提单   D. 联运提单

4. 在下列运输单据中，能够代表货物的所有权，必须凭以在目的地向承运人或其代理提取货物的是（   ）。

    A. 空运运单   B. 国际铁路联运运单

    C. 快递收据   D. 多式联运运单

5. 根据 UCP600 的规定，海运提单中货物的描述，以下说法正确的是（   ）。

    A. 必须与信用证完全一致

    B. 必须与商业发票的填写完全一致

    C. 只要不与信用证的描述相抵触，可使用货物的统称

    D. 必须使用货物的全称

6. "过期提单"是指（   ）的提单。

    A. 倒签

    B. 交单时间超过信用证或国际惯例规定的交单期限

    C. 装运日过后 21 天签发   D. 货物已遗失

7. 下面的海运提单，"收货人"一栏填写不同，不需要托运人背书的是（   ）。

    A. "To Order"   B. "Pay to ABC Co., Ltd."

    C. "To Order of issuing bank"   D. "To Order of Applicant"

8. 使用 Freight Prepaid 的方式支付运费的是（   ）。

    A. FCA   B. FOB   C. CIF   D. FAS

9. 出口货物在港口装船后，由大副签发收货单，船运公司凭收货单自己或通过货代向出口商签发（   ）。

    A. 已装船海运提单   B. 提单

    C. 已装船清洁提单   D. 待装船提单

10. 货物装船后，出口商持全套出口结汇单据送至（   ）进行议付。

    A. 开证行   B. 议付行   C. 付款行   D. 银行

11. 出口商委托货代向船运公司办理租船订舱，出口商须填写（   ）。

    A. 海运货物运输合同   B. 海运货物委托书

    C. 海运单   D. 装货单

12. "已装船"海运提单的签发日期是（   ）。

    A. 货物开始装船的日期   B. 货物装船完毕的日期

    C. 船只到达装运港的日期   D. 船只离开装运港的日期

13. 信用证中关于运输："Transshipment permitted, partial shipments allowed, but partial shipments of each item not allowed"的中文意思是（   ）。

A. 允许转运、允许部分袋运，但每个品种的货物不得分批

B. 允许转运、允许部分袋运，每个品种的货物也必须分批

C. 不允许转运，允许部分袋运，但每个品种的货物不得分批

D. 允许转运、不允许分批部分袋运，但每个品种的货物不得分批

14. 某份信用证的截止日期（Expiry Date）是 June 30，20××，信用证没有规定最迟装运期限。这可以理解为最迟的装运日期是（　　　　）。

A. June 9，20××   B. June 15，20××

C. June 20，20××   D. June 30，20××

15. 在托运、报检和报关的单证中，由出口商出具的有关单证是（　　　　）。

A. 发票、报关单、报检单和提单

B. 发票、装箱单、报检单和通关单

C. 发票、报关单、装箱单和提单

D. 发票、装箱单、报检单和托运单

16. 空运单有 3 联正本，正本 1、正本 2 和正本 3 分别提交给（　　　　）。

A. 收货人、托运人、出票航空公司

B. 出票航空公司、收货人、托运人

C. 托运人、出票航空公司、收货人

D. 出票航空公司、托运人、收货人

17. 表示唛码标记的英文缩写是（　　　　）。

A. N/B   B. N/M   C. N/N   D. B/L

18. 在 CFR 合同下，如果卖方装船后未及时向买方发出装船通知，致使买方未能办理货运保险，则运输途中的风险由（　　　　）。

A. 买方承担   B. 卖方承担

C. 承运人承担   D. 买卖双方各承担一半

19. 在 CIF 条件下交货，（　　　　）。

A. 装运时间先于交货时间   B. 装运时间迟于交货时间

C. 装运时间与交货时间一致   D. 其先后次序视运输方式而定

20. 某外贸企业出口货物一批，数量为 1 000 公吨，每公吨 USD65.00 CIF Rotterdam，国外买方通过开证行按时开来信用证，该证规定：总金额不得超过 USD65 000，信用证有效期为 20××年 7 月 31 日。信用证注明按 UCP600 办理。外贸企业于 20××年 7 月 4 日将货物装船完毕，取得提单，签发日期为 20××年 7 月 4 日。不考虑其他因素，外贸企业最迟应在（　　　　）将单据送交银行议付。

A. 20××年 7 月 4 日   B. 20××年 7 月 14 日

C. 20××年 7 月 25 日   D. 20××年 7 月 31 日

21. 同上题，本批货物最多能交（　　　　）公吨。

A. 950   B. 1 000   C. 1 050   D. 1 100

22. 同上题，本批货物最少需交（　　　　）公吨。

A. 900   B. 950   C. 1 000   D. 1 050

23. 国际多式联运的经营人（　　　）。
    A. 对运输全程负责　　　　　　　　　　　B. 仅对第一程运输负责
    C. 仅对第二程运输负责
    D. 接受第二程运输承运人的委托并向原货主负责

24. 在 FOB 条件下，如果买方不愿意承担装船费及平舱费，则应在买卖合同中规定（　　　）。
    A. FOB Liner Terms　　　　　　　　　　　B. FOB Under Tackle
    C. FOB Stowed　　　　　　　　　　　　　D. FOB Trimmed

25. 在租船合同中明示 Free in，主要是解决在（　　　）条件下货物的装船费用问题。
    A. 班轮　　　　　B. 程租船　　　　　C. 期租船　　　　　D. 光船租船

26. H 公司以海运、CIF 贸易术语进口一批货物，采用班轮运输，国外卖方提交的海运提单上有关"运费支付"一项应写成（　　　）。
    A. Freight prepaid　　　　　　　　　　　B. Freight as arranged
    C. Freight collect　　　　　　　　　　　D. Freight payable at destination

27. 如信用证规定"shipment on or about 15th Oct. 2016"，那么装运期可以是（　　　）。
    A. 2016 年 10 月至 19 日　　　　　　　　B. 2016 年 11 月至 20 日
    C. 2016 年 10 月至 20 日　　　　　　　　D. 2016 年 11 月至 19 日

28. 根据 UCP600 的规定，如果信用证对是否允许部分装运与转运未作规定，则受益人（　　　）。
    A. 不可部分装运，也不可转运　　　　　　B. 不可部分装运，但可以转运
    C. 可以部分装运，也可以转运　　　　　　D. 不可转运，但可以部分装运

29. 空运出口某商品 210 箱，每箱毛重 3.9 千克，每箱体积 40 厘米×30 厘米×30 厘米，航空运单上该批商品的计费重量为（　　　）（注：在我国，空运货物每 6 000 立方厘米折合 1 公斤）。
    A. 210 千克　　　　　　　　　　　　　　B. 819 千克
    C. 1 260 千克　　　　　　　　　　　　　D. 7 560 千克

30. 如信用证规定"Shipment within 4 days of 15th Oct. 2016"，那么装运期可以是（　　　）。
    A. 2016 年 10 日至 19 日　　　　　　　　B. 2016 年 11 日至 20 日
    C. 2016 年 10 日至 20 日　　　　　　　　D. 2016 年 11 日至 19 日

二、实训题

依据课后练习的买卖合同（第二章）、信用证（第三章）、商业发票（第四章）、装箱单（第五章）的相关内容，以及以下给定的信息，填写一份海运提单（表 6.11）。

Invoice No.:16IS213-B
Date: JUL.11, 2016
Loading Port: Shanghai Port
Destination: Haifa Port
Contract No.: 16IS213
B/L No.MMSCUWUWW00250

First Vessel name: AN HUA 8 V.8053E
Second Vessel name: MSC TOLEDO V.H830A
Departure Time from Wuhan: JUL.11, 2016
Departure Time from Shanghai: JUL.21, 2016
ETA（Haifa Port）: AUG.20, 2016
Container No.: MSCU6976104 / 5376823

表 6.11 空白海运提单

Shipper	B/L NO.
	中 国 对 外 贸 易 运 输 总 公 司 CHINA NATIONAL FOREIGN TRADE TRANSPORT CORPORATION
Consignee or order	**直 运 或 转 船 提 单** BILL OF LADING DIRECT OR WITH TRANSHIPMENT
Notify address	SHIPPED on board in apparent good order and condition（unless otherwise indicated）the goods or packages specified herein and to be discharged or the mentioned port of discharge of as near there as the vessel may safely get and be always afloat. THE WEIGHT, measure, marks and numbers quality, contents and value, being particulars furnished by the Shipper, are not checked by the Carrier on loading.

Pre-carriage by	Port of loading	THE SHIPPER, Consignee and the Holder of this Bill of Lading hereby expressly accept and agree to all printed, written or stamped provisions, exceptions and conditions of this Bill of Loading, including those on the back hereof.
Vessel	Port of transshipment	
Port of discharge	Frail destination	IN WITNESS where of the number of original Bill of Loading stated below have been signed, one of which being accomplished, the other（s）to be void.

Container Seal No. or marks and Nos.	Number and kind of packages Designation of goods	Gross weight （kgs.）	Measurement （m³）

REGARDING TRANSHIPMENT INFORMATION PLEASE CONTACT	Freight and charge

Ex. rate	Prepaid at	Fright payable at	Place and date of issue
	Total Prepaid	Number of original Bs/L	Signed for or on behalf of the Master as Agent

第七章　保险单据

"国际货物运输保险"是国际货物贸易的重要环节，"保险单据"也是非常重要的国际贸易单据。

常用的"保险单据"（Insurance Documents）主要有 3 种：

（1）"保险单"（Insurance Policy），俗称"大保单"，它是指在其背面印就了格式性保险条款的保险单据，这是实际工作中最常用的保险单据。

（2）"保险凭证"（Insurance Certificate），俗称"小保单"，它是指在其背面没有印刷格式性保险条款的保险单据，这种保险单据在现在的实际工作中已经很少见。

（3）"预约保单"（Open Policy），俗称"开口保险单"，它是指投保人与保险公司专门签订的保险协议（Insurance Contract）。这份协议不同于一般的保险单，它不是一票对一票，不是一份保险单据只对应一份保险合同和一批保险标的，而是规定在一定的期限之内（如在 1 年或 3 年等之内），投保人每进口或出口一批货物，投保人及时以"装运通知"[Shipping Advice，国际商会称其为 "Insurance Declaration"（投保声明）]的形式向承保的保险公司通报了货物具体的装运信息，保险公司就自动承保了。一旦货物遭受了风险损失，投保人只要向保险公司提交"保险协议"和"装运通知"（这两份单据合起来就等同于一份"保险单"；在特殊情况下，这两份单据还可以由保险公司更换成"保险单"），就可以凭以向保险公司办理索赔。在这种"保险协议"中，不规定具体的货物名称、数量、保险金额、装运港（地）、目的港（地）、运输工具名称、装运日期等信息（这些信息都在货物装运之后，再由投保人在"装运通知"中向保险公司及时通报），而只规定适用的保险条款、投保的险别、投保加成的比例、保险起讫、保险费率、保险合同的有效期限等"原则性条款"。

本章主要介绍两项内容：①保险单的填写；②主要保险条款的陈列与翻译。

第一节　保险单

"保险单"是实际工作中最常用的保险单据，它在国际货物贸易中的业务流程一般为：投保人（投保单）→承保人（保险单）→投保人→银行→被保险人→承保人（失效或索赔）。现在以 CIF 或 CIP 为交易条件、以信用证或托收为支付方式的保险单据的一般业务流程如图 7.1 所示。

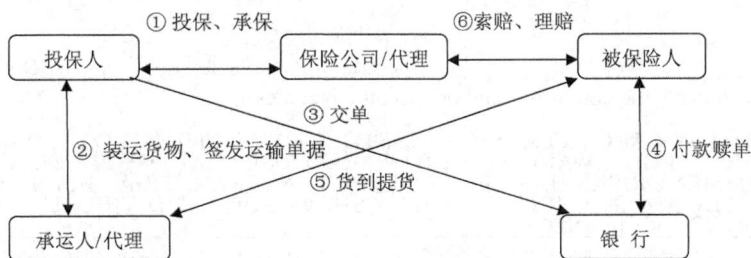

图 7.1 保险单据的一般业务流程意识图（在 GIF 条件下）

一、货物运输保险投保单

"货物运输保险投保单"（Application for Cargo Transportation Insurance）是投保人（Applicant）向承保人（保险公司）签发的投保货运风险的申请书，它的作用主要有：①保险合同的证明；②保险单据填写内容的主要依据。

"货物运输保险投保单"的实例见表 7.1。因为这份投保单与下面的保险单填写的内容都是同一份信用证（第三章）项下的国际货运保险业务，因此，投保单上各栏目的填写方法请参见"保险单"中各对应栏目的讲解。

表 7.1　货物运输保险投保单实例

中国人民财产保险股份有限公司
PICC PROPERTY AND CASUALTY COMPANY LIMITED

地址　　　　　　　　　　　　　　　　　　　邮政编码：
Address:　　　　　　　　　　　　　　　　　　Post Code:
电话 Tel:　　　　　　　　　　　　　　　　　　传真 Fax:

货物运输保险投保单

Application Form for Cargo Transportation Insurance

被保险人
Insured _____*UNTO ORDER*_____

发票号码（Invoice No.）：*HX20××0710*

合同号码（Contract No.）：*HX20××0625*

信用证号码（L/C No.）：*0159308IM0000242*

发票金额（Invoice Amount）：___*USD52 000.00*___

ALL DOCUMENTS SHOULD BE MARKED WITH IEC CODE 0390006327, LC NO. AND DATE, S/C NO. AND DATE AND IMPORT UNDER OPEN GENERAL LICENCE OF FOREIGN TRADE POLICY 2014-2019

投保加成（Plus）：___*10%*___

兹有下列物品向中国人民财产保险公司　　分公司投保（Insurance is required on the following commodities: ）：

标记 Marks & Nos.	包装及数量 Quantity	保险货物项目 Description of Goods	保险金额 Amount Insured
AS PER INVOICE NO. *HX20××0710*	*400DRUMS*	*GUM ROSIN*	*USD57 200.00*

启动日期：　　　　　　　　　　　　　装载运输工具
Date of Commencement _____　Per Conveyance _____

自　　　　　　　　　　经　　　　　　　　　　　　至
From ____*SHANGHAI*____ Via --------------------------------- To ____*NHAVA SHEVA*____

提单号
B/L No. _____

赔款偿付地点
Claim Payable at _____ *NHAVA SHEVA* _____

投保险别（Please indicate the conditions and or special coverages）：

COVERING INSTITUTE CARGO CLAUSE(A), INSTITUTE WAR CLAUSE(CARGO)AND INSTITUTE STRIKES CLAUSE(CARGO), WAREHOUSE TO WAREHOUSE CLAUSE WITH CLAIMS PAYABLE IN INDIA. TRANSHIPMENT RISKS HAS BEEN COVERED. INSURANCE HAS BEEN COVERED FROM SUPPLIERS WAREHOUSE IN CHINA TO NHAVA SHEVA PORT AND THEN UPTO APPLICANT'S WAREHOUSE ANYWHERE IN INDIA.

请如实告知下列情况（如"是"在[　]中打"√"，"是"在[]中打"×"）If any, please mark '√'or '×'：

1. 货物种类： 袋装[　] 散装[　] 冷藏[　] 液体[　] 活动物[　] 机器[　] 危险品等级[　]
   Goods　　 Bag/Jumbo　Bulk　 Reefer　 Liquid　 Live Animal　Machi Ne/Auto　Dangerous
   Class

2. 集装箱种类： 普通[√] 开顶[　] 框架[　] 平板[　] 冷藏[　]
   Container　Ordinary　 Open　 Frame　 Flat　 Refrigerator

3. 转运工具： 海轮[√] 飞机[　] 驳船[　] 火车[　] 汽车[　]
   By Transit　ship　 Plane　 Barge　 Train　 Truck

4. 船舶资料 　　　　　 船　籍 　　　　　　　　　 船龄
   Particular of Ship　 Registry　　　　　　　　　 Age

备注：被保险人确认本保险合同条款和内容已经完全了解。　投保人（签名盖章）Applicant's Signature
The assured confirms herewith the Terms and
Conditions of these Insurance Contract fully　　　　　　　　　× × ×
Understood.　　　　　　　　　　　　　　　 _____

投保日期：　　　　　　　　　　　 电话（Tel:)：×××××××
Date _____ *JULY 10, 20×× * _____　 地址（ Address)：×××××××

本公司自用（For Office use only）

费率　　　　　　　 保险费　　　　　　　　　　 备　注：
Rate: _____　 Premium _____　 Remarks
经办人　　　　　　　 核保人　　　　　　　　　　 负责人
By _____　 Checker _____　 In Charge _____

二、货物运输保险单

"货物运输保险单"（Cargo Transportation Insurance Policy）是承保人（Underwriters，目前在我国仅为"保险公司"）在承接了投保人（Applicant）的投保申请后，向投保人[其实也是"被保险人"（Policyholder/Beneficiary/the Insured）]签发的承保的凭证，它同时也代表了投保人与承保人之间的保险合同。"货物运输保险单"的实例见表 7.2。

下面，以中国人民财产保险公司的保险单为例，逐栏讲解各栏目的填写方法及其应注意事项。

1. Issuer（出单人）

这里的"出单人"就是单据的稿头（letterhead）所显示的公司名称。在国际贸易单据中，除运输单据等极少数单据因情况特殊而有所例外以外，其他单据一般都可以像这样认定：在单据上以谁的公司名称做稿头，这个公司就是该份单据的"出单人"。

UCP600 第 28 条 a 款和 ISBP745 第 K2 段都明确规定：保险单必须由保险公司、承保人或其代理出具并签署（An insurance document must appear to be issued and signed by an insurance company, an underwriter or their agents or their proxies）。

【单证实物示例】
货物运输保险单

表 7.2　货物运输保险单实例

中国人民财产保险股份有限公司
PICC PROPERTY AND CASUALTY COMPANY LIMITED

货物运输保险单
CARGO TRANSPORTATION INSURANCE POLICY

发票号（INVOICE NO.）　*HX20××0710*

合同号（CONTRACT NO.）　*HX20××0625*

信用证号（L/C NO.）　*0159308IM0000242*

保单号次　*YY20*　×　×
POLICY NO.　*715400000000261*

被保险人：　*UNTO ORDER*
INSURED:

中国人民保险公司（以下简称本公司）根据被保险人的要求，由被保险人向本公司缴付约定的保险费，按照本保险单承保险别和背面所载条款与下列特款承保下述货物运输保险，特立本保险单。

THIS POLICY OF INSURANCE WITNESSES THAT PICC PROPERTY AND CASUALTY COMPANY LIMITED（HEREINAFTER CALLED "THE COMPANY"）AT THE REQUEST OF THE INSURED AND IN CONSIDERATION OF THE AGREED PREMIUM PAID TO THE COMPANY BY THE INSURED, UNDERTAKES TO INSURE THE UNDERMENTIONED GOODS IN TRANSPORTATION SUBJECT TO THE CONDITIONS OF THIS OF THIS POLICY AS PER THE CLAUSES PRINTED OVERLEAF AND OTHER SPECIAL CLAUSES ATTACHED HEREON.

标 记 MARKS&NOS	包装及数量 QUANTITY	保险货物项目 DESCRIPTION OF GOODS	保险金额 AMOUNT INSURED
N/M *UNDER OPEN GENNERAL LIECENCE OF FOREIGN TRADE POLICY 2014-2019.*	*400DRUMS*	*GUM ROSIN* *L/C ISSUING DATE: JULY 5, 20××* *S/C No. HX20××0625;* *S/C ISSUING DATE: JUNE 25, 20××* *IEC CODE: 0390006327*	*USD57 200.00*

总保险金额
TOTAL AMOUNT INSURED:　*SAY U.S. DOLLARS FIFTY SEVEN THOUSAND TWO HUNDRED ONLY.*

保费：　*AS ARRANGED*
PERMIUM:

启运日期　*JULY 20, 20××*
DATE OF COMMENCEMENT

装载运输工具：　*EMIRATES WATS V. 836W*
PER CONVEYANCE:

自　*SHANGHAI*
FROM:

经
VIA

至　*NHAVA SHEVA*
TO:

承保险别：
CONDITIONS:

COVERING INSTITUTE CARGO CLAUSE（A）, INSTITUTE WAR CLAUSE（CARGO）AND INSTITUTE STRIKES CLAUSE（CARGO）, WAREHOUSE TO WAREHOUSE CLAUSE WITH CLAIMS PAYABLE IN INDIA. TRANSHIPMENT RISKS HAS BEEN COVERED. INSURANCE HAS BEEN COVERED FROM SUPPLIERS WAREHOUSE IN CHINA TO NHAVA SHEVA PORT AND THEN UPTO APPLICANT'S WAREHOUSE ANYWHERE IN INDIA.

所保货物，如发生保险单项下可能引起索赔的损失或损坏，立应即通知本公司下述代理人查勘。如有索赔，应向本公司提交保单正本（本保险单共有 _2_ 份正本）及有关文件。如一份正本已用于索赔，其余正本自动失效。

IN THE EVENT OF LOSS OR DAMAGE WITCH MAY RESULT IN A CLAIM UNDER THIS POLICY, IMMEDIATE NOTICE MUST BE GIVEN TO THE COMPANY'S AGENT AS MENTIONED HEREUNDER. CLAIMS, IF ANY, ONE OF THE ORIGINAL POLICY WHICH HAS BEEN ISSUED IN _2_ ORIGINAL（S）TOGETHER WITH THE RELEVANT DOCUMENTS SHALL BE SURRENDERED TO THE COMPANY. IF ONE OF THE ORIGINAL POLICY HAS BEEN ACCOMPLISHED. THE OTHERS TO BE VOID.

FULL NAME AND ADDRESS OF THE AGENT AT THE PORT OF DESTINATION:
PROPERTY INSURANCE CORPORATION OF INDIA, MUMBAY BRANCH 103-105, MANISA HEIGHTS, 1ST FLOOR, BALRAJESHWAR ROAD, MULUND WEST 400800 INDIA. TEL: ×××;　FAX: ×××

中国人民财产保险股份有限公司
PICC PROPERTY AND CASUALTY COMPANY LIMITED
×××

赔款偿付地点
CLAIM PAYABLE AT　*NHAVA SHEVA*

出单日期
ISSUING DATE　*JULY 10, 20××*

Authorized Signature

2. Title of Policy（保险单的名称）

国际贸易单据中的保险单据的名称，一般在托收和汇付的支付方式下可以随便使用"保险单"或"保险凭证"均可；但在信用证支付方式下，受益人一定要事先把信用证规定的名称看清楚，然后再按其规定明确要求出单人按照信用证的规定去做。

3. Invoice No.（发票号码）

商业发票和信用证一样，它们都是与保险单据关系最紧密的单据，保险单据需要依据发票金额（Invoice Value）来确定保险金额（the Amount Insured）。因此，发票的号码必须填写在保险单据上。

4. Contract No.（买卖合同号码）

在国际货物贸易实际工作中，通常会有很多"合同"，如买卖合同、购销合同、运输合同、保险合同等，而单据上却总会频繁出现简略的"合同"称谓。国际贸易单据上的"合同"，只要没有特别说明的，一般都是指"出口商与进口商签订的货物买卖合同"；"合同"这种说法不规范、不严密，在法律上存在着漏洞。因此，在使用有关"合同"的字眼时，一定要明确、具体地说明它到底是什么合同。

保险单的这一栏目应该主要是为"非信用证支付方式的买卖"而设计的。在信用证支付方式下，除非信用证特别规定了要在单据上注明买卖合同号码（如这份单据所依据的第三章的信用证就是如此），在一般信用证项下，此栏目填写或者不填写内容，它们的差别都不大。

5. L/C No.（信用证号码）

这一栏仅适用于信用证支付方式，在托收或汇付的支付方式下，不需要填写内容。另外，有些信用证，如来自中东国家的信用证，它们有时候会特别规定：除汇票和商业发票上需要注明信用证号码以外，信用证规定的其他单据上都不得显示信用证号码（Except for draft and invoice, other documents required by this credit must not indicate this L/C number）。

6. Policy Number（保险单编号）

每一份保险单都必须编号，此号码由承保的保险公司统一配置，即由出单人统一编制。

7. The Insured（被保险人）

"被保险人"的英文词汇还有"Beneficiary"、"Policyholder"等。这里的"Beneficiary"和信用证中的"Beneficiary"虽然同字，中文也都可以翻译成"受益人"，但它们的含义却完全不同。保险单据上的"受益人"是指："当保险标的遭受了保险公司承保责任范围内的风险损失时，有权利凭保险单据向保险公司索赔，并且获得保险赔偿的人"；而信用证中的"受益人"是指："凭借该信用证项下的'相符交单'，有权获得信用证所承诺的款项的人"。

此栏目又叫做"保险单据的'抬头人'"，就是"投保人"（Applicant）或"被保险人"。保险公司有一条重要原则，叫做"保险利益原则"（The Principle of Insured Benefit）。"保险利益"又叫"可保利益"，是指投保人或被保险人对保险标的（Object of Insurance）所拥有的法律认可的经济利益。例如，某批出口货物，在 CIF 交易条件下，它在装运港装上载货船舶之前，只有卖方对其具有"保险利益"，买方没有；而在装上船舶之后，又只有买方对其具有"保险利益"，卖方没有了。"保险利益原则"的含义主要有两点：①在投保时，投保人必须对保险标的具有保险利益；②当保险标的遭受承保风险损失时，被保险人必须对保险标的具有保险利益。否则，保险合同无效，保险公司有权拒赔。因此，站在保险业务的角度（而不站在国际货物贸易的角度）看，"投保人"和"被保险人"其实就是"同一个人"，区别只是在投保时与在索赔时的"身份"不同而已。

此栏目的填写方法为：在卖方办理货运保险的交易条件（如 CIF、CIP 等）下，在信用证支付方式下，如果信用证明确规定了就按信用证的规定填写；如果信用证没有规定，就直接填写"受益人"（卖方）的名称。在其他支付方式（如汇付、托收等）下，买卖合同或买方事先具有特殊规定或要求的，就按约定的要求填写；如果都没有，直接填写卖方的名称（也就是"谁投保的就填写谁的名字"）即可。

这里需要特别注意的是，保险单据，只要上面没有声明"Non-Negotiable"（不能转让）之类的措词，而且经过了善意持有人的背书（Endorsement），无论其"抬头"如何填写，都可以转让（transferable/negotiable）。保险单据的抬头和提单、汇票等单据的抬头不同，它不存在所谓"记名抬头的单据不能流通转让"的规矩和说法。

此外，在表 7.2 此栏中填写的"UNTO ORDER" = To Order（凭指定），它是一种传统的用法，这里是按信用证规定填写的。需要强调的是，"Unto" ≠ To，它也不能单独当做"不定式"（Infinitive）的符号使用。

8. Marks & Nos.（唛码标记）

此栏主要填写货物的唛头。我国"人保"保险单此栏的做法通常是：并不直接填写唛头的内容，而是使用一句关联的句子来替代："AS PER INVOICE NO. ×××"（参见第×××号发票）。这种做法在行话里叫做"cross reference"（交叉援引），就是把同一笔生意项下的一种单据与另一种单据运用简短的"引用"语句关联起来。

可以这样理解：国际贸易单据栏目中的"Marks & Nos."就是国贸专业书籍中的"Shipping Mark"（唛头）的俗称，其中的"Nos." = numbers（"号码"的复数形式）。

表 7.2 的此栏，除了填写唛头以外，还增加了一些与"唛头"并不关联的其他内容，这种"见缝插针，合理利用单据空间"的做法是不违反单据制作方面的国际惯例的。

9. Quantity（包装及数量）

"包装及数量"是指填写"保险标的整批货物的运输包装的总数量及单位"，如"550CTNS"（550 纸箱）、"350CASKS"（350 桶）等。

在保险单据和运输单据上的有关"quantity"、"number"等表示"货物数量"的栏目中，都只要填写"整批货物运输包装的总件数及其单位"，而不要填写"与计价单位相同的货物数量和单位"，如"6 300PRS"[6 300 双（鞋子）]、"15 000PCS"[15 000 件（衬衣）]等。其原因是：这些单据不是由卖方出具的，出单人此前没有、也没法查看运输包装里面一个个具体的商品，他们也不需要去刻意清点这些商品的个数。

10. Description of Goods（保险货物项目）

此栏主要填写投保货物的商品名称。无论买卖使用什么支付方式，此栏的"货物名称"都只要注明其"统称"（in general terms），且只要"统称"与其"全称"（full name）在逻辑上不矛盾就行。

11. Amount Insured（保险金额）

"保险金额"是指"保险公司承诺的，在保险标的遭受承保责任范围内的风险损失后，他们赔付给被保险人的最高限额"。它与货物买卖的 CIF（或 CIP）价值之间的关系是：

保险金额＝货物的 CIF（或 CIP）价值×（1＋投保加成率）

UCP600 第 28 条 f 款第 ii 点规定，如果信用证对保险金额未做规定，保险金额必须至少为货物的 CIF（或 CIP）价值的 110%（没有上限）。也就是说，"投保加成率"最低为 10%，没有上限。当然，这些惯例都只是站在买方和开证行的角度制定的，保险公司通常只接受"10%"。

UCP600 第 28 条 f 款第 i 点规定，保险单据必须标明保险金额，并且以与信用证相同的货币表示（The insurance document must indicate the amount of insurance coverage and in the same currency as the credit）。

此栏只需填写相关的货币币别（3 个大写英文字母）和小写（in figures）金额（阿拉伯数字）即可，如"USD21 670.00"、"EUR52 923.00"等。

"保险金额"通常采用"取整，第 1 位小数无论是几，都一律将其舍去后向前进一位"的做法。当然，"保留 2 位小数，将第 3 位及以后的小数都舍去后再向前进一位"的做法也是可以的。例如，某批保险标的的 CIF 价值是"USD26 490.13"，投保加成率为 10%，这样，计算出来的保险金额本来是"USD29 139.143"。此时，在保险单据的"保险金额"一栏中的填写办法有两种选择都正确：①"进位取整"，即"USD29 140.00"；②"保留 2 位小数，第 2 位小数加 1"即"USD29 139.15"。保险金额的写法不适用"四舍五入"的传统做法，因为一旦将数字舍去了不进位时，势必造成"投保加成率小于 10%"的结果，这是国际惯例坚决不能接受的。

12. Total Amount Insured（总保险金额）

"总保险金额"是指该份保险单承保的经过加总的保险金额数字。此栏数字需要大写（in words）。例如，小写金额为"GBP651 734.28"，此栏应该写成："SAY BREAT BRITAIN POUNDS SIX HUNDRED FIFTY ONE THOUSAND SEVEN HUNDRED THRITY FOUR AND NEW PENCE TWENTY EIGHT ONLY"（英镑陆拾伍万壹仟柒佰叁拾肆镑零贰拾捌便士整）。

上述第 11 栏与第 12 栏之间的关系，它们可能会出现以下两种情况，如表 7.3 所示。

（1）当一份保险单据上只有 1 种商品的时候，第 11 栏与第 12 栏的数字相等，也就是说，此时，"保险金额"＝"总保险金额"。

（2）当一份保险单据上的商品在 2 种或 2 种以上的时候，第 12 栏的数字就是第 11 栏中数项金额之和，也就是说，此时，"保险金额之和"＝"总保险金额"。

表 7.3 "保险金额"与"总保险金额"举例

项 号 Item No.	保险货物项目 DESCRIPTION OF GOODS	保险金额 AMOUNT INSURED
（1）	MEN'S JACKETS	USD36 814.37
（2）	MEN'S SHIRTS	USD41 763.00
（3）	MEN'S TROUSERS	USD29 347.48
合计 TOTAL		USD107 924.85
总保险金额 TOTAL AMOUNT INSURED	SAY U.S. DOLLARS ONE HUNDRED SEVEN THOUSAND NINE HUNDRED TWENTY FOUR AND CENTS EIGHTY FIVE ONLY.	

13. Premium（保险费）

"保险费" = "总保险金额" × "保险费率"。它是保险公司因承保保险标的的风险损失而向投保人收取的报酬。

此栏的填写内容"AS ARRANGED"（按照事先约定的数额计收）是保险单事先印就的。"保险费率"和"保险费"对外都是"保密"的，于是，保险公司既设计了这一栏目，同时又把"敏感"的数字巧妙地敷衍过去了。

14. Date of Commencement（启运日期）

"启运日期"还可以写为"起运日期"，它是保险标的实际装运的日期。因为国际贸易货物在卖方投保时通常都是"先投保后装运"的（图7.1），保险公司、银行和买方都不接受"先装运后投保"的做法（参见UCP600第28条e款的规定），所以，保险单据上的这个日期在承保人签发时都是空着的，但受益人（卖方）在将货物装运之后，把全套单据交到银行去之前，此栏又必须填写装运日期（手写即可）。因此，出单人（保险公司）会事先在此处加盖"校正章"（initials）。

此栏由受益人（卖方）直接用手写的方式，将对应的运输单据上的"装运日期"填写上去即可。

下一栏"per Conveyance"（装载运输工具）的情况、原因以及该栏目的处理方法与第14栏完全一样。

15. per Conveyance（装载运输工具）

此栏目主要填写保险标的在办理完出口通关手续后所装上的运输工具的名称，如海运的船名和航次（S.S. & Voyage No.）、陆运的火车车皮号码（Wagon No.）、飞机的航班号码（Flight No.）等。

16. From…Via…To[装运地（港）……中转地（港）……目的地（港）]

"装运地（港）"和"目的地（港）"两栏必须填写，并且与对应的运输单据中的对应栏目的填写一致。

"中转地（港）"一栏在以下情况下都不需填写：①货物直达（Direct Transport），不需要中转；②信用证明确规定"不允许转运（船）"（transhipment is not allowed）；③对应的信用证和运输单据上都没有提及"中转"（transhipment）的事情。但如果信用证和运输单据上特别提出了货物一定要在什么地方中转，此时运输单据、原产地证明书和保险单据等相关单据上都必须注明"中转地（港）"的名称。例如，信用证规定："Shipment from any Chinese port to Edmonton via Vancouver"（货物从中国任意港口运抵埃德蒙顿，经温哥华中转）。此时，保险单据的"Via"一栏里就必须填写"Vancouver"（运输单据、原产地证明书上也需要注明）。

17. Conditions（承保险别）

此栏填写的内容要分两种情况区别对待：

（1）在信用证支付方式下，严格按照信用证规定的要求填写，信用证中有关"货运保险"的要求要逐一满足，不能漏项；

（2）在其他支付方式下，参照买卖合同中有关"保险条款"的规定填写，主要有：适用的保险条款（Insurance Clause），如"CIC"（中国保险条款）、"ICC"（伦敦保险协会海运货物险条款）等；投保的险别（Covering Risks）；责任起讫（Duration）；是否计算"免赔率"（Franchisee）等。至于确定"保险金额"、"保险赔付地点"等，因为保险单据上已经设有专门的栏目，所以在本栏可以不再提及它们。

18. Name and Address of the Agent at Destination（目的地保险代理的名称和地址）

信用证通常会规定"Claims if any, payable at destination"（保险索赔可在目的地理赔），而中国的卖方通常都是找本地的保险公司投保。这样，保险公司就需要在目的地委托一家保险代理公司，一旦发生保险索赔，就全权委托该保险代理代其处理相关的理赔事宜。

此栏主要填写保险赔付代理的名称（全称）、详细地址以及它的联络细节，以方便被保险人在必要时，及时与他们取得联系。

19. Claim Payable At（赔款偿付地点）

"保险赔付地点"一般设定在目的地（港），在特殊情况下，设定在目的国也是可以接受的。

20. Issuing Date（保险单据的出单日期）

保险单据必须要有出单日期，而且这个日期一定不能迟于货物的装运日期，具体请参见ISBP745 第 A11 段 a 款第 ii 点、ISBP745 第 K10 段 b 款以及 UCP600 第 28 条 e 款等规定。

21. Stamp and signature（保险单据的签署）

保险单据既代表保险合同，同时也是"物权单据"（①一旦保险标的遭受了承保责任范围内的损失，被保险人就必须持保险单据向保险公司办理索赔；②保险单据经过背书以后就可以转让），因此，它必须由出单人签署。

我国现行保险单据的签署，一般都是出单人在其保险单格式上事先印就了的。

22. Endorsement（背书）

这一栏虽然在书本的"保险单"上因受印刷条件的限制而无法显示出来，但保险单据的背书却是至关重要的，因为在国际货物贸易中，由卖方投保的保险单据都要随着买方的付款赎单而"转让"给买方。而且，一旦货物在装运港装上载货船舶，或者在装运地货交承运人之后发生了风险损失，只有买方才有权利向保险公司提出索赔，并且获得保险公司的赔付。因为，被保险人在向保险公司提出保险索赔时，除了其他必要条件（如属于保险承保责任的范围、在索赔时效以内、风险损失的证据确凿等）之外，还必须同时具备两个条件，缺一不可：①必须持有正本保险单据，而且是"善意持有人"（Bona Fide Bolder）；②必须对保险标的具有"保险利益"。

此外，同一份信用证或买卖合同项下指示性抬头的汇票、物权运输单据和保险单据的背书都必须加盖相同的印章和签字。

三、保险公司声明

有很多来自中东的信用证，在 CIF（或 CIP）交易条件下，除了保险单据以外，还会要求受益人单独提交一份由承保人签发的随附保险单据的"保险公司声明"（Declaration appended to Insurance Documents）。保险公司声明实例及其中文翻译分别见表 7.4 和表 7.5，其填写内容与前面的保险单的内容不关联。

表 7.4　保险公司声明实例

DECLARATION APPENDED TO INSURANCE POLICY

Insurance Policy No. _KSA17/10358746_____　　　　　　L/C No.__DOC17IM12447638_

Name of Insurance Company : __CHINA PROPERTY AND CASUALTY COMPANY LIMITED_
Address of its Principal Office: __410 FU CHENG MEN NEI AVENUE, BEIJING, CHINA___
Country of its Incorporation　: __THE PEOPLE'S REPUBLIC OF CHINA_____

The undersigned __CHINA PROPERTY AND CASUALTY COMPANY LIMITED__ does hereby certify on behalf of
the above named insurance company that the said company has a duly qualified and appointed
agent/representative in the Kingdom of Saudi Arabia whose name and address appears below:

Name of Agent/Representative　　　　　　　**Address in Saudi Arabia**

ARABIAN INSPECTION & SURVEY CO., LTD.　_8/F, NEW BAKHASHAB BDLG BAB MECCA,KSA_

Dated at __WUHAN, CHINA____ on the __26TH__ day of __FEB.__ 20 __XX__

　　　　　　　　　　　　　CHINA PROPERTY AND CASUALTY COMPANY LTD
　　　　　　　　　　　　　　　　Signature
　　　　　　　　　　　　　　　　×××

Sworn to before me, this __26TH__ day of _FEB._ 20 __XX__　　NOTARY SEAL

表 7.5　保险公司声明实例中文翻译

随附保险单的声明

保险单号码：_KSA17/10358746_____　　　信用证号码：_DOC17IM12447638_

保险公司名称：__中国人民财产保险有限公司_____
保险公司总部的地址：__中国北京阜成门内大街410号_____
保险公司总部注册的国家：__中华人民共和国_____

本声明的签署人__中国人民财产保险有限公司___特此证实：本公司在沙特阿拉伯王国指定了合格的保险代理人，
该代理人的名称和地址如下：

保险代理人的名称　　　　　　　　　**保险代理人在沙特阿拉伯的地址**

ARABIAN INSPECTION & SURVEY CO., LTD.　_8/F, NEW BAKHASHAB BDLG BAB MECCA,KSA_

本保险单声明签发的地址和日期：_20×× 年2月26日 于中国武汉_

　　　　　　　　　　　　　　　中国人民财产保险有限公司
　　　　　　　　　　　　　　　　　×××
签署人证实的日期：_20×× 年2月26日___　　（签字盖章）

第二节　保险条款

　　和运输单据一样，保险单据的正面和反面通常都印就了很多格式性条款，用以明确投保人和承保人（保险公司）双方的权利和义务，以防日后发生争议甚至法律官司。

这些格式性的保险条款都是保险合同重要的组成部分，它们都由保险公司一方制定，然后经投保人"默认"后生效的[投保人接受保险单据后没有对保险条款明确提出异议，更没有提出"排除其中某些条款"的要求，这就会被法律视为"接受"（acceptance）]。

下面转载一份来自"中国涉外商事海事审判网"的有关"保险单据格式性条款引发的索赔官司"的报道：

2004年4月15日，广东富虹油品有限公司（以下简称"投保人"）从国外购买了57 750公吨散装巴西大豆，委托"韩进大马"轮承运。起点是巴西桑托斯港，终点为中国湛江港。

在货物起运之前，"投保人"向中国××财产保险股份有限公司深圳分公司（以下简称"承保人"）投保，2004年4月28日，"承保人"签发了货物运输保险单，以邮政快递的方式寄送"投保人"。保险单正面以中文载明承保条件，背面以英文载明海洋运输货物保险（格式）条款，"投保人"向"承保人"支付了CNY168 587.51元保险费。

2004年6月16日，"韩进大马"轮抵达中国湛江港。由于等待国家质量监督检验检疫总局为这批进口大豆颁发的检疫许可证，直到2004年8月1日，"韩进大马"轮才开始卸货。卸货前，"投保人"对大豆抽样时发现有霉变、受损现象，立即通知了"承保人"。

检验结果表明："韩进大马"轮从2004年5月8日启航至8月2日靠泊卸货期间舱内一直通风不良，舱内缺乏通风而产生高温和舱汗是导致被保险货物霉变、烧伤、热损的重要原因之一，损失相当于57 750公吨大豆中有5 868.428公吨全损。检验报告还指出，运输迟延（即船舶到港后停航）也是货损原因，占损失的78%。

2005年5月26日，在"承保人"拒绝赔付的情况下，"投保人"将其告到法院，请求赔偿5 868.428公吨货损的保险赔偿CNY17 903 749.20元及船舶滞期损失费等。

2005年7月13日，广州海事法院开庭审理此案。"承保人"辩称，保险合同的全部条款是双方当事人一致同意的内容，合法有效，保险单背面注明的就是免责条款，即保险人不承担赔偿保险金责任的范围。原告不能在事故发生后只选择合同的责任条款而否定免责条款。

"由于你们的原因与运输迟延造成的，这属于保险单约定的除外责任，不属于保险公司理赔的范围"。因此，"承保人"认为只应承担22%的损失和费用。

"投保人"认为，"承保人"签发的保险单背面载明的免责条款是用英文写的，自己订约时不了解条款内容，"承保人"也没有做出说明，因此这种条款无效。

法院审理认为，根据《保险法》第18条，"保险合同中规定有关于保险人责任免除条款的，保险人在订立保险合同中应当向'投保人'明确说明。未予明确说明的，该条款不产生效力。"

法院同时认为，"投保人"虽然在投保单上选择投保"一切险"等险别，但没有写明"承保范围"、"除外责任"等险别内容，不能推定他明确了解"除外责任"条款；而保险公司邮寄保险单，而不是当面签发，不能推定保险公司对原告明确说明了"除外责任"条款。

更为关键的是，双方当事人均为国内当事人，而保险单却以英文规定除外责任，不便于"投保人"了解，以决定是否同意接受对其利益有重大影响的"除外责任"条款，因此，保险单规定的"除外责任"条款不产生效力。

法院最终判定，"承保人"应向"投保人"支付5 868.428公吨净损货物的保险赔偿金、货损检验费等施救费用，合计CNY17 768 940.48元及利息，一审判决后，"承保人"不服，向广东省高院提起上诉，广东省高院经审理维持原判。

这个案子虽然因为保险公司的重大失误，才使"投保人"的巨额风险损失最终获得了保险赔偿，实属"侥幸"。但是，却说明了格式性条款的重要性。

下面将中国人民财产保险公司保险单背面的保险条款及其中文翻译列举如下。

一、中国人民保险公司海运货物险条款

THE PEOPLE'S INSURANCE COMPANY OF CHINA

OCEAN MARINE CARGO CLAUSES（1/1/1981）

（RATIFIED AND ISSUED BY THE PEOPLE'S BANK OF CHINA（PBOC）DATED 1/1/1995）

Ⅰ. Scope of Cover：

This insurance is classified into the following three Conditions- Free From Particular Average（F. P. A.）, With Average（W. A.）and All Risks. Where the goods insured hereunder sustain loss or damage，the Company shall undertake to indemnify therefore according to the insured Condition specified in the Policy and the Provisions of these Clauses：

1. Free From Particular Average（F. P. A.）. This insurance covers：

（1）Total or Constructive Total Loss of the whole consignment hereby insured caused in the course of transit by natural calamities：heavy weather，lightning，tsunami，earthquake and flood. In case a constructive total loss is claimed for，the Insured shall abandon to the Company the damaged goods and all his rights and title pertaining thereto. The goods on each lighter to or from the seagoing vessel shall be deemed a separate risk. Constructive Total Loss refers to the loss where an actual total loss appears to be unavoidable or the cost to be incurred in recovering or reconditioning the goods together with the forwarding cost to the destination named in the Policy would exceed their value on arrival.

（2）Total or Partial Loss caused by accidents the carrying conveyance being grounded，stranded，sunk or in collision with floating ice or other objects as fire or explosion .

（3）Partial loss of the insured goods attributable to heavy weather，lightning and/or tsunami，where the conveyance has been grounded，stranded，sunk or burnt，irrespective of whether the event or events took place or after such accidents.

（4）Partial of total loss consequent on falling of entire package or packages into sea during loading，transshipment or discharge.

（5）Reasonable cost incurred by the insured on salvaging the goods or averting or minimizing a loss recoverable under the Policy，provided that such cost shall not exceed the sum insured of the consignment so saved.

（6）Losses attributable to discharge of the insured goods at a pert of distress following a sea peril as well as special charges arising from loading，warehousing and forwarding of the goods at an intermediate port of call or refuge.

（7）Sacrifice in and Contribution to General Average and Salvage Charges.

（8）Such proportion of losses sustained by the ship-owners as is to be reimbursed by the

Cargo Owner under the Contract of Affreightment Both to Blame Collision clause.

2. With Average(W. A.). Aside from the risks covered under F. P. A. condition as above, this insurance also covers partial losses of the insured goods caused by heavy weather, lightning, tsunami, earthquake and/or flood.

3. All Risks. Aside from the risks covered under the F. P. A. and W. A. conditions as above, this insurance also cover all risks of loss of or damage to the insured goods whether partial or total, arising from external causes in the cause of transit.

Ⅱ. Exclusions:

This insurance does not cover:

1. Loss or damage caused by the intentional act or fault of the insured.

2. Loss or damage falling under the liability of the consignor.

3. Loss or damage arising from the inferior quality or shortage of the insured goods prior to the attachment of this insurance.

4. Loss or damage arising from normal loss, inherent vice or nature of the insured goods, loss of market and/or delay in transit and any expenses arising there from..

5. Risks and liabilities covered and excluded by the ocean marine (cargo) war risks clauses and strike, riot and civil commotion clauses of this company.

Ⅲ. Commencement to Termination of Cover:

1. Warehouse to Warehouses Clause:

This insurance attaches from the time the goods hereby insured leave the ware-house or place of storage named in the Policy for the commencement of the transit and continues in force in the ordinary course of transit including sea, land and inland waterway transits and transit in lighter until the insured goods are delivered to the consignee s final warehouse or place of storage at the destination named in the policy or to any other place used by the insured for allocation or distribution of the goods or for stories other than in the ordinary course of transit. This insurance shall, however, be limited to sixty (60) days after completion of discharge of the insured goods from the seagoing vessel at the final port of discharge before they reach the above mentioned warehouse or place of stories. If prior to the expire of the above mentioned sixty (60) days, the insured goods are to be forwarded to a destination other than that named in the Policy, this insurance shall terminate at the commencement of such transit.

2. If, owing to delay, deviation, forced discharge, reshipment or transshipment beyond the control of the insured or any change or termination of the voyage arising from the exercise of a liberty granted to the shipowners under the contract of affreightment, the insured goods arrive at a port or place other than that named in the policy, subject to immediate notice being given to the company by the insured and an additional premium being paid, if repaired, this insurance shall remain in force and shall terminate as hereunder:

(1) If the insured goods are sold at port or place not named in the policy, this insurance shall terminate on delivery of the goods sold, but in no event shall this insurance extend beyond sixty (60) days after completion of discharge of the insured goods from the carrying vessel at such port or place.

（2）If the insured goods are to be forwarded to the final destination named in the policy or any other destination, this insurance shall terminate in accordance with Section III.1. above.

Ⅳ. Duty of the insured:

It is the duty of the insured to attend to all matters as specified hereunder, failing which the company reserves the right to reject his claim for any loss if and when such failure prejudice the rights of the Company:

1. The insured shall take delivery of the insured goods in good time upon their arrival at the port of destination named in the policy. In the event of any damage to the goods, the insured shall immediately apply for survey to the survey and/or settling assent stipulated in the policy. If the insured goods are found short in entire package or packages or to show apparent traces of damage, the insured shall obtain from the carrier, bailed or other relevant authorities（customs and port authorities etc.）certificate of loss or damage and/or shortlanded memo. Should the carrier, bailed or the other relevant authorities be responsible for such shortage, the insured shall lodge a claim with them in writing and, if necessary, obtain their confirmation of an extension of them the time limit of validity of such claim.

2. The insured shall, and the company also, take reasonable measures immediately in salvaging the goods or preventing or minimizing a loss or damage thereto. The measures so taken by the insured or by the company shall not be considered respectively, as a waiver of abandonment hereunder, or as an acceptance thereof.

3. In case of a change of voyage or any omission or error in the description of the interest, the name of the vessel or voyage, this insurance shall remain in force only upon prompt notice to this company when the insured becomes aware of the same and payment of an additional premium if required.

4. The following documents should accompany any claim hereunder made against this company:

Original policy, bill of lading. invoice, packing list, tally sheet, weight memo, certificate of loss or damage and/or shorthand memo, survey report, statement of claim.

If any third party is involved, documents relative to pursuing of recovery from such party should also be included.

5. Immediate notice should be given to the company when the cargo owners actual responsibility under the contract of Affreightment Both to Blame Collision Clause becomes known.

Ⅴ. The Time of Validity of A Claim:

The time of validity of a claim under this insurance shall not exceed a period of two years counting from the time of completion of discharge of the insured goods from the seagoing vessel at the final port of discharge.

【译文】
海洋运输货物保险条款
1981 年 1 月 1 日修订

[1995 年 1 月 1 日经中国人民银行（PBOC）批准并发布]

（一）责任范围

本保险分为平安险、水渍险及一切险 3 种。被保险货物遭受损失时，本保险按照保险单上订明承保险别的条款规定，负赔偿责任。

1. 平安险

本保险负责赔偿：

（1）被保险货物在运输途中由于恶劣气候、雷电、海啸、地震、洪水等自然灾害造成整批货物的全部损失或推定全损。当被保险人要求赔付推定全损时，须将受损货物及其权利委付给保险公司。被保险货物用驳船运往或运离海轮的，每一驳船所装的货物可视做一个整批。推定全损是指被保险货物的实际全损已经不可避免，或者恢复、修复受损货物以及运送货物到原订目的地的费用（之和）超过该目的地的货物价值。

（2）由于运输工具遭受搁浅、触礁、沉没、互撞、与流冰或其他物体碰撞以及失火、爆炸等意外事故造成货物的全部或部分损失。

（3）在运输工具已经发生搁浅、触礁、沉没、焚毁等意外事故的情况下，货物在此前后又在海上遭受恶劣气候、雷电、海啸等自然灾害所造成的部分损失。

（4）在装卸或转运时由于 1 件或数件整件货物落海造成的全部或部分损失。

（5）被保险人对遭受承保责任内危险的货物采取抢救、防止或减少货损的措施而支付的合理费用，但以不超过该批被救货物的保险金额为限。

（6）运输工具遭遇海难后，在避难港由于卸货所引起的损失以及在中途港、避难港由于卸货，存仓以及运送货物所产生的特别费用。

（7）共同海损的牺牲、分摊和救助费用。

（8）运输契约订有"船舶互撞责任"条款，根据该条款规定应由货方偿还船方的损失。

2. 水渍险

除包括上列平安险的各项责任外，本保险还负责被保险货物由于恶劣气候、雷电、海啸、地震、洪水自然灾害所造成的部分损失。

3. 一切险

除包括上列平安险和水渍险的各项责任外，本保险还负责被保险货物在运输途中由于外来原因所致的全部或部分损失。

（二）除外责任

本保险对下列损失不负赔偿责任：

（1）被保险人的故意行为或过失所造成的损失。

（2）属于发货人责任所引起的损失。

（3）在保险责任开始前，被保险货物已存在的品质不良或数量短差所造成的损失。

（4）被保险货物的自然损耗、本质缺陷、特性以及市价跌落；运输迟延所引起的损失或费用。

（5）本公司海洋运输货物战争险条款和货物运输罢工险条款规定的责任范围和除外责任。

（三）责任起讫

（1）本保险负"仓至仓"责任，自被保险货物运离保险单所载明的起运地仓库或储存处所开始运输时生效，包括正常运输过程中的海上、陆上、内河和驳船运输在内，直至该项货物到达保险单所载明目的地收货人的最后仓库或储存处所或被保险人用作分配、分派或非正常运输的其他储存处所为止。如未抵达上述仓库或储存处所，则以被保险货物在最后卸载港全部卸离海轮后满 60 天为止。如在上述 60 天内被保险货物需转运到非保险单所载明的目的地时，则以该项货物开始转运时终止。

（2）由于被保险人无法控制的运输延迟、绕道、被迫卸货、重新装载、转载或承运人运用运输契约赋予的权限所做的任何航海上的变更或终止运输契约，致使被保险货物运到非保险单所载明的目的地时，在被保险人及时将获知的情况通知保险人，并在必要时加缴保险费的情况下，本保险仍继续有效，保险责任按下列规定终止：

① 被保险货物如在非保险单所载明的目的地出售，保险责任至交货时为止，但在任何情况下，均以被保险货物在卸载港全部卸离海轮后满 60 天为止。

② 被保险货物如在上述 60 天期限内继续运往保险单所载原目的地或其他目的地时，保险责任仍按上述第（三）条第 1 款的规定终止。

（四）被保险人的义务

被保险人应按照以下规定的应尽义务办理有关事项，如因未履行规定的义务而影响保险人利益时，本公司对有关损失，有权拒绝赔偿。

（1）当被保险货物运抵保险单所载明的目的港（地）以后，被保险人应及时提货，当发现被保险货物遭受任何损失，应立即向保险单上所载明的检验、理赔代理人申请检验，如发现被保险货物整件短少或有明显残损痕迹，应立即向承运人、受托人或有关当局（海关、港务当局等）索取货损货差证明。如果货损货差是由于承运人、受托人或其他有关方面的责任所造成，并应以书面方式向他们提出索赔，必要时还须取得延长时效的确认证书。

（2）对遭受承保责任内危险的货物，被保险人和本公司都可迅速采取合理的抢救措施，防止或减少货物的损失，被保险人采取此项措施，不应视为放弃委付的表示，本公司采取此项措施，也不得视为接受委付的表示。

（3）如遇航程变更或发现保险单所载明的货物、船名或航程有遗漏或错误时，被保险人应在获悉后立即通知保险人，并在必要时加缴保险费，本保险才能继续有效。

（4）在向保险人索赔时，必须提供下列单证：保险单正本、提单、发票、装箱单、磅码单、货损货差证明、检验报告及索赔清单。如涉及第三者责任，还须提供向责任方追偿的有关函电及其他必要单证或文件。

（5）在获悉有关运输契约中"船舶互撞责任"条款的实际责任后，应及时通知保险人。

（五）索赔期限

本保险索赔时效，从被保险货物在最后卸货港全部卸离海轮后起算，最长不超过 2 年。

二、中国人民保险公司海运战争险条款

The People's Insurance Company of China

Ocean Marine Cargo War risk Clauses（1/1/1981）

（Ratified And Issued By The People's Bank of China（PBOC）Dated 1/1/1995）

Ⅰ. Scope of Cover:

This insurance covers:

1. Loss of or damage the insured goods caused directly by or consequent upon war, warlike operations, hostile acts, armed conflicts or piracy:

2. Loss or damage caused by capture seizure arrest restraint or detainment arising from the events in Section 1 above.

3. Loss or damage caused by conventional weapons of war including mines, torpedoes and bombs.

4. Sacrifice in and contribution to general average and salvages arising from the risks covered hereunder.

Ⅱ. Exclusions:

This insurance do not cover:

1. Loss damage or expenses arising from any hostile use of atomic or nuclear weapons of war.

2. Any claim based upon loss of or frustration of. The insured voyage caused by arrest restraint or detainment by any executive authorities. Authorities in power or any other armed groups.

Ⅲ. Commencement and Termination:

1. This insurance shall attach from the time the insured goods are loaded on the seagoing vessel or lighter at the port of shipment named in the policy until discharged over side from the seagoing vessel or lighter at the destination named in the policy if the insured goods are not discharged there-from. The longest duration at the port of discharge shall be limited to fifteen (15) days counting from midnight of the day of the vessel's arrival at such port, anchoring, mooring or securing at a berth or place within the harbour shall be deemed as the vessel's arrival. In the absence of such berth or place, the vessel's arrival refers to the vessel's first anchoring, mooring or securing either at or off the intended port or at or near the place of discharge.

2. In case of transhipment at an intermediate port, regardless of whether or not the insured goods are unload, the longest duration of this insurance at such port of transhipment shall be limited to fifteen (15) days counting from midnight of the day of the vessel's arrival at such port or place of discharge. However, this insurance shall reattach when the insured goods are loaded on the carrying seagoing vessel.

3. If the contract of affreightment is terminated at a port or place other than the destination named in the policy, such port or place shall be deemed the destination under the policy and this insurance shall terminate according to Section Ⅲ. 1. Above if the insured goods are to be reshipped to the original or any other destination. This insurance shall reattach when the goods are loaded on the carrying vessel provided that a notice is given to the company and an additional premium is paid prior to the commencement of such further transit.

4. This insurance shall remain in force during any deviation, change of voyage, variation of adventure arising from the exercise of a liberty granted to the shipowners under the contract of affreightment subject to immediate notice to the company and payment premium, when such event comes to be the knowledge of the insured.

Note:

These clauses are the clauses of an additional insurance to the ocean insurance of the company in case of conflict between any clauses of these clauses and the ocean marine cargo clauses, these clauses shall prevail.

【译文】

海洋运输货物战争险条款

1981 年 1 月 1 日修订

[1995 年 1 月 1 日经中国人民银行（PBOC）批准并发布]

（一）责任范围

本保险负责赔偿：

1. 直接由于战争、类似战争行为和敌对行为、武装冲突或海盗行为所致的损失。

2. 由于上述第 1 款引起的捕获、拘留、扣留、禁制、扣押所造成的损失。

3. 各种常规武器，包括水雷、鱼雷、炸弹所致的损失。

4. 本条款责任范围引起的共同海损的牺牲、分摊和救助费用。

（二）除外责任

本保险对下列各项不负赔偿责任：

1. 由于敌对行为使用原子或热核制造的武器所致的损失和费用。

2. 根据执政者、当权者、或其他武装集团的扣押、拘留引起的承保航程的丧失和挫折而提出的任何索赔。

（三）责任起讫

1. 本保险责任自被保险货物装上保险单所载明的起运港的海轮或驳船时开始，到卸离保险单所载明的目的港的海轮或驳船时为止。如果被保险货物不卸离海轮或驳船，本保险责任最长期限以海轮到达目的港的当日午夜起算满 15 天为限，海轮到达上述目的港是指海轮在该港区内一个泊位或地点抛锚、停泊或系缆，如果没有这种泊位或地点，则指海轮在原卸货港或地点或附近第一次抛锚、停泊或系缆。

2. 如在中途港转船，不论货物在当地卸载与否，保险责任以海轮到达该港或卸货地点的当日午夜起算满 15 天为止，俟再装上续运海轮时恢复有效。

3. 如运输契约在保险单所载明的目的地以外的地点终止时，该地即视为本保险目的地，仍照前述第（三）第 1 款的规定终止责任，如需运往原目的地或其他目的地时，在被保险人于续运前通知保险人并加缴保险费的情况下，可自装上续运的海轮时重新有效。

4. 如运输发生绕道，改变航程或承运人运用运输契约赋予的权限所做的任何航海上的改变，在被保险人及时将获知情况通知保险人，在必要时加缴保险费的情况下，本保险仍继续有效。

注：本条款是海洋运输货物保险条款的附加条款，本条款与海洋运输货物保险条款中的任何条文有抵触时，均以本条款为准。

课后练习

一、单项选择题

1. 某商品单价每个 3.55 英镑 CIFC5 伦敦,数量 6 120 个,根据惯例保险金额应是( )。

    A. GBP22 704.00   B. GBP22 703.00   C. GBP23 899.00   D. GBP23 898.00

2. 根据 UCP600 第 28 条的规定,国际货运保险的"投保加成"最低为 ( )。

    A. 5%   B. 10%   C. 15%   D. 没有限制

3. 某外贸公司出口茶叶 5 公吨,在海运途中遭受暴风雨,海水入仓内,致使一部分茶叶发霉变质,这种损失属于 ( )。

    A. 实际全损   B. 推定全损   C. 共同海损   D. 单独海损

4. 下列险种不属于"特殊附加险"的是 ( )。

    A. 拒收险   B. 战争险   C. 舱面险   D. 渗漏险

5. 按照 Incoterms2010 的规定,以 FOB 贸易术语成交,买卖双方风险划分的界限是( )。

    A. 货交承运人   B. 货物在装运港装上船

    C. 货物在目的港卸货后   D. 装运港码头

6. 关于共同海损,下列说法错误的是 ( )。

    A. 船方所采取的措施是合理的、有意的

    B. 一定是自然灾害造成的共同危险

    C. 所做的牺牲是特殊的,支出的费用是额外的

    D. 所做的牺牲和支出的费用是有效果的

7. 以 CIF 出口时,如合同或信用证没有特别规定,保险单中"INSURED"一栏应填 ( )。

    A. 进口商名称   B. 开证申请人名称   C. 出口商名称   D. 开证行名称

8. 转让保险单时,如果信用证未明确规定背书方式,应采用 ( )。

    A. 空白背书   B. 记名背书   C. 记名指示背书   D. 不必背书

9. 我方按 CIF 条件成交出口一批罐头食品,卖方投保时,按 ( ) 投保是正确的。

    A. 平安险+水渍险   B. 一切险+偷窃提货不着险

    C. 平安险+一切险   D. 水渍险+偷窃提货不着险

10. 共同海损分摊时,涉及的"受益方"不包括 ( )。

    A. 船方   B. 救助方   C. 货方   D. 运费收入方

11. 有一艘载货海轮,在舱面上载有 1 000 台拖拉机,航行途中遇到恶劣气候,海浪已将 450 台拖拉机卷入海中,从而使海轮在巨浪中出现严重倾斜,如果不立即采取措施,海轮随时有翻船沉没的危险。船长在紧急关头下令将其余的 550 台拖拉机全部抛入海中,从而求得了船身在风浪中保持平衡。下列说法正确的是 ( )。

    A. 海浪已将 450 台拖拉机卷入海中,该损失属于共同海损

    B. 船长在紧急关头下令将其余的 550 台拖拉机全部抛入海中,该损失属于共同海损

    C. 船长在紧急关头下令将其余的 550 台拖拉机全部抛入海中,该损失属于单独海损

    D. 上述 450 台和 550 台的损失均属于单独海损

12. 一批货物在海运途中发生承保范围内的损失,其修理费用超过货物修复后的价值,该损失属于 ( )。

A. 实际全损　　　　　B. 推定全损　　　　　C. 共同海损　　　　　D. 单独海损

13. 下列各项中不属于"一切险"承保范围的险别是（　　　）。

A. 偷窃、提货不着险　　　　　　　　　B. 渗漏险

C. 交货不到险　　　　　　　　　　　　D. 包装破裂险

14. 根据我国海洋货物运输保险条款的规定，以下不属于"基本险"的是（　　　）。

A. 水渍险　　　　　B. 战争险　　　　　C. 平安险　　　　　D. 一切险

15. 某批出口货物投保了水渍险，在运输过程中由于雨淋致使货物遭受部分损失，这样的损失保险公司将（　　　）。

A. 负责赔偿整批货物　　　　　　　　　B. 负责赔偿被雨淋湿部分的损失

C. 不给予任何赔偿　　　　　　　　　　D. 不负责赔偿被雨淋湿部分的损失

二、判断题

1. 凡是共同海损，都属于全部损失。　　　　　　　　　　　　　　　　　　（　　）

2. 按 CIF 术语成交，卖方一般情况下只投保最低险别及战争险。　　　　　（　　）

3. 银行可以拒绝接受表明投保生效日期迟于装运日期的保险单。　　　　　（　　）

4. "出口信用保险"是各国政府普遍采用的抵御出口风险的措施。　　　　　（　　）

5. 按 CIF 术语出口时，我国出口商在国内投保一切险，出口商承担的风险起讫应为"仓至仓"。　　　　　　　　　　　　　　　　　　　　　　　　　　　　　　　　　（　　）

6. 运输途中部分纸箱遭雨淋受潮，里面装的服装上出现水渍，由于该批货物投保了水渍险，所以货主可向保险公司索赔。　　　　　　　　　　　　　　　　　　　　　　（　　）

7. 水渍险的责任范围除包括平安险的各项责任外，还负责被保货物由于恶劣气候、雷电、海啸、地震、洪水等自然灾害造成的部分损失。　　　　　　　　　　　　　　（　　）

8. 把 CIF 称做"到岸价"，理所当然卖方承担货物到达目的港之前的风险与责任。
　　　　　　　　　　　　　　　　　　　　　　　　　　　　　　　　　　（　　）

9. 保险单据的签发日期应迟于提单签发日期。　　　　　　　　　　　　　　（　　）

10. 投保人在投保一切险后，根据需要还可加保特殊附加险。　　　　　　　（　　）

11. 在国际贸易中，向保险公司投保一切险后，在运输途中任何外来原因所造成的一切货损，均可向保险公司索赔。　　　　　　　　　　　　　　　　　　　　　　　（　　）

12. 按 CFR 术语进口时，我方在国内投保了一切险，保险公司承担的风险起讫应为"仓至仓"。　　　　　　　　　　　　　　　　　　　　　　　　　　　　　　　　　（　　）

13. 汇票、提单和保险单的抬头人通常各是付款人、收货人和被保险人。　　（　　）

14. 保险单据，即使在"被保险人"一栏内直接填写了投保人的名称，只要该保险单据上没有明确规定"Non-Negotiable"（不得转让）一类字眼，该单据经过背书以后，仍然可以流通转让。　　　　　　　　　　　　　　　　　　　　　　　　　　　　　　（　　）

15. 如按 CIF 贸易术语成交的贸易合同，出口货物在运输途中灭失，即使出口商提供了信用证规定的全套单据，进口商仍有权拒付货款。　　　　　　　　　　　　　　（　　）

三、依据课后练习买卖合同（第二章）、信用证（第三章）、商业发票（第四章）、装箱单（第五章）、海运提单（第六章）的相关内容，填写一份保险单（表 7.6）。

表 7.6　空白货物运输保险单

中国人民财产保险股份有限公司

PICC PROPERTY AND CASUALTY COMPANY LIMITED

货物运输保险单
CARGO TRANSPORTATION INSURANCE POLICY

发票号（INVOICE NO.）

合同号（CONTRACT NO.）

信用证号（L/C NO.）

保单号次
POLICY
NO.

被保险人：
INSURED:

中国人民保险公司（以下简称本公司）根据被保险人的要求，由被保险人向本公司缴付约定的保险费，按照本保险单承保险别和背面所载条款与下列特款承保下述货物运输保险，特立本保险单。
THIS POLICY OF INSURANCE WITNESSES THAT PICC PROPERTY AND CASUALTY COMPANY LIMITED （HEREINAFTER CALLED "THE COMPANY"）AT THE REQUEST OF THE INSURED AND IN CONSIDERATION OF THE AGREED PREMIUM PAID TO THE COMPANY BY THE INSURED, UNDERTAKES TO INSURE THE UNDERMENTIONED GOODS IN TRANSPORTATION SUBJECT TO THE CONDITIONS OF THIS OF THIS POLICY AS PER THE CLAUSES PRINTED OVERLEAF AND OTHER SPECIAL CLAUSES ATTACHED HEREON.

标 记 MARKS&NOS	包装及数量 QUANTITY	保险货物项目 DESCRIPTION OF GOODS	保险金额 AMOUNT INSURED

总保险金额
TOTAL AMOUNT INSURED: _____

保费：
PERMIUM: **AS ARRANGED** _____

启运日期
DATE OF
COMMENCEMENT _____

装载运输工具：
PER CONVEYANCE: _____

自
FROM: _____

经
VIA _____

至
TO _____

承保险别：
CONDITIONS:

所保货物,如发生保险单项下可能引起索赔的损失或损坏,应立即通知本公司下述代理人查勘。如有索赔,应向本公司提交保单正本（本保险单共有　2　份正本）及有关文件。如一份正本已用于索赔,其余正本自动失效。
IN THE EVENT OF LOSS OR DAMAGE WITCH MAY RESULT IN A CLAIM UNDER THIS POLICY, IMMEDIATE NOTICE MUST BE GIVEN TO THE COMPANY'S AGENT AS MENTIONED HEREUNDER. CLAIMS, IF ANY, ONE OF THE ORIGINAL POLICY WHICH HAS BEEN ISSUED IN　2　ORIGINAL（S）TOGETHER WITH THE RELEVANT DOCUMENTS SHALL BE SURRENDERED TO THE COMPANY. IF ONE OF THE ORIGINAL POLICY HAS BEEN ACCOMPLISHED. THE OTHERS TO BE VOID.

FULL NAME AND ADDRESS OF THE AGENT AT THE PORT OF
DESTINATION:

中国人民财产保险股份有限公司
PICC PROPERTY AND CASUALTY
COMPANY LIMITED

赔款偿付地点
CLAIM PAYABLE AT _____

出单日期
ISSUING DATE _____

_____
Authorized Signature

第八章 原产地证明书

"原产地证明书"（Certificate of Origin）是由出口国政府指定的机构向进口国当局证明其出口商品的原材料的出产国以及成品的加工生产所在国的证书。在实际工作中，经常简称为"产地证"。

"原产地证明书"的作用主要有两点：

（1）配合进口国相关部门贯彻本国政府有关"贸易管制"方面的"国别政策"。例如，当欧美等国对俄罗斯、伊朗、朝鲜、叙利亚等国实施经济和贸易制裁时，如果出口欧美的产品的原材料出产于这些国家，或者其出口的商品是由这些国家生产的，将被进口国当局没收。再如，在禽流感、登革热、寨卡病毒等疫情在世界上有些地区频发时，凡是来自疫区的生物制品（无论是原材料还是加工制成品）都会被禁止进口。

【单证实物示例】原产地证明书

（2）便于进口国海关依据该国政府不同的国别政策，确定进口商品的进口关税的税目和税率。例如，对友好国家的出口产品，进口国海关就会减少进口关税的税目，同时适用相对优惠的低税率；对需要制裁的国家的出口产品，进口国海关就会增加进口关税的税目，同时适用较高甚至带有一定惩罚性质的高税率。

目前，我国最常用的"原产地证明书"主要有以下两种：

（1）"一般原产地证明书"（C/O，Certificate of Origin），适用于对世界各国的出口贸易，它主要由"中国国际贸易促进委员会"（简称"贸促会"）（CCPIT, China Council for the Promotion of International Trade）出具；

（2）"A格式的普惠制原产地证明书"（GSP Form A, Generalized System of Preferences Certificate of Origin, Form A），它仅适用于对那些承诺给予不发达国家的出口商品以"普遍优惠的进口关税税率"待遇的国家的出口贸易，它在我国通常由出入境检验检疫局（CIQ, Entry-Exit Inspection and Quarantine Bureau of the People's Republic of China）出具。这些国家共有32国，它们是：英国、德国、比利时、荷兰、卢森堡、法国、意大利、丹麦、爱尔兰、希腊、西班牙、葡萄牙、奥地利、芬兰、挪威、瑞典、澳大利亚、新西兰、日本、美国、加拿大、保加利亚、匈牙利、波兰、瑞士、俄罗斯、土耳其、捷克、斯洛伐克、乌克兰、哈萨克斯坦和白俄罗斯。其中，只有29个国家承诺给予我国的出口商品以"普遍优惠的进口关税"待遇，而美国、保加利亚和匈牙利3国却不给。

此外，我国对东盟["东南亚国家联盟"（Association of Southeast Asian Nations）简称"东盟"（ASEAN）10国]自由贸易区的出口产品适用一种格式为"Asean-China Free Trade Area Preferential Tariff Certificate of Origin Form E"（中国—东盟自由贸易区优惠原产地证明书）的"产地证"，其格式、栏目设置及其填写方法等，都与"Form A"大同小异，此处不做专门讲解。

"原产地证明书"在我国都是统一、固定的格式，它的申请、签发的程序如图 8.1 所示。

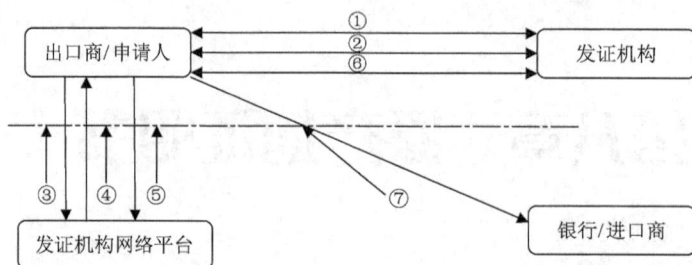

① 出口商（申请人）向发证机构购买空白的"原产地证明书"及产地证申请书；
② 出口商向发证机构购买发证机构的网络平台应用软件及其网络用户电子密钥及用户密码；
③ 出口商登录发证机构的网络平台并输入"原产地证明书"申请界面上的必填信息（包括原产地证明书、产地证申请书以及与之关联的商业发票）；
④ 网络平台确认出口商输入的申请信息；
⑤ 出口商用空白格式的"原产地证明书"及产地证申请书中打印网络平台上输入的信息，并在"出口商"的栏目上签署；
⑥ 出口商携带打印、自己签署过的纸质的"原产地证明书"、产地证申请书和商业发票到发证机构签字盖章，并且取回经过了发证机构签署的"原产地证明书"；
⑦ 出口商将"原产地证明书"与其他结汇单据一起提交银行或直接寄给国外的进口商。

图 8.1 "原产地证明书"申办流程示意图

关于原产地证明书的"出单人"的问题，ISBP 第 L3 段规定：

（1）如果信用证规定了出单人，原产地证明书就应由信用证规定的实体（entity）出具；

（2）当信用证未规定出具人名称时，原产地证明书可以由任何实体出具；

（3）当信用证要求提交由受益人、出口商或制造商出具的原产地证明书时，只要该单据相应地注明受益人、出口商或制造商，提交由商会（Chamber of Commerce）或类似机构，诸如但不限于行会（Chamber of Industry）、行业协会（Association of Industry）、经济协会（Economic Chamber）、海关（Customs Authorities）和贸易部门（Department of Trade）等类似机构出具的原产地证明也符合要求；

（4）当信用证要求提交由商会出具的原产地证明书时，提交由行会、行业协会、经济协会、海关和贸易部门等类似机构出具的原产地证明书也符合要求。

关于"原产地证明书"的出单日期，需要注意以下两点内容：

（1）产地证一定要在货物装运之前去申办。一定不要先把货物装运了，而后再抢在向银行交单之前，才突然想起来去申请，以免忙中出错，或是错过了及时向银行交单的时间。

（2）产地证申办的日期不能提前太长的时间，以免欲速不达。这主要是因为：① 很多信用证都明确规定，不接受其出单日期早于信用证开立日期的单据（Any documents that are dated prior to that of this credit are not acceptable）；② 发证机构为了维护其在国际上的声誉，不愿意过早或过迟地签发原产地证明书。在通常情况下，产地证的有效期限以装运之前的"3 个月"为限。

第一节　一般原产地证明书

"一般原产地证明书"的使用范围非常广泛，除了对不发达国家出口使用外，对一些发达国家（如英国等）出口商品时也经常用到。"一般原产地证明书"的实例见表 8.1。

表 8.1　一般原产地证明书实例

1. Exporter *BEIJING HENGXIN IMPORT AND EXPORT TRADING CO., LTD.* *ROOM 6008, LIYE MANSION, 74 MAJIAPU EAST ROAD, FENGTAI DISTRICT, BEIJING CHINA 100068* *TEL: 0086-10-51165208　FAX: 0086-10-51165199*		Certificate No. ×××××		
2. Consignee *TO ORDER STATE BANK OF INDIA, BACKBAY RELAMATION BRANCH, RAHEJA CHAMBER NARIMAN POINT, MUMBAI 400021, INDIA*		**CERTIFICATE OF ORIGIN** **OF** **THE PEOPLE'S REPUBLIC** **OF CHINA**		
3. Means of transport and route *FROM SHANGHAI, CHINA TO NHAVA SHEVA, INDIA BY SEA*		5. For certifying authority use only		
4. Country/region of destination *INDIA*				
6. Marks and numbers *N/M* ******************	7. Number and kind of packages; description of goods FOUR HUNDRED DRUMS（400DRUMS） OF GUM ROSIN W/G GRADE L/C NO. 0159308IM0000242 L/C ISSUING DATE: JULY 5, 20×× S/C No. HX20××0625 S/C ISSUING DATE: JUNE 25, 20×× ICE CODE: 0390006327 UNDER OPEN GENNERAL LIECENCE OF FOREIGN TRADE POLICY 2014-2019. **	8. H.S. Code 3806.1010 ******** ***	9. Quantity *40MT* ******* **	10. Number and date of invoices *HX20 × × 0710* *JULY 10, 20 × ×* ********** ***
11. **Declaration by the exporter** The undersigned hereby declares that the above details and statements are correct, that all the goods were produced in China and they comply with the Rules of Origin of the People's Republic of China. （Stamp and signature） *BEIJING, JULY 10, 20 × ×* Place and date, signature and stamp of authorized signatory		12. **Certification** It is hereby certified that the declaration by the exporter is correct. （Notary seal and signature） *BEIJING, JULY 10, 20 × ×* Place and date, signature and stamp of authorized signatory		

一、一般原产地证明书的填写方法及注意事项

我国"一般原产地证明书"的预设栏目相对比较少，对各栏目的填写要求也相对比较固定，几十年来基本上没有发生太大的变化。

1. Exporter（出口商）

此栏在信用证支付方式下，当信用证没有做特别规定的时候，直接填写受益人的名称、地址和联络细节（按照电讯信用证第 59 栏的内容原文照抄）；如果信用证规定了填写内容，而且规定的内容对卖方没有危害，则严格按照信用证规定的内容填写。这种情况主要发生在"开证申请人是中间商"的时候，信用证为了在该单据上不显示受益人的信息，特别要求此栏填写开证申请人的名称、地址和联络细节等。这种做法，卖方应该是可以接受的。在其他支付方式下，如果买方事先没有提出特别的要求，此栏就直接填写卖方的名称、地址和联络细节。

2. Consignee（收货人）

此栏的填写方法如下：

（1）在信用证支付方式下，信用证没有特别规定的时候，可以直接填写开证申请人的名称、地址和联络细节（按照电讯信用证第 50 栏的内容原文照抄）。

（2）在其他支付方式下，买方没有特别规定的时候，可以直接填写买方的名称、地址和联络细节。

关于产地证此栏的填写问题，ISBP745 第 L5 段规定，当原产地证明显示收货人信息时，其不应与运输单据中收货人的信息相矛盾。但是，当信用证要求运输单据出具成"to order"、"to the order of shipper"、"to order of issuing bank"、"to order of nominated bank"（或 negotiating bank），或"consigned to issuing bank"（以开证行为收货人）时，原产地证明可以显示收货人为信用证中除受益人以外的任何一个具名实体。当信用证已经转让时，原产地证明可以显示收货人为第一受益人。

3. Means of transport and route（运输方式和运输路线）

此栏的运输方式和运输路线一定要与本笔生意项下的其他单据（如运输单据、保险单据等）一致，而不能互相矛盾。例如，"BY SEA, FROM DALIAN, CHINA TO MARSEILES, FRANCE."（海运；从中国大连运到法国马赛）；再如，"FROM SHANGHAI TO CHICAGO VIA LONGBEACH, BY MULTIMODAL TRANSPOTATION."（从上海运抵芝加哥，经由长滩中转；使用多式联运）。

有关运输方式的英文表达方法主要有以下几种：

（1）海运：by ship/by vessel/by sea transport 等（transport = transportation）。

（2）陆运：by land transport/by train/by rail 等。

（3）空运：by airplane/by air/by plane transport 等。

（4）联运：by through transport（"through"表示"只使用一种运输方式，但中途需要转船或转运的运输方式"）；by sea-land combined transport（"combined"表示"使用两种不同的运输方式，其中有一种是海运"）。

（5）多式联运：by multimodal transport（"multimodal"有时还会写成"intermodal"，它

是"International multimodal"的缩写形式）。

4. Country/region of destination（目的地国家或地区）

此栏主要填写货物运抵国家的名称。"region"是指那些在国际上没有获得独立的殖民地、属地、托管地等，或者不被国际社会承认为"独立的国家"，但自由程度却很高的政治区域，如台湾、香港、澳门、关岛、格陵兰、直布罗陀等地。

5. For certifying authority use only（仅供发证机构填写）

产地证虽然是由公证机构证实的，但各栏目的信息，除第5栏以外，都是由出口商自己填写的。该证书第5栏限制只能由发证机构填写，且一般都是空着不填写内容的。

6. Marks and numbers（唛头）

此栏直接把"唛头"填写完毕即可；即使没有"唛头"，也要注明"N/M"（没有唛头）字样，而不能让此栏目空着。

"唛头"是"运输标志"（Shipping Mark）的俗称。在国际贸易单据上，"唛头"通常不称做"Shipping Mark"，而是叫做"Marks and numbers"或者"Marks & Nos."、"Marks and numbers of packages"等。

7. Number and kind of packages; description of goods（外包装的数量及方式，商品名称）

此栏填写的基本内容主要有：商品名称、运输包装的数量和运输包装的方式。例如，"FIVE HUNDRED（500）BUNDLES OF DCI PIPES AND NINETY ERIGHT（98） WOODEN CASES OF DCI FITTINGS."（500捆球墨铸铁管子和98木箱球墨铸铁管配件；"DCI"= ductile cast iron，球墨铸铁）。

这里的"package"通常是指货物的运输包装，而不是指货物的"内包装"（销售包装）；"Number"是指"数量"而不是指"号码"或"箱号"等；"description of goods"="name of commodity"（商品名称），不适合翻译成"货物描述"，因为：①只需要列明商品的名称即可；②其名称也只需要使用"统称"，并不需要像商业发票上那样严格和详细。

此外，买方或信用证特别要求或规定在产地证上需要填写的其他内容，如信用证号码，进口许可证号码，生产制造商的名称、地址及联络细节等，通常都会填写在此栏常规内容下面剩余的空间上。

8. H.S. Code（商品编码）

此栏的商品编码需要与其法定检验商品下的出入境货物报检单和进出口货物报关单等单据中填写的商品编码一致。

"H.S."= Harmonized Commodity Description and Coding System（商品名称及编码协调制度）。商品编码由世界海关组织等国际机构合作编制而成，在全世界通用。

9. Quantity（数量）

此栏填写与该产地证所列商品的价格相同计量单位的商品数量。例如，如果商品的价格是"每一件多少钱"，此栏就填写（整批货物一共有）"多少件"（pieces）；如果商品的价格是"每公吨多少钱"，此栏就填写（整批货物一共有）"多少公吨"（metric tons）；如果商品的价格是"每平方米多少钱"，此栏就填写（整批货物一共有）"多少平方米"（square metres）等。另外，此栏的"数量"一定要和与之对应的商业发票中的"数量"保持一致。

10. Number and date of invoices（发票的号码及日期）

此栏填写该商品项下的商业发票的号码及出具的日期。"Number"是"号码"等意思，而不是"数量"或"单据份数"等意思。另外，在国际贸易单据的称谓上，根据 ISBP745 第 C1 段的规定推论，"invoice"（发票）的名称可以与"commercial invoice"（商业发票）互相替换。

第 6~10 栏填写完毕后需要封口：

按照实际工作的传统做法，一般原产地证明书第 6~10 栏的全部内容填写完毕后，如果各栏目的下面剩余有空白地方的话，就要使用一连串"*"（星号）进行封口，至少第 7 栏需要封口（其余栏目也可以不封口），以使封口线以下的空白处不能再添加任何内容，否则，添加的内容无效。这样做是为了防止出口商在公证机构签署以后，再在该份证明书上随意添加内容，从而影响公证机构的严肃性和权威性。

当然，如果该单据按照买方或信用证的规定，需要拿到该项商品的进口国家驻出口国家的大使馆商务处（commercial office of embassy）或领事馆（consulate）去"legalize"（认证，具体做法就是"认证机构在相关单据上签字、盖章"），公证机构在相关单据上的签署是不受"封口线"的制约和束缚的，其在正本单据的任何有空的地方的签署都有效。

11. Declaration by the exporter（出口商的声明）

此栏目声明的内容已经事先印就了，出口商只需要在此处签字盖章即可。此栏"声明"的时间可与相关的商业发票的出具日期相同。

此栏目声明的内容："The undersigned hereby declares that the above details and statements are correct, that all the goods were produced in China and they comply with the Rules of Origin of the People's Republic of China."（出口商特此声明：以上填写内容都是正确的；上述商品都出产自中国，且都符合中华人民共和国的原产地规则）。

此栏的签署跟发票、汇票等单据不同，加盖的通常都是椭圆形、英汉对照的出口商的公司印章，签字的人也不是公司的法人代表，而是出口商公司专门主管原产地证明书的职员，该职员是事先报经发证机构（如"贸促会"、"出入境检验检疫局"等）批准并且备案过的"专人"。

12. Certification（证明）

此栏由发证机构（主要是"贸促会"，有时也可以是"商会"——China Chamber of International Commerce）的主管官员签字并盖章。

此栏的"出具日期和地点"由出口商在网上申请时一并事先填写，它们通常都与第 11 栏的"出具日期和地点"相同。当然，在理论和逻辑上，这个日期可以比第 11 栏的日期稍晚一点，但绝对不能比第 11 栏的日期早，否则就不合逻辑。

此栏目证明的内容："It is hereby certified that the declaration by the exporter is correct."（特此证实：出口商的声明是正确的）。

二、原产地证明书的随附声明

有些来自中东国家的信用证规定，如果出口的产品中有一部分原材料或零配件并不是产自出口国，而是原产于其他国家，受益人除了出具原产地证明书之外，还需要由该项出口产品的生产制造商单独出具一份随附原产地证明书的声明。一般原产地证明书随附声明实例及其中文翻译分别如表 8.2 和表 8.3 所示。表 8.2 的填写内容与表 8.1 不关联。

表 8.2　一般原产地证明书随附声明实例

DECLARATION FOR ORIGIN

Name of Supplier / Manufacturer :　_HUBEI XINXU IMPORT AND EXPORT COMPANY LTD._

Address of its Principal Office　　:　_NO. 8, JIANGHAN NORTH RD., WUHAN, CHINA_

Country of its Incorporation　　　:　_P. R. CHINA_

The undersigned _____HUBEI XINXU IMPORT AND EXPORT COMPANY LTD_____ does hereby declare on behalf of the above named supplier / manufacturer that certain parts or components of the goods described in the attached Certificate of Origin are the products of such country or countries other than the country named therein as specifically indicated hereunder:

Country of Origin　　　　　　　　Percentage of Value of Parts or Components relative to
Total Shipment:

1. _____U. S. A._____ _____25%_____
2. _____JAPAN_____ _____15%_____
3. _____HONG KONG_____ _____10%_____

Dated at _____WUHAN, CHINA_____ on the _____12TH_____ day of _____MARCH_____ 20 _XX_

HUBEI XINXU IMPORT AND EXPORT COMPANY LTD

×××

（Stamp & Signature）

表 8.3　一般原产地证明书随附声明实例的中文翻译

原产地声明

供货商/生产制造商的名称：_湖北鑫旭进出口有限公司_

公司地址：_中国武汉市江汉北路 8 号_

该公司所属的国家：_中华人民共和国_

签署人 _湖北鑫旭进出口有限公司_ 代表上述供货商/生产制造商特此声明:原产地证明书所描述的产品中有些成分不是由本国生产,具体细节如下:

序　号	原产地国家	其生产成分所占全部产品构成价值的百分比
1	美　国	25%
2	日　本	15%
3	香　港	10%

签署地点和日期：_中国武汉_, 20_XX_ 年___3___ 月___12___ 日

（签署）

三、一般原产地证明书的申请书

出口商向发证机构申办"原产地证明书"，通常需要提交 3 种纸质单据：①商业发票；②产地证申请书；③登录发证机构网站的相关界面填写并经发证机构网上确认后，出口商自己打印、在第 11 栏签署后，再拿到发证机构去签字盖章的产地证纸质文本。

产地证申请书主要用于出口商在申请产地证时，作为申请材料之一，供发证机构核实相关出口产品的信息并留存备查，并不做其他的用途。它的文本栏目及填写内容都只使用中文，不使用英文，填写的内容也比较简单。因此，此处只列举申请书文本的实例（表 8.4），不再介绍其"填写方法及应注意事项"等。

表 8.4 一般原产地证明书申请书实例

<table>
<tr><td colspan="6" align="center">一般原产地证明书/加工装配证明书
申 请 书</td></tr>
<tr><td colspan="3">申请单位注册号：×××××</td><td colspan="3">证书号：×××××</td></tr>
<tr><td colspan="6">申请人郑重声明：
本人是被正式授权代表出口单位办理和签署本申请书的。</td></tr>
<tr><td colspan="6">本申请书及一般原产地证书/加工装配证明书所列内容正确无误，如发现弄虚作假、冒充证书所列货物，擅改证书，自愿按《中华人民共和国出口货物原产地规则》的有关规定接受处罚。现将有关情况申报如下。</td></tr>
<tr><td>企业名称</td><td colspan="2">北京恒信进出口贸易有限公司</td><td>发 票 号</td><td colspan="2">HX20××0710</td></tr>
<tr><td>商品名称</td><td colspan="2">松 香</td><td>H.S.税目号（六位数）</td><td colspan="2">3806.10</td></tr>
<tr><td>商品 FOB 总值（以美元计）</td><td colspan="2">USD46 770.00</td><td>最终目的国/地区</td><td colspan="2">印 度</td></tr>
<tr><td>拟储运日期</td><td colspan="2">JULY 20, 20××</td><td>转口国/地区</td><td colspan="2">×</td></tr>
<tr><td colspan="6" align="center">贸易方式和企业性质（请在适用处划"√"）</td></tr>
<tr><td colspan="2" align="center">一 般 贸 易</td><td colspan="2" align="center">三 来 一 补</td><td colspan="2" align="center">其 他 贸 易 方 式</td></tr>
<tr><td>国营企业</td><td>三资企业</td><td>国营企业</td><td>三资企业</td><td>国营企业</td><td>三资企业</td></tr>
<tr><td>√</td><td></td><td></td><td></td><td></td><td></td></tr>
<tr><td>包装数量或毛重或其他数量</td><td colspan="5">镀锌铁桶</td></tr>
<tr><td>证书种类（划"√"）</td><td colspan="2" align="center">一般原产地证明书 √</td><td colspan="3" align="center">加工装配证明书</td></tr>
<tr><td colspan="6">现提交中国出口货物商业发票副本一份，一般原产地证明书/加工装配证明书一正三副，以及其他附件份，请予审核签证。</td></tr>
<tr><td colspan="6">申请单位盖章

　　　　　　　　　　　　　　　　申领人（签名）×××

　　　　　　　　　　　　　　　　电　话：0086-10-51165208

　　　　　　　　　　　　　　　　日　期：20×× 年 7 月 10 日</td></tr>
</table>

第二节　普惠制产地证

我国对发达国家出口商品时，通常需要出具"Form A"（A 格式的）G.S.P.（普遍优惠进口关税制度）原产地证明书，以便进口商凭此办理进口通关手续时，可以享受进口国当局的"普遍优惠的"进口关税待遇。

"普惠制产地证"（G.S.P. Form A）的实例见表 8.5。

一、普惠制产地证的填写方法和注意事项

"Form A"单证预设的格式和栏目与本章第一节"一般原产地证明书"的栏目有很多名称和填写方法都相同，为了避免重复，只对"一般原产地证明书"（表 8.1）中没有的栏目做重点介绍。

另外，因为第三章的信用证是对印度的出口贸易，它不适用"普惠制原产地证明书"，因此，表 8.5 的填写内容与第三章信用证所涉及的交易不关联。

1. Goods consigned from（Exporter's business name, address, country）[发货人（出口商的名称、地址和国家）]

此栏目的填写方法及注意事项与表 8.1 第 1 栏相同。

2. Goods consigned to（Consignee's name, address, country）（收货人的名称、地址和国家）

此栏目的填写方法及注意事项与表 8.1 第 2 栏相同。

另外，鉴于此栏的填写方法问题，实际工作中经常围绕"单证一致、单单一致"发生一些争议，国际商会在 ISBP745 第 L5 段中规定，当原产地证明显示"收货人"信息时，其不应与运输单据中"收货人"的信息相矛盾。但是，当信用证要求运输单据出具成"to order"、"to the order of shipper"、"to order of issuing bank"、"to order of nominated bank"（或 negotiating bank），或"consigned to issuing bank"（以开证行为收货人）时，原产地证明可以显示"收货人"为信用证中除受益人以外的任何一个具名实体（named entity）。当信用证已经转让时，原产地证明可以显示"收货人"为第一受益人。这就是说，在信用证支付方式下，即使运输单据的"收货人"一栏内填写的是"凭指定"一类的指示性抬头，甚至是"以开证行为收货人"的记名抬头，原产地证明书的"收货人"一栏也可以直接填写开证申请人（买方）的名称、地址和联络细节。

3. Means of transport and route（as far as known）[运输方式和运输路线（尽可能详实）]

此栏目的填写方法及注意事项与表 8.1 第 3 栏相同。

4. For official use（由官方填写）

此栏目限由发证机构的官员填写，而且通常不填写内容，保持空白。

表 8.5 普惠制产地证实例

ORIGINAL

1. Goods consigned from（Exporter's business name, address, HUBEI XINXU IMPORT AND EXPORT CO., LTD. 12/F, JINMAO BUILDING, NO.8, JIANGHAN NORTH ROAD, WUHAN 430015, CHINA	Reference No. ✕✕✕✕✕✕✕✕ **GENERALIZED SYSTEM OF PREFERENCES CERTIFICATE OF ORIGIN** （Combined declaration and certificate）
2. Goods consigned to（Consignee's name, address, NEWFTERAN A PAX BAE LIMITED 1-0-1,RUE DE FOREANS SAINT-ANTONIN, QUEBEC, CANADA	**FORM A** Issued in <u>THE PEOPLE'S REPUBLIC OF CHINA</u> （country）
3. Means of transport and route（as far as known） FROM SHANGHAI TO MONTREAL VIA VANCOUVER, BY MULTIMODAL TRANSPORTATION.	4. For official use

5. Item Number	6. Marks and numbers of packages	7.Number and kind of packages; description of goods	8. Origin criterion（See Notes overleaf）	9. Gross weight or other quantity	10.Number and date of invoices
	NEWFTERAN MONTREAL INV. ✕✕ HAPJ0324 C/NO. 1-151 ✺✺✺✺✺✺✺✺✺✺✺✺	ONE HUNDRED AND FIFTY BOUNDLES OF 12INCHES✕12INCHES✕1MM SHELF ADHESIVE PVC TILES. ✺✺ ✺✺✺✺✺	"P" ✺✺✺✺✺✺✺✺✺✺✺	30 000PCS ✺✺✺✺✺✺✺✺✺✺✺	✕✕ HAPJ0324 MARCH 20, 20✕✕ ✺✺✺✺✺✺✺✺✺✺

| 11. Certification
It is hereby certified, on the basis of control carried out, that the declaration by the exporter is correct.

（NOTARY SEAL AND SIGNATURE）

WUHAN, CHINA; MARCH 20, 20✕✕

Place and date, signature and stamp of certifying authority | 12. Declaration by the exporter
The undersigned hereby declares that the above details and statements are correct, that all the goods were

               CHINA
produced in
           （country）

and that they comply with the origin requirements specified for those goods in the Generalized System of Preferences for goods exported to

     <u>CANADA</u>
    （importing country）

WUHAN, CHINA; MARCH 20, 20✕✕（STAMP & SIGNATURE）

Place and date, signature and stamp of authorized signatory |

在我国，"普惠制产地证"主要由出入境检验检疫局（Entry-Exit Inspection and Quarantine Bureau of the People's Republic of China）签发。

5. Item Number（项号）

"项号"的意思是"一批买卖货物中数个不同商品的排序"。例如，假设一笔买卖中包含了3种不同的商品：Men's shirts（男式衬衣）、Men's suits（男式西服）和 Men's trousers（男式长裤），这样，在"产地证"第5~10栏上就需要将这3种商品的信息依次逐一列明。但是，如果一笔生意本身只有一种单一的商品，此栏的"项号"就可以略去不填写。

6. Marks and numbers of packages（唛头）

此栏目的填写方法及注意事项与表8.1第6栏相同。

7. Number and kind of packages; description of goods（外包装的数量及方式，商品名称）

此栏目的填写方法及注意事项与表8.1第7栏相同。

8. Origin criterion（See Notes overleaf）[原产地标准（参见本证书背面的说明）]

此栏的填写方法在普惠制产地证A格式的正本背面具有相关填写方法的说明。

（1）完全自产于出口国的产品，输往上述32个中的29个给惠国时，填写"P"；对澳大利亚和新西兰则不必填写。

（2）经过出口充分制作或加工的产品输往下列国家时，按如下方法填写：

① 美国：对于单一国家出产的货物，填写"Y"，对于被认定的国家集团出产的货物填写"Z"，其后填明本国原料的成本或价值加上直接加工成本在该出口货物出厂价中所占的百分率，如"'Y' 35%"或"'Z' 35%"。

② 加拿大：对于在2个或2个以上受惠国内加工或制作且符合原产地标准的产品，填"G"，其他填"F"。

③ 日本、挪威、瑞士和欧洲联盟：填"W"，其后填明出口产品在《商品名称和编码协调制度》中的四位税则号，如"'W' 96.18"。

④ 白俄罗斯、保加利亚、捷克、匈牙利、哈萨克斯坦、波兰、俄罗斯、乌克兰和斯洛伐克：对于在出口受惠国增值的产品，填"Y"，其后填明进口原料和部件的价值在出口产品离岸价（货物的"FOB"或"FCA"价值）中所占的百分率，如"'Y' 45%"等。对于在一个受惠国生产而在另一个或数个其他受惠国制作或加工的产品，填写"PK"。

⑤ 澳大利亚和新西兰：第8栏不必填写，仅在第12栏做出适当的申报即可。

9. Gross weight or other quantity（毛重或其他数量）

此栏目选填买卖货物的"总毛重"或"总数量"，选填的原则是：如果货物是以重量计价的，就填写与"计量单位"相同的"总毛重"的数字；如果货物是以数量计价的，就填写与"计量单位"相同的"总数量"的数字。例如，货物是以"KG"（公斤）计价的，此栏就填写"××KG."。再如，货物是以"DOZ."（打）计价的，此栏就填写"××DOZ."。

10. Number and date of invoices（发票的号码和开立日期）

此栏目的填写方法及注意事项与表8.1第10栏相同。

11. Certification（出证人证明）

此栏目的填写方法及注意事项与表8.1第12栏相同。唯一的区别只是"出证人"不同：

177

"一般原产地证明书"主要由"贸促会"签发，而"普惠制原产地证明书"主要由"出入境检验检疫局"签发。

此栏的证明词句："It is hereby certified, on the basis of control carried out, that the declaration by the exporter is correct."（特此证明：根据监控的情况判断，出口商的声明是正确的。）

12. Declaration by the exporter（出口商的声明）

此栏目的填写方法及注意事项与表 8.1 第 11 栏相同。

此栏的声明词句："The undersigned hereby declares that the above details and statements are correct, that all the goods were produced in CHINA（country）and that they comply with the origin requirements specified for those goods in the Generalized System of Preferences for goods exported to CANADA（importing country）."［签署人（出口商）特此声明：①上述内容是正确的；②所有商品都产自中国；③它们都符合普惠制中规定的出口到加拿大商品的原产地要求］。

在实际工作中需注意的是，无论是从实际工作的程序，还是从思维逻辑上去思考和行为，都应该是出口商声明并签署在前，出证人证明并签署在后。但是，这份原产地证明书的设计者却把这两栏（第 11 栏和第 12 栏）的顺序正好安放错位了，而且几十年都没人把它改过来。这种"错位"在实际工作中造成了很多出口商的经办人经常把"出口商"的签章错盖在了第 11 栏目上，给实际工作造成了不少麻烦。在实际工作中一定要特别注意，尽量不出或少出差错。

二、普惠制原产地证明书申请书

"普惠制原产地证明书申请书"是申请"产地证"时必须填写和提交的，并且是供发证机构存档备查的单据之一（另外一份就是"商业发票"）。普惠制原产地证明书申请书实例如表 8.6 所示。

表 8.6 普惠制产地证申请书实例

普惠制产地证明书申请书

申请单位（盖章）：　　　　　　　　　　证书号：　×××××××××

申请人郑重声明：　　　　　　　　　　　注册号：　×××××××××

本人是被正式授权代表出口单位办理和签署本申请书的。

本申请书及普惠制产地证格式 A 所列内容正确无误，如发现弄虚作假、冒充格式 A 所列货物，擅改证书，自愿接受签证机关的处罚及负法律责任。现将有关情况申报如下：

申请单位	湖北鑫旭进出口有限公司		单位联系人电话	×××××××××
商品名称（中英文）	聚氯乙烯粘胶隔板		H.S.税目号（以六位数码计）	3921.11
商品（FOB）总值（以美元计		USD23 00.00	发票号	××HAPJ0324
最终销售国	加拿大	证书种类划"√"	加急证书　√	普通证书
生产单位	武汉市星光塑料制品有限公司		拟储运日期	20××年 3 月　　日
贸易方式和企业性质（请在使用处）划"√"				数/重量（以商品最小单位计）
一般贸易 C	灵活贸易 L	零售贸易 Y	展卖商品 M	其 他 Q
√				30 000 片

原产地标准：

本想商品系在中国生产，完全符合该给惠国给惠方案规定，去元产地情况符合以下第 *(1)* 条；

（1） "P"（完全锅铲，未使用任何进口原材料）；

（2） "W" 起 H.S.税目号为 ＿＿＿＿＿＿＿＿＿＿＿＿＿（含进口成分）；

（3） "F"（对加拿大出口产品，起进口成分不超过产品出厂价值的40%）。

本批产品系： 1. 直接运输从 ＿＿＿*中 国*＿＿＿ 到 ＿＿＿*加拿大*＿＿＿；

　　　　　　 2. 转口运输从 ＿＿＿＿＿＿＿＿中转国（地区）＿＿＿＿＿＿＿＿ 到 ＿＿＿＿＿＿＿。

申请人说明	领证人（签名）××× 电　话：××××××××× 日期： *20* ×× 年 *3* 月 *20* 日

先提交中国出口商也发票副本一份，普惠制产地证明书格式 A（FORM A）一正三副，以及其他附件＿＿＿＿＿＿份，情欲审核签证。

注：凡含有进口成分的商品，必须按要求提交《含进口成分受惠商品成本明细单》。

课后练习

一、单项选择题

1. 在货物运输委托中，出口商为"托运人"，船运公司、货代和外运公司等为"承运人"或其"代理人"。托运人在办理托运时，需向承运人或其代理人递交的单据中，不需要递交的是（　　　）。

　　A. 托运委托书　　　　B. 发票　　　　　C. 装箱单　　　　　D. 原产地证明书

2. 根据单证的用途划分，下列属于官方单据的是（　　　）。

　　A. 商业发票　　　　　B. 报关单　　　　C. 原产地证明书　　D. 保险单

3. 以下不属于原产地证明书的作用的是：便于进口国海关（　　　）。

　　A. 贯彻国别政策　　　　　　　　　　B. 查缉走私贩私

　　C. 确定进口关税税目　　　　　　　　D. 确定进口关税税率

4. 在出口业务中，国外客户往往要我国出口商提供 GSP Form A 产地证。在我国这种证书的签发机构是（　　　）。

　　A. 商会　　　　　　　　　　　　　　B. 行业公会

　　C. 贸促会　　　　　　　　　　　　　D. 出入境检验检疫局

5. 目前出口到（　　　）或从这些国家进口的货物，如果进口商向进口国海关出示 Form E，即可享受关税减免。

　　A. 孟加拉、印度　　　B. 日本、韩国　　C. 越南、斯里兰卡　D. 缅甸、老挝

6. 区域性优惠原产地证（Form B. Form E. Form F 等）的出具机构是（　　　）。

　　A. 出入境检验检疫局 B. 商会　　　　　C. 贸促会　　　　　D. 行业公会

7. G.S.P. Form A 是一种（　　　）。

　　A. 船公司证明信　　　　　　　　　　B. 原产地证明书

　　C. 受益人证明信　　　　　　　　　　D. 检验检疫证明书

8. 在通常情况下，一般原产地证明书（Certificate of Origin）在我国由（　　　）出具。

　　A. 出入境检验检疫局　　　　　　　　B. 贸促会

C. 生产企业   D. 出口企业

9. 普惠制产地证的"运输方式和路线"一栏应按信用证规定填写，如中途转运应注明转运地，不知转运地则用（   ）表示。

    A. W/T   B. NO   C. N/M   D. N/N

10. 普惠制产地证的 "Origin criterion"（原产地标准）一栏应根据货物原料进口成分的比例填制，"P" 表示（   ）。

    A. 含进口成分   B. 无进口成分

    C. 进口成分要在40%以下   D. 进口成分要在20%以下

二、判断题

1. 一份原产地证明书，可以用于一票出口货物所对应的2份或2份以上的报关单中。

                                                                   （   ）

2. 产地证的签发日期不得早于发票日期和申领日期，而应早于货物的装运日期。

                                                                    （   ）

3. 不使用海关发票或领事发票的国家，通常要求出口商提供原产地证明书，以确定对货物征税的税目和税率。   （   ）

4. 普惠制原产地证书 Form A 是证明有关商品的原产地为该受惠国的专门证书，是海关凭以减免关税的证件，因此它是有价值的。   （   ）

5. 填报普惠制产地证中 "进口商名称" 栏目时，如果有中间商，也可以将中间商的名称填入此栏。   （   ）

6. 原产地证明必须显示发货人或出口商的名称。   （   ）

7. 普惠制产地证中 "发货人" 一栏可以填写受惠国的出口商或中间商。   （   ）

8. 如果信用证没有规定原产地证明书的出单人，则该证也可以由受益人出具。

                                                                    （   ）

9. 只要信用证没有特别规定，原产地证明书的第二栏（Consignee）可以直接填写开证申请人的名称和地址。   （   ）

10. 原产地证明书的 "Description of goods"（货物名称）一栏如果最终还剩有空间，就必须 "封口"，以使封口线以下的填写内容无效。   （   ）

三、实训题

根据以下给定信息，填写一份原产地证明书（G.S.P. FORM A）（表8.7）。

1. APPLICANT: TKAMLA CORPORATION

    6-7, KAWARA MACH, OSAKA, JAPAN

2. BENEFICIARY: SHANGHAI TOOL IMPORT & EXPORT CO., LTD.

    31, GANXIANG ROAD, SHANGHAI, CHINA

3. L/C NO. 33416852

4. DESCRIPT OF GOODS: COTTON BLANKET ART NO.HH46

5. QUANTITY: 25 000PCS

6. UNIT PRICE: USD5.00/PC CIF OSAKA

7. LOADING INCHARGE: SHANGHAI,CHINA

8. FOR TRANSPORT TO: OSAKA, JAPAN

9. ON BOARD DATE: MARCH 16, 2017

10. INVOICE NO: XH056671

11. INVOICE DATE: FEB. 01，2017

12. PACKING

    G.W: 21KGS/CTN

    N.W: 20KGS/CTN

    MEAS: 0.054CBM/CTN

    PACKED IN 500 CARTONS

    PACKED IN TWO 20'CONTAINER（集装箱号：TEXU2263999；TEXU2264000）

13. H.S. CODE: 5802.3090

14. VESSEL: NANGXING V.086

15. B/L NO: COCS0511861

16. B/L DATE: FEB. 26，2017

17. REFERENCE NO: 20160819

18. FREIGHT: USD 1 100.00

19. 注册号：7895478966

20. 证书号：580511478

表 8.7　空白原产地证明书

1. Goods consigned from（Exporter's business name，address，country）	Reference No.: **Generalized system of preferences certificate of origin** **（COMBINED DECLARATION AND CERTIFICATE）** **FORM A** **ISSUED IN THE PEOPLE'S REPUBLIC OF CHINA** **（COUNTRY）** **SEE NOTES OVERLEAF**			
2. Goods consigned to（Consignee's name，address，country）				
3. Means of transport and route（as far as known）	4. For official use			
5.Item number	6.Marks and numbers of packages	7.Number and kind of packages; description of goods	8. Origin criterion（see notes overleaf）	9.Gross weight or other quantity	10. Number and date of invoices

| 11.Certification

It is hereby certified, on the basis of control carried out, that the declaration by the exporter is correct

----
Place and date, signature and stamp of certifying authority | 12.**Declaration by the exporter**

The undersigned hereby declares that the above details and statements are correct; that all the goods were produced in
 CHINA (Country)
and that they comply with the origin requirements specified for those goods in the Generalized System of Preference for goods exported to

_____
 (Importing Country)

Place and date, signature of authorized signatory |

第九章　其他结汇单据

其他结汇单据主要包括检验单据、装运通知、受益人证明、传真发送报告等单据，这些单据也是国际货物贸易实际工作中经常使用的单证。此外，本章还在最后一节加列了托收和汇付方式下的托收委托书、银行汇路以及银行结汇和付汇水单，在实际工作中如果遇到信用证以外的支付方式时，能够清楚这些单据的基本填写方法。

第一节　检验单据

在"广义"的层面上，我们平常所称的"检验"，实际上应该是"检验（inspection）和检疫（quarantine）"的简称。

这里的"检验单据"与第十章第一节的"报检单据"有所区别：①这些单据都是信用证或买方要求提交的单据，出口商提交这些单据主要是为了获取买方的货款；②这些检验单据，有的是由出入境检验检疫局通过检验（或者检疫）并且签发的证书，有些则是出口商自己或由其他信用证（买方）指定的检验机构签发的证书。

有关信用证单据"出单人"的问题，国际商会的规定有两条：

（1）UCP600 第 3 条第 6 点规定，信用证如果要求使用 "first class"（第一流的）、"well known"（著名的）、"qualified"（合格的）、"independent"（独立的）、"official"（正式的）、"competent"（有资格的）或 "local"（本地的）等词语描述单据的出单人时，可由除受益人之外的任何人出具该单据（受益人自己不能出具这些单据，其他任何人都可以）。

（2）UCP600 第 14 条 f 款规定，如果信用证要求提交运输单据、保险单据或商业发票以外的单据，而又没有规定出单人或数据内容，则提交的单据内容只要看似满足所要求单据的功能，且符合第 14 条 d 款，银行将予以接受。本条规定的意思是：① 运输单据（如海运提单、多式联运单据等）、保险单据、商业发票，还包括汇票，即使信用证没有规定"出单人"，也应该分别由承运人或承运人代理、承保人（保险公司）和受益人出具；② 只要信用证没有特别规定，其他单据就可以由任何人出具，其中包括受益人自己；③ 即使如此，其他单据填写的内容也必须在逻辑上"单证一致、单单一致"，既不能与信用证或国际惯例的规定相矛盾，各种单据之间的内容也不能相互矛盾。

【单证实物示例】
检测报告

根据第三章的信用证规定，受益人需要分别提交一份"检测报告"（Product Test Report）和一份"分析证"（Certificate of Analysis），分别见表 9.1 和表 9.2。

关于这两份"检验证书"，需要特别说明的有以下几方面：

（1）国际贸易单证中的"分析证"主要是针对一些化工产品的主要化学指标，通过检测后做出的结论，它的作用应该类似于"品质证"（Certificate of Quality），用以证明该项出口商品的品质状况。

（2）在通常情况下，这些"检验证书"在我国主要由出入境检验检疫局出具。当然，它必定是基于事先对出口商品实施了实地检测的基础之上的。

（3）由于第三章的信用证只规定受益人需要提交"检验证书"，并没有同时规定"检验证书"的出单人必须是谁，因此，按照 UCP600 第 14 条 f 款的规定，这份"分析证"就可以由任何人出具（其中包括受益人自己），这些"检测报告"和"分析证"的内容也只要满足其"列明了商品的主要化学成分和指标"就可以满足信用证的要求。

（4）表 9.1"检测报告"和表 9.2"分析证"实例的填写内容，都是作者根据对松香这种商品品质的相关指标的理解制作的，表 4.2 形式发票的填写内容也是如此，因此，其中的填

表 9.1　检测报告实例

中华人民共和国出入境检验检疫 ENTRY-EXIT INSPECTION AND QUARANTINE OF THE PEOPLE'S REPUBLIC OF CHINA	正本 ORIGINAL
检 测 报 告 PRODUCT TEST REPORT	编号 No. ***********

发货人
Consignor　　_BEIJING HENGXIN IMPORT AND EXPORT TRADING CO., LTD._

收货人
Consignee　　_DUJODWALA PAPER CHEMICALS LTD._

品名 Description of goods　_GUM ROSIN W/G GRADE_	标记及号码 Marks & Nos.
数量/重量 Quantity/Weight Declared　　_40M/T_	_N/M_
包装种类及数量 Number and Type of Packages　_200DRUMS_	
运输工具 Means of Conveyance　　_BY VESSEL_	

检验结果
RESULT OF INSPECTION

从全批货物中按 _CONFORM TO Q/TL 1-20×× _标准抽取样品并按照 _CONFORM TO Q/TL 1-20×× _标准规定进行检验，其结果如下：

From the whole lot of goods, samples were drawn according to Standard _CONFORM TO Q/TL 1-20×× _and inspected according to the stipulation of Standard _CONFORM TO Q/TL 1-20×× _with the results as follows:

APPEARANCE（外观）：_TRANSPARENT GLASSY BRITTLE MATERIAL, LIGHT YELLOW TO BLACK, WITH A FRAGRANT ODOR._

DENSITY（密度）：_1.07 G/CM^3_

MELTING POINT（熔点）：_70-72℃_

PURITY（纯度）：_≥68.00%_

FLASH POINT（闪点）：_180℃_

SOLUBILITY（溶解度）：_CHLOROFORM: 0.1 G/ML,_

STABILITY（稳定性）：_STABLE. COMBUSTIBLE. INCOMPATIBLE WITH OXIDIZING AGENTS._

结论：上述检验结果符合 _CONFORM TO Q/TL 1-20×× _标准对 _W/G _级产品的要求

Conclusion: The above results of inspection are in conformity with the requirements of Standard *CONFORM TO Q/TL*
    1-20✕✕ for grade *W/G* products.

L/C NO. 0159308IM0000242;   L/C ISSUING DATE: JULY 5, 20✕✕

S/C No. HX20✕✕0625;   S/C ISSUING DATE: JUNE 25, 20✕✕

IEC Code：0390006327

UNDER OPEN GENNERAL LIECENCE OF FOREIGN TRADE POLICY 2014-2019.

****

		本证书印刷号：*A✕✕✕✕✕✕✕✕*
印　　章	签证地点	签证日期
Official stamp	Place of issue___*CHONGQING*_____	Date of issue *JULY. 15, 20*✕✕
授权签证人		签名
Authorized Officer____✕✕✕_____		Signature ____✕✕✕____

表 9.2　分析证实例

北京恒信进出口贸易有限公司
BEIJING HENGXIN IMPORT AND EXPORT TRADING CO., LTD.

ROOM 6008, LIYE MANSION, 74 MAJIAPU EAST ROAD,
FENGTAI DISTRICT, BEIJING CHINA 100068

TEL: 0086-10-51165208   FAX: 0086-10-51165199

CERTIFICATE OF ANALYSIS

BEIJING, CHINA　*JULY. 15, 20*✕✕

L/C NO. *0159308IM0000242;*　L/C ISSUING DATE: *JULY 5, 20*✕✕

S/C No. *HX20*✕✕*0625;*　S/C ISSUING DATE: *JUNE 25, 20*✕✕

IEC Code：0390006327

UNDER OPEN GENNERAL LIECENCE OF FOREIGN TRADE POLICY 2014-2019.

DESCRIPTION OF GOODS（品名）:　*GUM ROSIN W/G GRADE*

BATCH NUMBER（批次号）:　*20*✕✕*1120*

PRODUCING DATE（生产日期）:　*JUNE., 20*✕✕

INSPECTION DATE（检验日期）:　*JULY. 10, 20*✕✕

PACKAGE（包装）:　*100KG PER DRUM*

QUANTITY / WEIGHT（数量/重量）: *400DRUMS /40M/T*

APPEARANCE（外观）:　*TRANSPARENT GLASSY BRITTLE MATERIAL, LIGHT YELLOW TO BLACK, WITH A FRAGRANT ODOR.*

DENSITY（密度）:　*1.07 G/CM3*

MELTING POINT（熔点）:　*70-72°C*

PURITY（纯度）:　*≥68.00%*

FLASH POINT（闪点）:　*180°C*

SOLUBILITY（溶解度）:　*CHLOROFORM: 0.1 G/ML*

STABILITY（稳定性）:　*STABLE. COMBUSTIBLE. INCOMPATIBLE WITH OXIDIZING AGENTS.*

CONCLUSION（结论）:　*CONFORM TO Q/TL 1-20*✕✕

We hereby confirm that the above mentioned goods and packing are as per specifications.

BEIJING HENGXIN IMPORT AND EXPORT TRADING CO., LTD.

✕✕✕

（STAMP AND SIGNATURE）

写内容，比较实际工作中填写的相同类型的单据，会显得更详实。在实际工作中，如由出入境检验检疫局出具的"分析证"就会比这一份简单很多。

（5）在实际工作中，"分析证"中列举的化学成分指标，还是主要以买卖合同及其附件中的相关规定为主要依据比较好。这样，填写制作的单据内容就不会出现"遗漏"或者"多余"的偏差，更不会由此引起一些不必要的争议，甚至是索赔、拒收货物等。

第二节　装运通知

"装运通知"（Shipping Advice）也是国际贸易实际工作中使用很频繁的单据之一，它是由卖方在货物装运（在"象征性交货"方式下，同时也是"交货"）之后，及时向买方发出的有关货物装运的详细信息。

"装运通知"的主要作用有以下两点：

（1）在由买方负责办理货运保险的交易条件（FOB、FCA、CFR、CPT以及FAS等）下，"装运通知"的内容是买方投保的必不可少的信息。如果卖方在完成装运后没有及时（通常理解为"24小时以内"）向买方发出装运通知，买方无法投保；货物随后遭受了风险损失，其损失承担的划分就不能再以"装运港船上"或以"货交承运人"等为界了，而是由责任人——卖方承担。

（2）在由卖方负责办理货运保险的交易条件（CIF、CIP等）下，"装运通知"也可以让买方及时得到货物装运的准确信息，以便买方及时申领相关的进口证件、准备进口报关单据、申报进口海关手续、及时提取进口货物。如果买方进口这些货物并不是为了自己消费和使用的，而是准备转卖他人的，在接到"装运通知"后，买方就可以提前做好推销的前期工作，以便在货物运到目的地后能够及时地把货物转卖出去。

"装运通知"的填写内容主要是有关装运货物的"货物明细""包装明细"和"装运明细"，它的信息主要源于商业发票、装箱单和运输单据（如海运提单等）。当然，第三章的信用证由于对其单据具有一些特殊的规定，这些特别规定的填写内容虽然并不一定适用于一般情况下其他货物买卖中的"装运通知"，但在这份信用证项下，如果缺少了这些规定的填写内容，那就是"单证不符"。根据第三章信用证规定填制的装运通知实例如表9.3所示。

表9.3　装运通知实例

北京恒信进出口贸易有限公司 **BEIJING HENGXIN IMPORT AND EXPORT TRADING CO., LTD.** ROOM 6008, LIYE MANSION, 74 MAJIAPU EAST ROAD, FENGTAI DISTRICT, BEIJING CHINA 100068	
TEL: 0086-10-51165208	FAX: 0086-10-51165199
Fax No: 39 02 67522784 To. *DUJODWALA PAPER CHEMICALS LTD.* Attn: *MR. GAURAV SHARMA*	DATE: *JULY 20, 20××*

SHAIPPNG ADVICE

DEAR MR. GAURAV SHARMA,

WE ARE VERY PLEASED TO INFORM YOU THAT 400 DRUMS / 40M/T OF GUM ROSIN W/G GRADE UNDER L/C NO. 0159308IM0000242 DATED JULY 5, 20××; S/C NO. HX20××0625 DATEDJUNE 25, 20×× HAVE BEEN SHIPPED FROM SHANGHAI TO NHAVA SHEVA. DETAILS ARE AS FOLLOWS:

PROFORMA INVOICE NO. PI/HX20××0523 DT. MAY 23, 20×× UNDER OPEN GENNERAL LIECENCE OF FOREIGN TRADE POLICY 2014-2019
IEC CODE：0390006327
INVOICE NO. HX20××0710
DESCRIPTION OF GOODS: GUM ROSIN W/G GRADE
QUANTITY: 40M/T, PACKED IN 200DRUMS/2×20'GP
INVOICE VALUE: USD52 000.00
B/L NO. ETL1703010
NAME OF VESSEL: EMIRATES WATS V. 836W
CONTAINER NOS. TEXU3582990/20'GP, REGU3006211/20'GP
ON BOARD: JULY 20, 20××
ESTIMATED TIME OF DEPARTURE（SHANGHAI, CHINA）: JULY 20, 20××
ESTIMATED TIME OF ARRIVAL（NHAVA SHEVA, INDIA）: AUG. 6，20××

L/C NO. 0159308IM0000242; L/C ISSUING DATE: JULY 5, 20××
S/C No. HX20××0625;   S/C ISSUING DATE: JUNE 25, 20××
IEC Code：0390006327
UNDER OPEN GENNERAL LIECENCE OF FOREIGN TRADE POLICY 2014-2019.

WE ARE LOOKING FORWARD TO YOUR FAVOURABLE REPLY BY RETURN. THANK YOU VERY MUCH FOR YOUR CLOSE COOPERATION IN THIS RESPECT.

THANKS AND BEST REGARDS.
MR. LIU ZHI JIAN

第三节　受益人证明或声明

"受益人证明或声明"（Beneficiary's Certificate/Statement/Declaration）是信用证支付方式下通常需要提交的单据，有的是要证明或声明受益人在装船之前或之后向开证申请人寄送了"船样"（shipment samples）的，有的是证明商业发票的填写内容是真实正确（true and correct）的，有的是证明受益人在载货集装箱门里面加贴了特制的标签（to put up a label）的，还有的是证明货物在集装箱里是使用了托盘（pallets）等。

这些"证明或声明"单据的填写内容和词句，在一般情况下信用证都做了比较明确、具体的规定，受益人只需要在相关单据上照抄即可，并不需要对规定的文字做太大的改动，特别是信用证使用了诸如"quote"（引号）和"unquote"（反引号）框定的句子，受益人一般都要照搬，而不要轻易改动。但是，如果信用证在这类条款中使用了诸如"must"、"to be"、"should"、"or"一类的词语时，制单人一定要注意把它们一个个都改写成肯定、确定的语气和"现在完成时态"。

例如，信用证条款："Beneficiary's declaration stating a copy invoice and a copy B/L have been sent directly to applicant by fax or e-mail within 5 days after B/L date."（"受益人证明"上需要注明：一份副本发票和一份副本提单在提单日期之后的 5 日之内通过传真或电子邮件直接发送给了开证申请人。）"受益人证明"中的文字就应该改写成："We certify that a copy invoice and a copy B/L have been sent directly to applicant by fax within 5 days after B/L date."（把其中的与 "or" 关联的容易造成模棱两可的词句删去）。

再如，信用证条款："Beneficiary's certificate stating ① packing instructions have been complied with being 1 piece in 1 polybag tag and facing outside ② style number and colour have been printed outside cartons."（受益人证明列明下列内容：（1）内包装的每一个塑料袋里都安放了一个字面朝外的指示性标签；（2）商品的货号及颜色都印刷在包装纸箱的外面了）。"受益人证明"中的文字就应该改写成："It is to certify that: ① packing instructions have been complied with being 1 piece in 1 polybag tag and facing outside ② style number and colour have been printed outside cartons."

根据以下信用证条款填制的一份格式完整的"受益人证明"（见表 9.4）。这份"证明"是临时添加的，它与第三章信用证项下的进出口贸易并不关联。

信用证条款：

Original beneficiary's certificate certifying that one set of documents has been sent to APL Logistics Office including:

（1）five sets photocopy of original signed commercial invoice，

（2）one original and three photocopies of original signed packing list，

（3）one original and one photocopy of gsp form A，

（4）one photocopy of 'letter of confirmation issued' by Jintai Co., Ltd.

【译文】

正本受益人证明，确认一套（信用证）单据已经寄给了 "Apl Logistics Office"（美国总统轮船物流公司的办事处），这些单据包括：

（1）5 份经过签署的商业发票的正本复印件；

（2）1 份正本和 3 份经过签署的装箱单正本复印件；

（3）1 份正本和 1 份正本复印件的 A 格式普惠制原产地证明书；

（4）1 份由 "Jintai Co., Ltd." 出具的确认书的正本复印件。

表9.4　受益人证明实例

HUBEI XINXU IMPORT & EXPORT TRADING COMPANY
湖 北 鑫 旭 进 出 口 贸 易 公 司
56, DONG TING STREET, WUHAN, 430014 CHINA
FAX: （86）-27- 8281-1135　　　　　　**TEL NO:** （86）-27-8283-3515
8281-7642　　　　　　　**E-MAIL**: *hbxcgs@public.wh.hb.cn*
REF:
CERTIFICATE
RE: L/C NO. TF1715304009　　　　　　*WUHAN,CHINA__ March 18, 20××__*

```
S/C NO. 17HAPJ0404
INVOICE NO. VL17FJ091
COVERING 450CARTONS/5 400PAIRS OF MEN'S SPORTS SHOES

TO WHOM IT MAY CONCERN, WE HEREBY CERTIFY THAT ONE SET OF DOCUMENTS HAS BEEN SENT TO APL
LOGISTICS OFFICE INCLUDING:
(1) FIVE SETS PHOTOCOPY OF ORIGINAL SIGNED COMMERCIAL INVOICE
(2) ONE ORIGINAL AND THREE PHOTOCOPIES OF ORIGINAL SIGNED PACKING LIST
(3) ONE ORIGINAL AND ONE PHOTOCOPY OF GSP FORM A
(4) ONE PHOTOCOPY OF 'LETTER OF CONFIRMATION' ISSUED BY JINTAI CO., LTD.

                                                    HUBEI XINXU IMPORT & EXPORT
                                                    TRADING  COMPANY
                                                    ×××
                                                    （STAMP  AND  SIGNATURE）
```

第四节　传真发送报告

"传真发送报告"（Fax Transmission Report）通常是指在信用证支付方式下，买方（开证申请人）要求卖方（受益人）在货物装运之后，及时向买方使用传真机发送"装运通知"。同时，为了防止卖方谎称"发送了装运通知"而实际上却并没有发送、或者没有及时发送，买方在信用证条款中明确规定：受益人必须在交单的同时向银行提交一份"证明受益人在货物装运之后向开证申请人发送了装运通知的传真"以此证明受益人"确实按时这样做了，并没有撒谎骗人"。

"传真发送报告"是由传真机的主人事先对传真机做了设置，使其每发送或接收一份传真后，由传真机自动打印出一份有关该份传真的发送或接收结果究竟是"成功"还是"失败"的报告。"传真发送报告"的实例参见表9.5。

表9.5　传真发送报告实例

TRANSMISSION　REPORT					
DATE & TIME: JULY 20, 20××					
SENDER'S NAME: BEIJING HENGXIN IMPORT AND EXPORT TRADING CO., LTD FAX NO. 0086-10-51165199					
SEND					
DATE	START	RECEIVER	PAGES	TIME	RESULT
JULY 19	15:02'32"	91.22.67522784	1	0'34"	O.K.
L/C NO. 0159308IM0000242;　　L/C ISSUING DATE: JULY 5, 20×× S/C No. HX20××0625;　　　　S/C ISSUING DATE: JUNE 25, 20×× IEC Code：0390006327 UNDER OPEN GENNERAL LIECENCE OF FOREIGN TRADE POLICY 2014-2019.					

在实际工作中，真正由传真机自动打印出一份完全符合信用证规定的"传真发送报告"，通常是非常困难的，因为信用证通常都会规定"传真发送报告"的"Receiver"（收报人，通常为"开证申请人"）一栏显示接收这份传真件的传真机号码，而达到这一点的前提条件必须是接收的传真机必须事先具有这一设置，但事实却是很多公司的传真机都没有这样设置。如

果它的主人事先并没有设置"显示传真机号码"这一功能，这份传真发送报告就无法显示出传真机号码来。如果该份报告上不显示这一号码，交到银行的结果就是"单证不符"。因此，如果信用证规定受益人必须提交"传真发送报告"，受益人在及时发送了"装运通知"的传真之后，可以仿照"传真发送报告"的格式，自己在计算机上制作一份符合信用证要求且不会造成"单证不符"的"传真发送报告"提交银行。

另外，表 9.5 最下面的 4 行内容并不是"传真发送报告"本身的内容，但在第三章信用证第"47A"（附加条件）栏第 1 点中明确规定了所有的信用证规定的单据上都必须注明这些内容。为了确保"单证一致"，受益人必须这样做。

第五节　汇付、托收及收付汇单据

本节主要介绍和陈列在汇付和托收支付方式下，卖方与银行之间办理委托和结算时，需要填写的几种单据，包括银行汇路（Remitting Route）、托收委托书（Collection Instruction）、银行结汇和付汇水单（Bank Voucher of Settlement or Payment）。

一、银行汇路

"银行汇路"实际上并不是"单据"，它只是卖方向国外买方告知的一条让买方"通过哪家银行，如何向卖方支付货物款项"的一条途径。在汇付支付方式下，因为买卖双方的贸易单据并不通过银行传递，而交易的款项又必须经过银行"流转"，这就需要卖方在买方支付款项之前，把有关支付的路径——与卖方发生金融业务往来的银行名称、银行账号、收款人的名称等，清清楚楚地书面告知买方。特别是当买卖双方各自的银行之间并没有直接的金融业务往来关系时，汇出银行（Remitting Bank）和汇入银行（Paying Bank）之间并不"认识"，资金无法从汇出行直接汇进汇入行的户头，这就需要一家"中间行"（Intermediary Bank）出面牵线搭桥。在这种情况下，卖方银行在"中间行"的户名和账号也是"银行汇路"不可或缺的重要信息。"银行汇路"的实例见表 9.6。

表 9.6　银行汇路实例

RECEIVING BANK:*FIRST UNION BANK，INTERNATIONAL NEW YORK* 　　　　　　SWIFT CODE：*PNBPUS3NNYC* BENEFICIARY BANK: NAME:　　*CHINA MINSHENG BANKING CORP.，WUHAN BRANCH* 　　　　　*SWIFT CODE: MSBCCNBJ005* ADDRESS: *NO.8 JIANGHAN ROAD, WUHAN, CHINA* ACCOUNT NO: */2000191000263 UID：380153（清算行号）* BENEFICIARY: NAME:　　*HUBEI PROVINCIAL ANIMAL BY-PRODUCTS IMP. & EXP. CORP.* ADDRESS: *56 DONGTING STREET, WUHAN 430014, CHINA* ACCOUNT NO: *213006-22002-01-0082-30* TEL.:　　*0086-27-8283-8243*

表 9.6 中的 "Receiving Bank" 就是 "中间银行"，它把款项收到以后，立即按照汇路的路径 "转付" 给汇入行；"UID" = Universal Identification Number，它是收款银行的通用认证代码。

"中间银行" 并不是每一笔汇付或托收业务都必需的当事人。当汇出行与汇入行、托收行与代收行之间本来具有、或者发生过金融业务往来关系时，"中间银行" 就不需要了。

汇付的路径如图 9.1 所示。

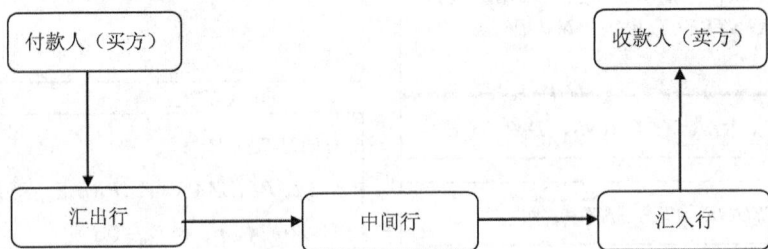

图 9.1　汇付路径示意图

二、托收委托书

"托收委托书" 是指在托收（Collection）的支付方式下，委托人（出口商）把全套拟向国外进口商（付款人）收取货物款项的单据交给国内的某家银行，委托该银行代表自己去向进口商收取货物款项时，填写、签署并提交给该银行的一份法律文书。

1. 托收的业务程序及实例

"托收委托书" 的格式通常由商业银行设计并且印制好了，委托人只需要按照现成的文本格式逐栏填写相关信息，然后核对无误了，签字盖章并提交托收行（Remitting Bank），"托收业务" 正式成行。

托收的路径和程序如图 9.2 所示，托收委托书的实例见表 9.7。

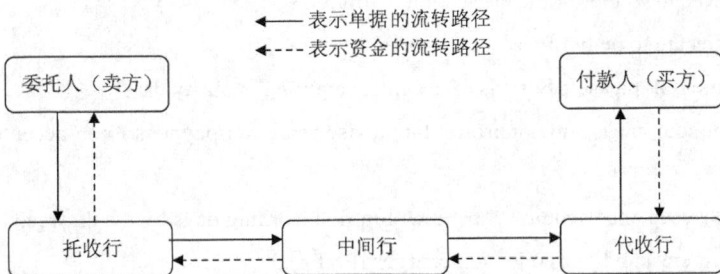

图 9.2　托收路径示意图

表 9.7　托收委托书实例

COLLECTION INSTRUCTION

SWIFT CODE: WHEN CORRESPONDING

FAX NO.   PLEASE QUOTE OUR REF. NO.

Dear Sirs,   MAIL TO: （COLLECTING BANK）

We enclose the following draft（s） / documents as specified hereunder which please collect in accordance with the instructions indicated herein.

	CREDITO ARTIGIANO *PIAZZA S., FEDCLE 4, MILANO, ITALY.* *TEL：0039-02-806 371 FAX：0039-02-8063 7303*

DRAWER:

HUBEI PROVINCIAL ANIMAL BY-PRODUCTS IMPORT & EXPORT CORPORATION LIMITED 56. DONG TING STREET, WUHAN 430014, CHINA	

PRESENTING BANK:

SAME AS THE COLLECTING BANK

DELIVER DOCUMENTS AGAINST: D/P SIGHT

DRAWEE:

HIGH-TECH
S.R.L. PIAZZA XXV APRILE,
12-20124 MILAND, ITALY

DUE DATE / TENOR: AT SIGHT

DRAWER'S REF. NO. INVOICE NO. VL××J095

AMOUNT: EUR23,415.63

DOCUMENTS:

DRAFT	INVOICE	B/L SHIP CERT	PACKING LIST	ORIGIN CERT	FORM A	QUANTITY WEIGHT CERT	QUALITY CERT
2	4	2	3	✕	3	✕	3
INS POLICY DECLAR	B/LADING P.P.R A.W.B. C.R.	N/N B/LADING C/R	TLX/CABLE / FAX COPY	BENE LETTER / CERT	S.S. CO. CERT	CUSTOMS INVOICE	CONSUL INVOICE
3	3	3	1	✕	2	✕	✕

Special instructions: （See box marked "✕"）

☐ Please acknowledge receipt of this collection instruction.

☐ All your charges are to be borne by the drawees.

☐ In case of a time bill, please advise us of acceptance giving maturity date.

☒ In case of dishonour, please do not protest but advise us of non-payment / non-acceptance by telex, giving reasons.

☒ Any payment / acceptance should be made within five working days by the drawee.

☐ Do not waive interest and / or collection charges if refused.

Disposal of proceeds upon collection:

REMARKS

HEAD OFFICE:

经办　×××　　　复核　×××

Unless otherwise specified this Collection is subject to Uniform Rules for Collection（URC No. 522）

表 9.7 中相关英文词语、缩写的解释和说明如下：

（1）DRAWER：本笔托收款项的"收款人"，也就是托收业务的"委托人"（卖方）。有些托收委托书将此栏目直接标注为"PRINCIPAL"（委托人）。

（2）DRAWEE：本笔托收款项的"付款人"，即"买方"。

（3）INS=insurance，这里应该是指"Insurance Documents"（保险单据）的意思。

（4）DECLAR=declaration，这里应该是指"Insurance Declaration"（保险声明）的意思。这是指在"预约保险"的情况下，投保人在货物装运以后及时向承保人发出的"装运通知"。

（5）B/LADING=B/L（海运提单的"半缩写"形式）。

（6）P.P.R.≈port to port receipt=sea way bill 海运单。"P.P.R."的写法极少见。

（7）AWB=Airway Bill（空运运单）。

（8）C.R.= C/R=Cargo Receipt（承运货物收据）。

（9）SHIP CERT=Shipment Certificate（装船证明）。

（10）N/N=non-negotiable（副本）。

（11）TLX=telex（电传）。

（12）CABLE（电报）。现在在国际贸易中已经不再使用这一通讯工具了，但在书本上还是会经常见到这个词语。可以把"电报"当成"电传、电讯、传真、电子邮件等通讯方式的泛指"去看待。

（13）FAX=facsimile（传真）。

（14）CERT=certificate（证明）。

（15）ORIGIN CERT=Certificate of Origin（一般原产地证），实际工作中通常称之为"C/O"。

（16）BENE=beneficiary，这里的"beneficiary"应该是指"被保险人"。

（17）FORM A=G.S.P. FORM A（普惠制产地证，A 格式）。

（18）S.S. CO. = shipping company（船公司）。另外，"S.S."原是"steamer ship"（蒸汽轮船）的缩写，现在已经泛指"轮船"了。

（19）CUSTOMS INVOICE（海关发票）。

（20）CONSUL INVOICE（领事发票），其中，CONSUL=consular。

（21）URC =Uniform Rules for Collection，托收统一规则，最新的版本系由国际商会在 1996 年修订，出版文号为第 522 号。

2. 托收委托书背面条款

托收委托书体现的是委托人（出口商）与托收行之间的"委托与被委托"的法律关系。由于在世界范围内，各国的法律、法规、惯例等彼此之间存在着差异，稍有不慎，就有可能给当事人造成经济损失，甚至法律诉讼官司。为了稳妥起见，托收银行通常都在"托收委托书"的背面使用英中文对照的形式印就一套"背面条款"，以防止日后委托人和托收银行之间在托收业务上发生法律纠纷。这份背面条款虽然是由银行（被委托人）起草的，但它却是以"委托人"（出口商）的名义，并且在委托人签署提交给托收银行之后，它就在法律上成为了一份"委托人对托收银行的书面承诺"，在法律上对"委托人"具有约束力。

"托收委托书背面条款"的实例见表 9.8。

表 9.8　托收委托书背面条款实例

Terms & Conditions

We agree as follows:

1. We undertake to indemnify you and keep you indemnified against:

（1）all liabilities, losses, damages, costs, expenses, claims and demands which you may incur or sustain by reason of you acts, omissions, delays, defaults or negligence in respect of any or all of the matters herein, including all legal and other costs and expenses （on a full indemnity basis）which you may incur in connection with your dealings with any issuing or reimbursing bank under the L/C and the enforcement, or attempted enforcement of your rights hereunder:

（2）any loss incurred by you as a result of ① the payment of any amount by you to issuing or reimbursing bank under Clause 1 above being in a currency other than that in which such amount is payable by us hereunder, and ② any variation having occurred in the rates of exchange between the date as at which the amount payable by us is converted into such other currency and the date of actual payment by us to you.

2. We agree that the undertakings and agreements conducted herein are in addition and without prejudice, to any other security or securities which you may now or subsequently hold, and are not affected by any intermediate payment or settlement of account or settlement under the L/C. You may at anytime and without reference to us give up, deal with, vary, exchange or contain from performing or enforcing any other security or the L/C at any time and discharge any party to it, and realize it or any of them as you think fit.

3. All draft and/or documents not payable at your office are sent to you for transmission at our risk alone and in particular without responsibility on your part for any act, neglect, fault, failure or insolvency of any correspondent, agent or sub-agents or for any loss or delay arising in the course of transmission. They may be transmitted by mail or any other means, be routed directly or circuitously through any of your branches, correspondents, agents or sub-agents. Further they may be transmitted to the drawee, maker or paying agent for payment in each, credit or for acceptance or certification.

4. Collections are subject to your rules and regulations for the time being in force, and to those of your correspondents, agents, sub-agents and the laws of any country concerned.

5. Notwithstanding any provisions herein, we hereby waive presentment, demand, protest and notice of dishonor of the draft and/or documents, no delay or omission on your part in exercising any right, power, privilege or remedy in respect of these undertakings and agreements shall impair such right, power, privilege or remedy or be construed as a waiver of it nor shall any single or partial exercise of any such right, power, privilege or remedy preclude any further exercise of it or exercise of any other right, power, privilege or remedy. The rights, powers, privileges and remedies provided herein and indemnity are cumulative and not exclusive of any rights, powers, privileges or remedies provided by law.

6. You will exercise due diligence in the selection of your agents. However，in the event we designate a correspondent other than the one of your own selection you will follow our instructions upon the explicit understanding that we assume and confirm all the acts of such correspondent of our own choice and agree to hold you harmless from all consequences thereof.

7. This collection order and its terms and conditions are made both in English and Chinese languages, if there is any discrepancy between both parties, the Chinese version shall prevail.

【译文】

条款及条件

本公司同意以下条款及条件。

1. 本公司承诺将就下列事项向贵行进行赔偿：

（1）因与本协议书的任何或全部事项有关的贵行的作为、不作为、延误、违约或疏忽而使贵行可能遭受或承担的一切责任、损失、损害、费用、开支、索赔及要求，包括全额支付贵行可能负担的，涉及贵行与代收行或偿付行的交易以及实施或试图实施贵行在本文下的权力的一切法律及其他费用和开支。

（2）贵行遭受的任何损失，将作为下列事项的结果：① 根据上述第1条而由贵行向任何代收行或偿付行以本公司应付款项的币种以外的币种支付任何款项；② 本公司应付款项被兑换为其他币种之日与本公司向贵行实行支付之日之间的汇率发生任何变化所形成的差额。

2. 本公司同意在此保函的承诺及协议应是额外的且不应对贵行现在或随后可能有的任何其他担保构成损害，且不应受到信用证项下的任何中间付款或账户结算或结算的影响。贵行可在任何时候且无须征求本公司的意见，放弃、处置、变更、交换或避免履行或执行任何其他担保或该信用证以及免除任何有关当事人的义务，以及在贵行认为合适的时候，实现上述担保或其中的任何部分。

3. 所有在贵行营业所不可支付的汇票及/或单据被送至贵行，以便在本公司独自承担风险的前提下进行传送，汇票及/或单据在传送的过程中产生的任何损失或延误，贵行应没有责任，且由其对任何代理行、代理人或分代理人的任何行为，如疏忽、违约、失败或破产或对在传送过程中产生的任何损失或延误，贵行应没有责任。上述汇票及/或单据可以信函或任何其他方式被传送，或者通过贵行的分行、代理行、代理人或分代理人进行的直接或间接传送。而且他们可以被传送至收款人、出票人或付款代理人，以便进行现金支付、信用证支付或承兑证明。

4. 托收应遵循贵行现在有效的规则及规定，以及贵行的代理行、代理人、分代理人以及任何有关国家法律的规则及证明。

5. 尽管有本文中的规定，本公司在此放弃陈述、请求、抗辩及获得拒付票据及/或单据通知的权力，贵行在实施任何有关上述承诺及协议的权利、权力、特权或救济过程中的任何延误或疏漏应不会损害权利、权力、特权或救济或被解释为对其的放弃，任何单独或部分地实施任何上述权利、权力、特权或救济也不影响对上述权利、权力、特权或救济的进一步实施或事实其他人和权利、权力、特权或救济。本文规定的权利、权力、特权及救济应是具有积累性的，并不排除法律规定的任何权利、权力、特权及救济。

6. 贵行在选择贵行的代理时，应采取适当的谨慎态度。但是，在本公司制定贵行自行选择以外的一家代理的情况下，在贵行明确知道本公司承担并确认本公司选择的该代理行的一切行为，而且同意使贵行不会因为由此产生的一切后果而受到损害时，贵行应遵循本公司的指令。

7. 本协议书及其条款和条件以中、英文两种文字写成，两种文本如有不一致，以中文文本为准。

三、银行收付汇水单

"银行收付汇水单"分为"银行结汇水单"（表9.9）和"银行付汇水单"（表9.10）两种，前者是指商业银行的客户（如出口公司等）从国外收到的外汇账款，银行再以当天的外汇牌价，用本币（人民币）从出口公司那里把这笔外汇净收入（扣除全部收付过程中的一切外汇支出以后的净值）购买过来时，向出口公司开立的（向其购买外汇、支付本币的）票据；后者则是指客户（如进口公司等）需要向国外卖家支付外汇账款，便用本币（人民币）向商业银行购买外汇时，银行向客户开立的出售外汇的明细单。

表 9.9 银行结汇水单

中 国 银 行
BANK OF CHINA
结汇水单及通知
SETTLEMENT OF EXCHANGE MEMO & A/C ADVICE

20×× 年 09 月 15 日
YY   MM   DD

客户名称 （Customer）	北京恒信进出口贸易有限公司		
出款账号 （Dr. A/C No.）	000878472921	卖出币种/金额 （Selling Currency / Amt）	CNY*356 393.95*
入款账号 （Cr. A/C No.）	0002140012022	买入币种/金额 （Buying Currency / Amt）	USD* USD51 700.00*
业务编号 （Our Ref.）	DH8210206000063	汇率 （Rate of Exchange）	* 689.3500*
业务摘要 （Particular）	791-01-002521-8		

经 办： ×××   复 核： ×××
（Maker）   （Checker）

中 国 银 行
BANK OF CHINA

盖 章
Stamp

表 9.10 银行付汇水单

中 国 银 行
BANK OF CHINA
售汇水单及通知
SELLING EXCHANGE MEMO & A/C ADVICE

20×× 年 03 月 19 日
YY   MM   DD

客户名称 （Customer）	湖北鑫旭进出口贸易有限公司		
出款账号 （Dr. A/C No.）	0092140012002	卖出币种/金额 （Selling Currency / Amt）	EUR*67 845.00*
入款账号 （Cr. A/C No.）	038878470004	买入币种/金额 （Buying Currency / Amt）	CNY*522 949.26*
业务编号 （Our Ref.）	SH8210206000249	汇率 （Rate of Exchange）	*770.8000*
业务摘要 （Particular）	××HAP1132 项下付汇，收款人：HIGH-TECH INSTRUMENTS GMBH		

经 办： ×××   复 核： ×××
（Maker）   （Checker）

中 国 银 行
BANK OF CHINA

盖 章
Stamp

表 9.9 和表 9.10 中相关栏及英文缩写的解释和说明如下：

（1）Exchange = Foreign Exchange，外汇。

（2）Memo = memorandum，便函即"水单"。

（3）A/C = Current Account，银行账号。

（4）"出款账号"和"入款账号"：这里的"出"和"入"都是站在商业银行的角度，"出款账号"表示商业银行向客户付出款项的客户账号，"入款账号"则表示商业银行向客户收取款项的客户账号。其中的"Dr." ≈ drawing，付出款项；"Cr." ≈ credit，收取款项。

（5）"卖出金额"和"买入金额"：这里的"卖出"和"买入"都是站在商业银行的角度，"卖出金额"表示商业银行向客户（如外贸公司）支付的货币金额，"买入金额"则表示商业银行向客户收取的货币金额。

（6）"汇率"：银行向客户收购外汇时，使用的"外汇买入价"（较低）；而银行向客户出售外汇时，使用的"外汇卖出价"（较高）。

（7）"业务摘要"相当于"备注"，是对"水单上列明的收汇或付汇款项到底是一笔什么样的钱"的补充说明，其作用是：①让银行或客户都清楚该笔钱款的来路和去路；②便于双方对账；③便于国家外汇管理局核查。

课后练习

1. 翻译

将下列信用证条款翻译成中文。

信用证条款："Statement issued and signed by the beneficiary in original quote the product shipped under L/C No. 17M9423 will pass the United States Food and Drug Administration（USFDA）inspection. If the product is rejected, refused entry or otherwise condemned or declared unfit for human consumption by the USFDA, Ruitian Foodstuff Co., Ltd. Guarantees to immediately reimburse East Meat Brokers Ltd. In the U.S. dollars for the full value of the rejected product as well as all pertinent re-export expenses incurred by East Meat Brokers Ltd. As a result of such rejection（including inland trucking, cold storage, export ocean freight, and customs brokerage expenses） upon receipt of the USFDA rejection notification. This guarantee shall remain in effect until the USFDA either releases or refuses entry of the shipment unquote."

2. 实训题

根据下列信用证条款，草拟一份受益人证明（只写出正文即可）。

BENEFICIARY ATTESTATION CERTIFYING THAT ALL COPIES OF DOCUMENTS CONCERNING THIS L/C HAVE BEEN SENT

- TO APPLICANT BY FAX AT 00.33.553.40.51.60

- TO（NAME OF THE AGENT OF THE CARRIER + FAX NUMBER）AS INDICATED ON THE LOADING ON BOARD AUTHORISATION ISSUED BY GIFI 7 DAYS MAXIMUM FROM SHIPMENT DATE

- TRANSMISSION VERIFICATION REPORT OF FAX IS REQUIRED FOR BOTH

SENDING.

- IN CASE OF NON OR LATE PRESENTATION OF TRANSMISSION VERIFICATION REPORT, PENALTIES WILL BE APPLIED（SEE FIELD 47A.）

【译文】

受益人证明证实，本信用证项下所有的副本单据都已经按照以下要求做到了：

（1）通过传真号码"00.33.553.40.51.60"发送给了开证申请人；

（2）按照 GIFI 公司签发的装运授权书上的规定，在装运日期的 7 天以内，（通过传真）将承运人（在目的港）的代理人的名称及其传真号码（向开证申请人）发送了；

（3）上述两份传真发送证明的报告必须（与信用证规定的单据一起）提交（银行）；

（4）如果提交的信用证单据中没有上述两份传真发送证明的报告，或者其报告中的发送日期逾期了，（我行）将（对受益人）处以罚款（具体办法参见本信用证第"47A"栏的规定）。

第十章　报检和通关单据

本章的单据主要包括出境货物报检单、出境货物通关单（换证凭单、换证凭条）、出入境检验检疫报检委托书和进出口货物报关单、代理报关委托书等，这些单据仅限于出入境检验检疫和进出口报关通关使用，并不用于进出口结汇，不能用于提货，也不能用于办理索赔与理赔，但它们都是进出境货物走出或走进国门之前必须向海关提交的申报单据。

"法定检验"商品的检验、通关程序大致如下：

（1）出境：报检→收费→检验检疫→商检放行（签发《出境货物通关单》）→报关→海关查验→ 缴纳海关税费→海关放行→装货出境。

（2）入境：货物入境→报检→收费→商检验单放行（签发《入境货物通关单》）→报关→海关查验→ 缴纳海关税费→海关放行（准予使用或销售）→提货→实施检验检疫。

第一节　报检单据

本节介绍的"报检单据"是指"法定检验"商品在其进出境报关之前，由进出口货物的收发货人或他们委托的代理人（如运输物流公司、报关公司等）向国家出入境检验检疫局申请检验检疫，以及这些申报的商品在检验检疫通过之后，由出入境检验检疫局签发的专门用于通关放行的单据。

"法定检验商品"是指国家用法律的形式规定的某些特定的进出口商品，它们在出入境通关之前，必须无条件地接受国家规定的检验检疫机构（如出入境检验检疫局等）对其实施强制性地检验或检疫，并且只有在它们获得了"通过"之后，海关才能通关放行。也就是说，凡是法定检验商品，受理海关必须凭出入境检验检疫机构签发的"出（入）境货物通关单"才能通关放行。

一、出境货物报检单

"出境货物报检单"是法定检验商品出口报检时必须填制的申报单据。其中有些栏目可以用中文填写、有些栏目要用英文填写，还有些栏目必须用中英文双语填写。出境货物报检单实例如表 10.1 所示，该单据的填写方法以及有关注意事项如下。

【单证实物示例】
出境货物报检单

1. "报检单位"

在我国逐步实行出入境检验检疫"无纸化"以后，此栏只需注明申报单位名称即可，不再要求加盖报检单位的印章。

2. "编号"

此号码由受理的出入境检验检疫机构填写。

3. "报检单位登记号"

"报检单位登记号"是检验检疫局为当地各外贸企业统一编制的"代码"。在我国，此号码通常由进出口企业所在的省（自治区、直辖市）出入境检验检疫局设定、授予。

4. "联系人"和"电话"

填写主管本笔出口外销业务人员的姓名和电话，便于检验检疫机构的官员随时问询有关事宜。

表 10.1   出境货物报检单实例

中华人民共和国出入境检验检疫

出境货物报检单

*编　号

报检单位	北京恒信进出口贸易有限公司

报检单位登记号：×××××× 联系人：××× 电话：××××××××　　报检日期：20××年7 月10 日

发货人	（中文）	北京恒信进出口贸易有限公司
	（外文）	BEIJING HENGXIN IMPORT AND EXPORT TRADING CO., LTD.
收货人	（中文）	
	（外文）	DUJODWALA PAPER CHEMICALS LTD.

货物名称（中/外文）	H. S. 编码	产地	数量/重量	货物总值	包装种类及数量
松香 GUM ROSIN W/G GRADE	3806.1010	重庆	400 桶	USD52 000.00	铁桶

运输工具名称号码		贸易方式	一般贸易	货物存放地点	重庆万州
合同号	HX20××0625	信用证号	0159308IM0000242	用途	
发货日期	20××年7月	输往国家（地区）	印度	许可证/审批号	
启运地	上海	到达口岸	NHAVA SHEVA	生产单位注册号	××××××
集装箱规格、数量及号码					
合同、信用证订立的检验检疫条款或特殊要求			标记及号码	随附单据（划"✓"或补填）	

产品检测证书上必须注明以下内容: L/C NO. 0159308IM0000242; L/C ISSUING DATE: JULY 5, 20×× S/C No. HX20××0625; S/C ISSUING DATE: JUNE 25, 20×× IEC Code: 0390006327 UNDER OPEN GENNERAL LIECENCE OF FOREIGN TRADE POLICY 2014-2019.	N/M	☑合同 ☑信用证 □发票 □换证凭单 ☑装箱单 ☑厂检单	☑包装性能结果单 □许可/审批文件 □ □ □

需要证单名称（划"✓"或补填）		*检验检疫费	
□品质证书 　　__正__副 □重量证书 　　__正__副 □数量证书 　　__正__副 □兽医卫生证书 __正__副 □健康证书 　　__正__副 □卫生证书 　　__正__副 □动物卫生证书 __正__副	□植物检疫证书 　　__正__副 □熏蒸/消毒证书 　　__正__副 ☑出境货物换证凭单 __正__副 □出境货物通关单 □出境货物换证凭条 ☑货物检测报告	总金额 （人民币元） 计费人 收费人	

检验人郑重声明: 　1. 本人被授权检验。 　2. 上列填写内容正确属实，货物无伪造或冒用他人的厂名、标志、 认证标志，并承担货物质量责任。 　　　　　　　　　　　　　　签名:＿＿＿＿	领　取　证　单	
	日　期	
	签　名	

注：有"*"号栏由出入境检验检疫机关填写。　　　　　　　　　　　　◆国家出入境检验检疫局制

[1-2 （20××.1.1）]

5."报检日期"

填写登录报检当天的年、月、日，便于检验检疫部门及时受理，并安排检验或检疫。

6."发货人"

填写出口人的公司名称。此栏需要将出口企业的中文和英文名称的全称都分别填写得清楚、无误。

7."收货人"

填写进口人的公司名称。只填写英文即可，一般不需要填写中文，因为外国公司名称的中文翻译既难以统一，而且实际意义也不大。

8."货物名称"

货物名称仅用概括性用语描述即可，但货名一定要同时列明中英文双语。这样，既便于实地检验检疫的工作人员准确地核查出境货物，又可以避免检验检疫机构在出证时将货物的名称描述得不够准确，从而造成"单证不符、单单不符"。

9."H. S. 编码"

商品编码一定要准确，不能随便乱填，以免出错影响顺利通关、影响随后的出口退税。这是因为：①如果商品编码与其品名不协调，海关的电脑系统不识别，海关就不会给予放行；②不同商品编码的增值税率或出口退税的政策也极有可能不一样，例如，有的商品国家给予出口退税，有的不退税，有的在其出口以后还要征收出口增值税。即使都是出口退税的产品，不同商品编码的商品也极有可能会出现出口退税税率高、低的差别。

在国际贸易单据里，通常需要填写"商品编码"的单据主要有出入境货物报检单、进出口货物报关单、一般原产地证明书等。

另外，现在国内出版的商品编码都只有 8 位数字，而我国海关要求申报的商品编码却是 10 位数字。10 位数字商品编码的最后两位数字是我国海关添加的用以确定该商品"征免税"性质的代码。如果填报人在申报时不知道该项商品的征免税政策，可以在 8 位数字商品编码的后面补上两个"0"（即"00"）。

10."产地"

商品的出产或生产地名一般填写"较大"、"较泛"的地名，如"湖北"、"河南"、"武汉"等。如果太小、太具体了，检验检疫的官员们可能因"不认识"会继续询问而影响工作，同时也不利于保守出口商的商业秘密。

11."数量或重量"

此栏填写"与单价的单位相同的货物总数量或总重量"，例如，如果货物的合同单价是"每打（dozen）多少钱"，此栏就填写"整批货物一共有多少打"；再如，如果货物的合同单价是"每公吨（metric ton）多少钱"，此栏就填写"整批货物一共有多少公吨"。

12."货物总值"

"货物总值"一般按照商业发票的金额填写。这个金额一定要填写准确，以免造成通关单据"单单不一致"，最终影响到出口货物的顺利通关。

在国际贸易单据里，通常需要填写商品总金额的主要有：商业发票、出境货物通关单、进出口货物报关单、买卖合同（副本）等。而且，这些单据都是货物在办理出口报关申报时必须提交的单据。

13."包装种类和数量"

此栏的"包装"仅指"商品的外包装（即运输包装）"，"数量"也是指"商品的运输包装的件数"，如"4 000 纸箱"、"3 500 塑料桶"等。

14."运输工具号码"

此栏不用填写，因为货物在报检时，根本就还没有装运，还不能确定"运输工具"的名称和号码。

15."贸易方式"

"贸易方式"主要有"一般贸易"、"来料加工"、"进料加工"、"补偿贸易"等，申报人应据实填写。因为除了"一般贸易"方式为"单边输入关境或单边输出关境，海关放行后不再对该项货物实施监管"以外，其他贸易方式，如"进料加工"等，出口都需要向出境通关地海关办理加工贸易进口原辅材料的出口核销手续。

我国海关总署在 2016 年 3 月将新修订的"进出口货物报关单"上的原"贸易方式"的栏目改成了（海关）"监管方式"。

16."合同号"

这里的"合同号"仅指"买卖合同"的号码，"买卖合同"就是出口商和进口商签订的有关本批货物进出口的合同。

出口商申请报检时，申报人还要同时提交一份买卖合同的副本作为附件。

17.“信用证号”

在信用证支付方式下填写相关信用证的号码，填写以后就要同时提交一份信用证副本，以便出入境检验检疫机构的相关官员在办理检验检疫手续和出证时对照查看。

通常情况下，信用证内容包含有买卖双方的商业秘密。因此，如果信用证并没有特别规定由检验检疫机构出具有关的检验证书如品质证、卫生证等，申报人也可以在此栏填写“T/T”（电汇）或“D/P”（托收）而不填写信用证号码，这样就可以不向检验检疫机构提交信用证（副本）。

表 10.1 项下的此栏必须填写信用证号码，因为，按照第三章信用证条款的规定，受益人（出口商）需要申请检验检疫机构出具一份“产品检测证书”（Product Test Certificate）提交银行。

18.“用途”

“用途”是指“买方把本批货物买回去做什么用的”。此栏不必填写，其理由很简单：进口商把货物买回去到底做什么用，是加工，是直接销售还是自己消费等，出口人都不知道，也不方便专门向客户询问。

19.“货物存放地点”

货物在申报检验检疫时存放在哪里就填写该具体地名，便于受理申报的检验检疫机构适时安排检验或检疫。

20.“发货日期”

“发货日期”通常是指相关的买卖合同或信用证规定的“装运期限”。此栏填写信用证或买卖合同规定的装运期限的年份和月份即可，而不要填写最后期限的日期，以便留出一定的机动余地，用以预防因检验部门拖延检验检疫或拖延出具检验证书而影响货物的及时装运出口。

21.“启运地”

填写装运港或发运地的名称，这个地名通常就是买卖合同或信用证规定的“装运港（地）”，它也是本批货物在这里出口通关的地方，因此，这涉及到检验检疫机构在检验检疫以后签发什么通关单据的问题。

22.“输往国家或地区”

此栏填写货物运抵的目的港（地）所在地的进口国家（或地区）的名称。

23.“到达口岸”

此栏填写货物运输运抵的目的港（地）的名称，如“洛杉矶”（Los Angeles）、“长滩”（Long Beach）、“芝加哥”（Chicago）等。

24.“许可证/审批号”

如果出口商品是需要出口许可证的商品，此栏就要填写许可证的号码；如果是“专控商品”，就要填写相关出口批文的文号，同时还要出具这些相关的证件。但如果只是普通的出口商品，此栏就不用填写，保持空白。

25.“生产单位注册号”

此栏填写生产加工本批货物的单位在检验检疫机构的注册登记编号。这个“注册号”也是各省（市、区）出入境检验检疫局授予的，如果某生产加工单位还没有被"注册"，可用"报检单位登记号"临时取代。

26．"集装箱规格、数量及号码"

此栏不填，因为此时货物通常还没有装进集装箱，申报人不可能知道具体的集装箱号码。

在出口贸易中，货物正常的流转顺序应该是：买卖合同→购货合同→报检→托运→投保→报关→装集装箱→装船。

27．"信用证或买卖合同规定的检验检疫条款或特殊要求"

此栏要按照信用证或买卖合同中关于检验检疫的某些专门要求如实填写，不能漏项，以免误事。例如，要求出具什么检验项目的证书，证书上加列什么具体的文字批注等。信用证或买卖合同中如果并没有加列有关检验检疫方面的特别规定或要求，此栏就不必填写。

28．"标记和号码"

"标记和号码"就是"唛头"（Shipping Mark）。如果申报检验检疫的商品外包装上有唛头，此栏就填写唛头；如果没有，就简单注明"N/M"（No Marks，没有唛头）。

29．"随附单据"

如果申报检验检疫的商品是"法定检验"商品，一般需要打"钩"（√）的单据必须有：买卖合同、装箱单、厂检单、包装性能结果单。申请检验检疫的单位需要向检验检疫机构提交这些单据，其中有些可以提交副本，如买卖合同、信用证等；有的则必须提交正本，如商业发票、装箱单、包装性能结果单等。

"厂检单"由生产供货部门出具，它是（中国国内）"工厂（供货商）质量检验结果报告单"的简称，主要内容为工厂质监部门对该批出口产品的数量、品质的主要指标及其抽样检验结果，内外包装状况等项目的自检结果，作为出入境检验检疫部门实施法定检验的参考依据。

"包装性能结果单"由出入境检验检疫部门出具，它主要针对"法定检验"商品的外包装。我国出入境检验检疫局规定，凡是法定检验商品的外包装，必须首先经其检验并且合格，凭包装性能结果单才能受理该项出口商品的法定检验或检疫。

另外，如果出口商品使用的是木质包装，不管这些商品是否属于"法定检验商品"，它们在进出口通关时，出口人一律都要向受理海关提交由国家出入境检验检疫部门出具的"熏蒸证书"（Certificate of Fumigation）。熏蒸属于"检疫"的范畴。

30．"需要单证名称"

此栏的选定应按实际需要和可能来决定，不可胡乱填写，因为申请单据的项目越多，其检验检疫的收费就会越高。

二、入境货物报检单

"入境货物报检单"是指进口货物入境后，由收货人或者他们委托的代理人在向受理的出入境检验检疫机构申请检验检疫时填报的单据。

"入境货物报检单"（表 10.2）与"出境货物报检单"（表 10.1）有不少栏目的名称及填法大同小异，为了避免内容重复，下面只把表 10.2 与表 10.1 不同栏目的填写方法做一些简要的介绍。

1. "运输工具名称号码"

此栏填写装载申报的进口商品从境外运输进入境内的运输工具的名称及号码。例如，如果是海运，填写"船名及航次"（Vessel name and voyage number）；如果是铁路运输，填写火车的车次及车厢（车皮）号码（train number and wagon number）；如果是空运，填写飞机的航班号码（Flight number）。

【单证实物示例】
入境货物报检单

2. "提单/运单号"

此栏填写运输单据的号码，申报人还要同时向受理的检验检疫机构提交该运输单据的副本。

"运输单据"是"提单""运单"等的统称，最常见的有海运提单、多式联运运单、空运运单、国际铁路联运运单、快递收据等。

3. "到货日期"

此栏填写申报的进口货物入境的日期。如果货物先到后申报，填写真实的入境年月日；如果提前申报货物后到，填写预计货物入境的年月日。

4. "启运国家（地区）"

此栏填写该项进口货物的出口国家（地区），也就是装运港口所在国的国名。

表 10.2 入境货物报检单实例

中华人民共和国出入境检验检疫
入境货物报检单

报检单位   *编　号 _____

报检单位登记号：×××××× 联系人：××× 电话：×××××××× 报检日期：20×× 年 07 月 10 日

发货人	（中文）					
	（外文）	*NETZSCH GERAETEBAU GMBH*				
收货人	（中文）	武汉××环保科技股份有限公司				
	（外文）	*WUHAN ××ENVIRONMENTAL PROTECTION POLYTRON TECHNOLOGIES CO., LTD.*				

货物名称（中/外文）	H. S. 编码	原产国（产地）	数量/重量	货物总值	包装种类及数量
苯氧乙醇 *PHENOXYETHANOL*	*29094990.00*	*德 国*	*18 400 公斤*	*USD 62 560.00*	*20 托盘*

运输工具名称号码	*MARCHEN MAERSK V. 703EI*		合 同 号	*6004865963*
贸易方式	*一般贸易*	贸易国别（地区） *德 国*	提单/运单号	*MSCURK779016*
到货日期	*20××/03/02*	启运国家（地区） *德 国*	许可证/审批号	
卸毕日期		启运口岸 *不莱梅*	入境口岸	*上 海*

索赔有效期		经停口岸	*上海*	目 的 地	*武汉*
集装箱规格、数量及号码	*MSCU3945809*				

合同订立的特殊条款 以及其他要求		货物存放地点	*××××*
		用 途	*自用*

随附单据（划"✓"或补填）		标 记 及 号 码	*外商投资财产（划"✓"） □是 ✓否
□合同✓ □到货通知 □发票✓ □装箱单✓ □提/运单✓ □质保书 □兽医卫生证书 □理货清单 □职务检疫证书 □磅码单 □动物卫生证书 □验收报告 □卫生证书 □海关进口证明书 □原产地证书 □随车检验单 □许可/审批文件 □其他			*检验检疫费*
			总金额（人民币元）
			计费人
			收费人

检验人郑重声明： 　1. 本人被授权检验。 　2. 上列填写内容正确属实。 　　　　　　　　　签名： 　　　　———————————	领 取 证 单	
	日 期	
	签 名	

注：有"*"号栏由出入境检验检疫机关填写。　　　　　　　◆国家出入境检验检疫局制

[1-2 （20××.1.1）]

5. "卸毕日期"

"卸毕日期"是指该项申报的进口货物从国外运输入境的运输工具上全部卸下来的年月日。如果先卸后申报，此栏就填写具体的日期；如果是提前申报，此栏不填写。

6. "启运口岸"

此栏填写该项进口货物在出口国家（地区）的装运港口的名称。

7. "入境口岸"

此栏填写装载该批进口货物的运输工具从境外进入我国境内的第一个海关辖区的地名。

8. "索赔有效期"

在国际货物贸易中，货物索赔的对象通常有 3 个：①如果货物投保了，且其货损的原因又属于保险公司的承保责任范围，就去向保险公司索赔；②如果货物明确是因为承运人的过错造成的损失，就去向承运人索赔；③如果货物损失确定是由于发货人的过失造成的，如商品的品质缺陷、包装缺陷、包装完好却内装的数量短少等，就去向出口商索赔。

在上述 3 个索赔对象中，索赔时效最短的是向承运人索赔，最短的提货后 3 天之内就须提出，较长的也须在提货后 15 天之内提出；索赔时效最长的是保险公司，一般为货物从入境的运输工具上卸下后 2 年以内。但是，如果货损原因既属于保险公司赔付的责任，又是因为第三方责任人的过失所致，此时向保险公司索赔也必须要在向所有的责任人索赔的时效以内提出，如果货物所有权人的索赔时间超过了向任何一个责任人索赔的时效，保险公司都会拒绝理赔。

买方向卖方索赔时，"索赔有效期"通常有 3 种情况：①买卖合同明确规定了索赔时效的，

受损的一方在这个时限以内索赔有效；②买卖的商品本身规定了产品保质期限的，索赔以保质期限为限；③买卖合同没有规定索赔时效，买卖的产品本身也没有规定保值期限的，按照国际货物买卖的惯例，索赔时效一般以货到目的地 60 天为限。

9."经停口岸"

"经停口岸"是指申报的进口货物最终的目的地是内地某地，而从国外运载入境的"边境口岸"就是"经停口岸"。例如，某批通过海运的进口货物最终的目的地是"武汉"（在武汉通关），从"上海"入境（在上海转关并转运），在这种情况下，"上海"就是"经停口岸"。

10."目的地"

"目的地"是指进口货物最终运到国内办理进口通关手续的地点。

11."集装箱规格、数量及号码"

在申报的进口货物装运了集装箱的情况下，此栏填写装载的集装箱的规格、数量和号码。例如，"1×20'GP，CBHU 0290452"（一个 TEU，集装箱号码是 CBHU 0290452）。

如果该进口货物并没有装集装箱，此栏保持空白。

12."用途"

此栏填写该项商品的收货人在境内将此批进口货物如何处置的"打算"，如自用、加工内销、直接内销、转口等。进口商品在国内的用途直接关系到海关的监管方式、进口关税的税目和税率的确定等问题，申报人必须如实申报。

表 10.3　出境货物通关单实例
中华人民共和国出入境检验检疫
出境货物通关单

编号：*4200702050052670*

1. 发货人 *北京恒信进出口贸易有限公司*			5. 标记及号码 *N/M*
2. 收货人 *DUJODWALA PAPER CHEMICALS LTD.*			
3. 合同、信用证号 *HX20××0625*	4. 输往国家和地区 *印度*		
6. 运输工具名称及号码 *船舶****	7. 发货日期 *20××.07.20*		8. 集装箱规格及数量 ********
9. 货物名称及规格 *松香* *******	10. H.S. 编码 *3806.1010* *******	11. 申报总值 *USD 52 000.00* *******	12. 数/重量、包装数量及种类 *400 桶* *******
13. 证明 上述货物业经检验检疫，请海关予以放行。 本通关单有效期至　*20××　年 9 月 17 日* （盖 章） 签字：*LIUCHAO*　　日期：*20××年　07　月　17　日*			
14. 备注			

三、商检放行单

"商检放行单"在我国并不是一个规范的称谓，此处借用这个不正规的名字，是想用它涵盖3种用于检验检疫放行、但又具有不同功效的单证。由于这些单据仅作为进出口通关放行的"证明"之用，又全由国家出入境检验检疫局签发，因此，我们只将它们的"票样"展示在这里，而不对它们的填写方法做任何介绍，只需要认识它们各自的名称、特点和作用即可。

1. 出境货物通关单

这是我国法定检验商品出口时必须依据的通关放行单据之一，是在国家出入境检验检疫局受理进出口企业的检验检疫申请，在约定的时间和地点对申报的进出口商品实施法定的检验检疫程序之后，针对符合规定标准的出口商品签发的"符合输出国境的标准和要求"的官方证明文件。我国海关在受理出口商品报关时，对法定检验商品一定要凭此单据才能给予通关放行。出境货物通关单的实例见表 10.3。

2. 出境货物换证凭单

按照我国有关机构的规定，凡属"法定检验商品"的出口，必须经过其生产所在地和出口通关所在地的省、自治区或直辖市的出入境检验检疫机构的检验检疫并且合格以后才能给予通关放行。如果某批法定检验商品在 A 省生产加工了，再在 A 省出口报关，就必须在 A 省的出入境检验检疫机构报检，并且由该机构在检验合格以后直接出具"出境货物通关单"；但如果这批货物在 A 省生产加工了，要运到 B 省去出口报关，那就必须先在 A 省的出入境检验检疫机构报检，检验合格以后由 A 省的检验检疫机构签发"出境货物换证凭单"。报关单位还需要将这份"换证凭单"连同这批出口货物一起运到 B 省的出入境检验检疫机构再检验一次。检验合格以后，再由 B 省的出入境检验检疫机构签发"出境货物通关单"才能交给 B 省的海关凭以办理出口通关放行手续。

出境货物换证凭单的实例见表 10.4，它的业务流程如图 10.1 所示。

表 10.4　出境货物换证凭单实例
中华人民共和国出入境检验检疫
出境货物换证凭单

类别：口岸申报换证　　　　　　　　　　　　　　　　编号：*4200702050055731*

发货人	湖北省鑫旭进出口贸易公司		标记及号码	
收货人	HIGH-TECH.S.R.L.		*HIGH-TECH* *LAS PEZIA* *C/NO.1-140*	
品名	工作皮鞋			
H.S. 编码	6403.9100			
检验数/重量	- 3 500 - 双			
包装种类及数量	纸箱 -140 -			
申报总值	-14 700.00 - 美元			
产地	湖北省武汉市	生产单位注册号	武汉红星制鞋厂	
生产日期	20××年 3 月	生产批号	X2541 -1007	
包装性能检验结果单号	4200000301000856	合同/信用证号	××HAPJ1216	
		运输工具名称及号码	*******	
输往国家或地区	意大利	集装箱规格及数量	*******	
发货日期	******	检验依据	SN0049-92 标准及合同	

检验检疫结果	检验结果： 根据 GB2828-87 标准抽取 190 只样品进行检验，结果如下： 数量：3 500 双 规格：39－45 码 评定： 该批货物经过检验，数量、规格及外观品质符合××HAPJ1216 合同及 SN0049-92 标准要求。 （盖章） 签字：LIUWEI　　　　　　　日期：20×× 年 03 月 14 日

本单有效期	截至于　20×× 年 05 月 14 日							
备　注	*****							

栏 分批出境核销	日期	出境数/重量	结存数/重量	核销人	日期	出境数/重量	结存数/重量	核销人

说明：1. 货物出境时，经口岸检验检疫机关查验货证相符，且符合检验检疫要求的予以签发通关单或换发检验检疫证书；2. 本单不作为国内贸易的品质或其他证明；3. 涂改无效。

A4487952　　　　　　① 办理换证　　　　　　15－5（20××－1－1*1）

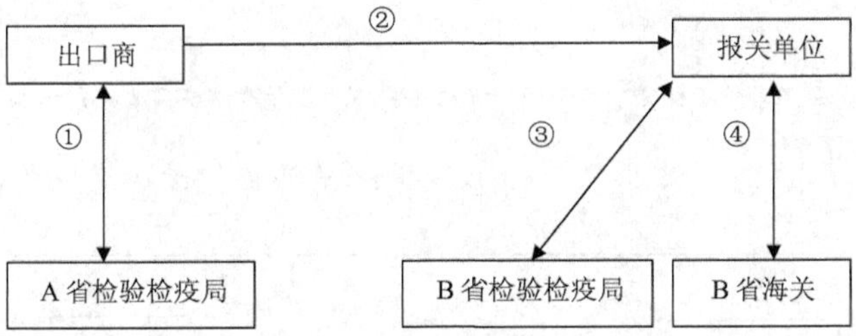

① 出口商向生产所在地的A省检验检疫机构申请出口检验检疫，检验检疫机构检验合格以后向出口商签发"出境货物换证凭单"；
② 出口商委托报关单位代理出口报检并报关；
③ 报关单位凭"出境货物换证凭单"等报检单据向B省出入境检验检疫机构申请法定检验检疫，受理的检验检疫机构对出口货物实施"复检"后，向申请人签发"出境货物通关单"；
④ 报关单位凭《出境货物通关单》等通关单据向B省海关申请出口报关，受理海关在办理完毕出口通关手续以后给予放行。

图 10.1 "换证凭单"的流程示意图

但是，随着我国"区域通关一体化"的逐步实施推广，最终实行"全国通关一体化"的新举措，上述"法定检验商品必须经由生产所在地和出口通关所在地出入境检验检疫机构实施检验检疫并且获得通过之后，受理海关才能将其通关放行"的规定最终将被停止实施。

3. 出境货物换证凭条

"出境货物换证凭条"也是针对"法定检验商品在 A 省生产、到 B 省出口通关"的情况所适用的另外一种"检验检疫——通关"的办法。

"换证凭条"俗称"电子凭条"，是指生产所在地的检验检疫机构对拟到外省海关通关出口的法定检验商品检验并认定合格以后，立即将这个检验检疫的信息发布到互联网"电子口岸"信息平台上去；同时，该检验检疫机构又向出口人打印一份简短的"便签"，上面只是简短地列明了有关此批出口商品的主要信息"资源"。这张"便签"就是"出境货物换证凭条"。

它与使用"换证凭单"方法不同的是，报关单位可以直接将这张"换证凭条"交给出口地受理海关办理出口申报，而不需再到通关地的检验检疫机构去申请"复检"出口商品。出口地海关只要按照"换证凭条"上指明的"线索"登陆商检机构的网站一经核实，就视同"通关单"给予办理出口通关手续。

出境货物换证凭单的实例见表10.5，其业务流程如图10.2所示。

表 10.5　出境货物换证凭条实例

中华人民共和国出入境检验检疫
出境货物换证凭条

转单号	33060040502605T 3581		报检号	4406004052347
报检单位	湖北省畜产进出口公司			
品　名	工作皮鞋			
合同号	07HAPJ1253		H.S. 编码	6403.9100
数（重）量	3 500 双	包装件数　140 箱	金额	14 700.00 美元

评定意见：
贵单位报检的该批货物，经我局检验检疫，已合格。请执此单到上海局本部办理出境验证业务。本单有效期截至于20××年12月15日

武汉局本部20××年10月16日

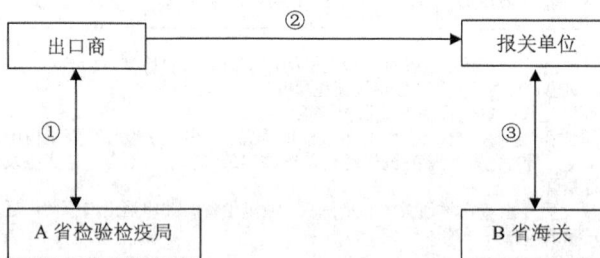

① 出口商向生产所在地的A省检验检疫局申请出口检验检疫，检验检疫局检验合格以后向出口商签发"出境货物换证凭条"；
② 出口商委托报关单位代理出口报关；
③ 报关单位凭"出境货物换证凭条"等通关单据向B省海关申请出口报关，受理海关按"换证凭条"的信息上网查询、核实商检结果，并在办理完毕出口通关手续以后给予放行。

图 10.2　"换证凭条"的流程示意图

4．检验检疫证书的有效期限

在我国，法定检验商品的检验检疫证书是有严格的时间限制的，货物超过证书的有效期限装运出口，应向发证机构申请展期、并经其复验合格以后才能出口。具体的时效如下：

（1）"入境货物通关单"的有效期为 60 天；

（2）一般报检的"出境货物通关单"和"出境货物换证凭单"（含电子凭条）的有效期为：① 一般货物 60 天；② 植物和植物产品为 21 天，北方冬季可适当延长至 35 天；③ 鲜活类货物为 14 天。

5．代理报检委托书

在国际货物贸易的进出口业务中，有些进出口货物的收发货人对处在异地的出入境货物的报检并不是很方便，他们可以委托当地的运输物流部门代为办理。为此，我国出入境检验检疫局还统一印制了一种固定格式的《出入境检验检疫报检委托书》，如果出口人委托他人代其办理法定检验商品的报检申请，代办人除了需要提交正常的申报单证和文件以外，还要单独出具一份由委托人（即出口人）签署的《出入境检验检疫报检委托书》。通常的办法就是委托人只在"委托书"上面加盖本单位的行政公章，而不填写具体的内容，因为其中的一些具体内容在委托时还无法确定。代理报检委托书的格式见表10.6。

表10.6　代理报检委托书实例

代理报检委托书

编号：

＿＿＿＿＿＿＿＿ 出入境检验检疫局：

本委托人（备案号/组织机构代码＿＿＿＿＿＿＿＿）保证遵守国家有关检验检疫法律、法规的规定，把凭证所提供的委托报检事项真实、单货相符。否则，愿意承担相关法律责任。具体委托如下：

本委托人与 ＿＿＿＿＿＿＿＿ 年 ＿＿＿＿ 月间进口/出口如下货物：

品　名		H.S.编码	
数（重）量		包装情况	
信用证/合同号		许可文件号	
进口货物收货单位及地址		进口货物提/运单号	
其他特殊要求			

特委托 ＿＿＿＿＿＿（代理报检注册登记号 ＿＿＿＿＿＿），代表本委托人办理上述货物的下列出入境检验检疫事宜：

□1．办理报检手续；

□2．代缴纳检验检疫费；

□3．联系和配合检验检疫机构实施检验检疫；

□4．领取检验检疫证单；

□5．其他与报检有关的相关事宜：　　　　　　　　　　。

联系人：

联系电话：

本委托书有效期至　　　　年　　月　　日　　委托人（加盖公章）

年　　月　　日

受托人确认声明

本企业完全接受本委托书，保证履行以下职责。

1．对委托人提供的货物情况和单证的真实性、完整性进行核实；

2．根据检验检疫有关法律法规规定办理上述货物的检验检疫事宜；

3．及时将办结检验检疫手续的有关委托内容的单证、文件移交委托人或其指定的人员。

4．如实告知委托人检验检疫部门对货物的后续检验检疫及监管要求。

如在委托事项中发生违法或违规行为，愿承担相关法律和行政责任。

联系人：＿＿＿＿＿＿＿＿＿＿＿＿

联系单位：＿＿＿＿＿＿＿＿＿＿＿　　　受托人（加盖公章）

年　　月　　日

第二节　进出口货物报关单

"报关单"（Customs Declaration）分为"出口货物报关单"（Export Customs Declaration）和"进口货物报关单"（Import Customs Declaration）两种。我国的报关单格式均由中国海关总署统一制定，进出口商必须严格按照海关总署颁发的《中华人民共和国海关进出口货物报关单填制规范》填写。本节主要介绍这两种报关单基本栏目的填写方法及其注意事项。

报关单位向海关申报时填报的报关单（也叫作"草单"）是报关单位向海关申报进出口货物内容的重要依据，海关的电脑系统及工作人员将主要根据其中的内容做"预录入"。如果填报的内容与相关商业发票或实际交付的货物不符或不齐全，将直接影响到货物的进出口。

"进口货物报关单"与"出口货物报关单"的栏目内容基本上相同，只有少数栏目略有差异。为了尽量避免叙述内容的重复，减少篇幅，下面将这两种报关单各栏目的填写方法一起做介绍。

出口货物报关单的实例见表10.7，进口货物报关单的实例见表10.8。

一、进出口货物报关单

"进出口货物报关单"是由进出口企业在向海关申报其出口商品时必须填写并予提交的报关单据之一。下面，我们结合实例，介绍其中相关栏目的填写内容。

1. "预录入编号"

本栏目填报预录入报关单的编号，由接受申报的海关决定并填写。

2. "海关编号"

本栏目由受理海关在接受申报时给出此编号，一份报关单对应一个海关编号。

【单证实物示例】
出口货物报关单

该编号为18位，其中第1～4位为接受申报海关的编号（海关规定的《关区代码表》中的相应海关代码），第5～8位为海关接受申报的公历年份，第9位为进出口标志（"1"为进口，"0"为出口；集中申报清单"I"为进口，"E"为出口），后9位为序号。

3. "收发货人"

"收发货人"实际上是"出口货物的发货人"与"进出口货物的收货人"的合称和简称，而进口货物报关单的此栏仅指"进口货物的收货人"，出口货物报关单的此栏则仅指"出口货物的发货人"。

【单证实物示例】
进口货物报关单

本栏目填报在海关注册的对外签订并执行进出口贸易合同的中国境内法人或其他组织的名称及编码。此编码可选填18位法人或其他组织的统一社会信用代码或10位海关注册编码任一项。

在特殊情况下按以下要求填制：

（1）进出口货物合同的签订者和执行者非同一企业的，填报执行合同的企业。

表 10.7 出口货物报关单实例

中华人民共和国海关出口货物报关单

预录入编号：470820××0000048234

海关编号：470820××0000048234

收发货人	出口口岸 （2248）	出口日期	申报日期
（××××××××××） 佰信进出口贸易有限公司 北京市	洋山港区		20××0720
生产销售单位	运输方式 （2）	运输工具名称	提运单号
（×××××××××××） 佰信进出口贸易有限公司 北京市	水路运输	EMIRATES WATS/836W	
申报单位	监管方式 （0110）	征免性质 （101）	备案号
（××××××） ××报关公司 上海	一般贸易	一般征免	
贸易国（地区）	运抵国（地区） （111）	指运港 （1045）	境内货源地 （50019）
（111） 印度	印度	孟买	重庆万州区
许可证号	成交方式 （1）	运费	保费	杂费
	CIF		502/230/3	
合同协议号	件数	包装种类 （190）	毛重（千克）	净重（千克）
MAUR051229	200	镀锌桶	42,000	40,000
集装箱号	随附单据			
TEXU3582990/20'GP REGU3006211/20'GP		502/5000/3		
标记唛码及备注				
N/M				

项号	商品编号	商品名称、规格型号	数量及单位	最终目的国（地区）	单价	总价	币制	征免
1	3806.101090	松香 W/G 级	40 公吨	印度 (111)		52,000.00	美元 (502)	照章征税 (1)

特殊关系确认：否   价格影响确认：否   支付特许权确认：否

录入员   录入单位   兹声明对以上内容承担如实申报、依法纳税之法律责任   海关批注及签章

832000012356

报关人员   申报单位（签章）

表 10.8 进口货物报关单实例

中华人民共和国海关进出口货物报关单

海关编号： 470820171000001532

预录入编号： 470820171000001532

收发货人 （42019605）（91420117271755）武汉环保科技股份有限公司	进口口岸 （2248）洋山港区	进口日期 20××0302	申报日期 20××0315
消费使用单位 （42019605）（91420117271755）武汉环保科技股份有限公司	运输方式 （2）水路运输	运输工具名称 MARCHEN MAESK@703EI	提运单号 MSCURK779016
申报单位 （42019811）湖北志诚报关公司	监管方式 （0110）一般贸易	征免性质 （101）一般征税	备案号
贸易国（地区）（110）香港	启运国（地区）（304）德国	装货港 （2102）不莱梅港	境内目的地 （42019）武汉其他
许可证号	成交方式 （1）CIF	运费	保费 000/0.3/1	杂费 502/1150/3
合同协议号 6004865963	件数 20	包装种类 （5）托盘	毛重（公斤）19 641	净重（公斤）18400
集装箱号 KKFU6953353*1（2）	随附单证			
标记唛码及备注				
备注：电子支付				

项号	商品编号	商品名称、规格型号	数量及单位	原产国（地区）	单价	总价	币制	征免
1	29094990.00	苯氧乙醇 苯氧乙醇 99.9% | 用于物料的 保养 | 签约日期: 20×.12.12	18 400 公斤 （304）	德国 目的国: 中国	3.4000	62 560.00 （502）	美元 （1）	照章征税

特殊关系确认: 否　　　　　　价格影响确认: 否　　　　　　支付特许权确认: 否

录入员 8930000015032	录入单位	兹声明对以上内容承担如实申报、依法纳税之 法律责任	海关批注及签章
报关人员		申报单位（签章）	

（2）外商投资企业委托进出口企业进口投资设备、物品的，填报外商投资企业，并在标记唛码及备注栏注明"委托某进出口企业进口"，同时注明被委托企业的 18 位法人和其他组织的统一社会信用代码。

（3）有代理报关资格的报关企业代理其他进出口企业办理进出口报关手续时，填报委托的进出口企业。

（4）使用海关核发的《加工贸易手册》管理的货物，"收发货人"应与《加工贸易手册》的"经营企业"一致。

4. "进口口岸"/"出口口岸"

本栏目应根据货物实际进出境的口岸海关，填报海关规定的《关区代码表》中相应口岸海关的名称及代码，《中国海关关区代码表》可以到网上去查找。特殊情况按如下要求填报：

（1）进口转关运输货物应填报货物进境地海关名称及代码，出口转关运输货物应填报货物出境地海关名称及代码。按转关运输方式监管的跨关区深加工结转货物，出口报关单填报转出地海关名称及代码，进口报关单填报转入地海关名称及代码。

（2）在不同海关特殊监管区域或保税监管场所之间调拨、转让的货物，填报对方特殊监管区域或保税监管场所所在的海关名称及代码。

5. "进口日期"/"出口日期"

"进口日期"填报进口货物的运载运输工具申报进境的日期。

"出口日期"指运载出口货物的运输工具办结出境手续的日期，本栏目供海关签发打印"报关单证明联"用，在申报时免予填报。

无实际进出境的报关单填报海关接受申报的日期。

"无实际进出境的货物"主要是指向海关办理了进出口报关手续，在通关之后最终却并没有进出我国关境的货物。例如，我国境内一保税区内企业与另一保税区内企业之间以及保税区内企业与区外企业之间的进出口贸易的货物等。

本栏目一律用 8 位阿拉伯数字、按"年月日"的先后顺序、单数月日的前面添零（"0"）填写，如"20170415"等。

6. "申报日期"

"申报日期"是指海关接受进出口货物收发货人、接受委托的报关企业申报数据的日期。以电子数据报关单方式申报的，申报日期为海关计算机系统接受申报数据时记录的日期。以纸质报关单方式申报的，申报日期为海关接受纸质报关单并对报关单进行登记处理的日期。

"申报日期"与"进出口日期"的填法相同。本栏目在申报时免予填报。

7. "消费使用单位"/"生产销售单位"

（1）"消费使用单位"填报已知的进口货物在境内的最终消费、使用单位的名称，包括：① 自行从境外进口货物的单位；② 委托进出口企业进口货物的单位。

（2）"生产销售单位"填报出口货物在境内的生产或销售单位的名称，包括：① 自行出口货物的单位；② 委托进出口企业出口货物的单位。

本栏目可选填以下 3 项中的任意一项：① 18 位法人和其他组织统一社会信用代码；② 10 位海关注册编码；③ 9 位组织机构代码。没有代码的应填报"NO"。

（3）由 10 位海关注册编码或 18 位法人和其他组的织统一社会信用代码或加工企业编码的消费使用单位/生产销售单位，本栏目应填报其中文名称及编码；没有编码的应填报其中文名称。

使用《加工贸易手册》管理的货物，消费使用单位/生产销售单位应与《加工贸易手册》的"加工企业"一致；减免税货物报关单的消费使用单位/生产销售单位应与《征免税证明》的"减免税申请人"一致。

8. "运输方式"

"运输方式"包括"实际运输方式"和"海关规定的特殊运输方式"。前者指货物实际进出境的运输方式，按进出境所使用的运输工具分类；后者指货物无实际进出境的运输方式，按货物在境内的流向分类。

本栏目应根据货物实际进出境的运输方式或货物在境内流向的类别，按照海关规定的《运输方式代码表》选择填报相应的运输方式。

（1）特殊情况填报要求如下：① 非邮件方式进出境的快递货物，按实际运输方式填报；② 进出境旅客随身携带的货物，按旅客所乘运输工具填报；③ 进口转关运输货物，按载运货物抵达进境地的运输工具填报；出口转关运输货物，按载运货物驶离出境地的运输工具填报；④ 不复运出（入）境而留在境内（外）销售的进出境展览品、留赠转卖物品等，填报"其他运输"（代码9）；

（2）无实际进出境货物在境内流转时的填报方法，请参见《进出口货物报关单填制规范》第 8 条第 2 款项下的 10 项具体规定。

《运输方式代码表》如表 10.9 所示。

【二维码链接】
报关单填制规范

表 10.9 "运输方式"代码表

代 码	运输方式名称	代 码	运输方式名称
0	非保税区	8	保税仓库
1	监管仓库	9	其他运输
2	水路运输	A	全部运输方式
3	铁路运输	H	边境特殊海关作业区
4	公路运输	W	物流中心
5	航空运输	X	物流园区
6	邮件运输	Y	保税港区
7	保税区	Z	出口加工区

9. "运输工具名称"

本栏目填报载运货物进出境的运输工具名称或编号。填报内容应与运输部门向海关申报的舱单（载货清单）所列相应内容一致。具体填报要求如下：

（1）直接在进出境地或采用"区域通关一体化"通关模式办理报关手续的报关单填报要求如下。① 水路运输，填报船舶编号（来往港澳小型船舶为监管簿编号）或者船舶英文名称。② 公路运输，启用公路舱单前，填报该跨境运输车辆的国内行驶车牌号，深圳提前报关模式的报关单填报国内行驶车牌号+"/"+"提前报关"；启用公路舱单后，免予填报。③ 铁路运输，填报车厢编号或交接单号。④ 航空运输，填报航班号。⑤ 邮件运输，填报邮政包裹单号。⑥ 其他运输，填报具体运输方式名称，如"管道"、"驮畜"等。

（2）转关运输货物的报关单填报要求如下：

进口：① 水路运输，直转、提前报关填报"@"+16 位转关申报单预录入号（或 13 位载货清单号）；中转填报进境英文船名。② 铁路运输，直转、提前报关填报"@"+16 位转关申报单预录入号；中转填报车厢编号。③ 航空运输，直转、提前报关填报"@"+16 位转关申报单预录入号（或 13 位载货清单号）；中转填报"@"。④ 公路及其他运输，填报"@"+16 位转关申报单预录入号（或 13 位载货清单号）。⑤ 以上各种运输方式使用广东地区载货清单转关的提前报关货物填报"@"+13 位载货清单号。

出口：① 水路运输，非中转填报"@"+16 位转关申报单预录入号（或 13 位载货清单号）。如多张报关单需要通过一张转关单转关的，运输工具名称字段填报"@"。中转货物，境内水路运输填报驳船船名；境内铁路运输填报车名（主管海关 4 位关区代码+"TRAIN"）；境内公路运输填报车名（主管海关 4 位关区代码+"TRUCK"）。② 铁路运输，填报"@"+16 位转关申报单预录入号（或 13 位载货清单号），如多张报关单需要通过一张转关单转关的，填报"@"。③ 航空运输，填报"@"+16 位转关申报单预录入号（或 13 位载货清单号），如多张报关单需要通过一张转关单转关的，填报"@"。④ 其他运输方式，填报"@"+16 位转关申报单预录入号（或 13 位载货清单号）。

（3）采用"集中申报"通关方式办理报关手续的，报关单本栏目填报"集中申报"。

（4）无实际进出境的报关单，本栏目免予填报。

10. "航次号"

本栏目填报载运货物进出境的运输工具的航次编号，具体填报要求如下：

（1）直接在进出境地或采用区域通关一体化通关模式办理报关手续的报关单。① 水路运输，填报船舶的航次号。② 公路运输，启用公路舱单前，填报运输车辆的进出境日期（填法与"进口日期/出口日期"相同）。启用公路舱单后，填报货物运输批次号。③ 铁路运输：填报列车的进出境日期。④ 航空运输，免予填报。⑤ 邮件运输，填报运输工具的进出境日期。⑥ 其他运输方式，免予填报。

（2）转关运输货物的报关单填报要求如下：

进口：① 水路运输，中转转关方式填报"@"+进境干线船舶航次。直转、提前报关免予填报。② 公路运输，免予填报。③ 铁路运输，"@"+8 位进境日期。④ 航空运输，免予填报。⑤ 其他运输方式，免予填报。

出口：① 水路运输，非中转货物免予填报；中转货物，境内水路运输填报驳船航次号，境内铁路、公路运输填报 6 位启运日期（顺序为年月日，各为 2 位，如"170415"等）。② 铁路拼车拼箱捆绑出口，免予填报。③ 航空运输，免予填报。④ 其他运输方式：免予填报。

（3）无实际进出境的报关单，本栏目免予填报。

"航次编号"填写在报关单的"运输工具名称"一栏中的运输工具名称的后面，与其用"/"间隔。

11. "提运单号"

本栏目填报进出口货物提运或运的编号。一份报关单只允许填报一个提单或运单号，一票货物对应多个提单或运单时，应分单填报。具体填报要求如下：

（1）直接在进出境地或采用区域通关一体化通关模式办理报关手续的报关单。① 水路运输，填报进出口提单号。如有分提单的，填报进出口提单号+"*"+分提单号。② 公路运输，启用公路舱单前，免予填报；启用公路舱单后，填报进出口总运单号。③ 铁路运输，填报运单号。④ 航空运输，填报总运单号+"_"+分运单号，无分运单的填报总运单号。⑤ 邮件运输，填报邮运包裹单号。

（2）转关运输货物的报关单填报要求如下：

进口：① 水路运输，直转、中转填报提单号，提前报关免予填报。② 铁路运输，直转、中转填报铁路运单号。提前报关免予填报。③ 航空运输，直转、中转货物填报总运单号+"_"+分运单号，提前报关免予填报。④ 其他运输方式，免予填报。⑤ 以上运输方式进境货物，在广东省内用公路运输转关的，填报车牌号。

出口：① 水路运输，中转货物填报提单号；非中转货物免予填报。② 其他运输方式，免予填报，广东省内汽车运输提前报关的转关货物，填报承运车辆的车牌号。

（3）采用"集中申报"通关方式办理报关手续的，报关单填报归并的集中申报清单的进出口起止日期（其写法与"进出口日期"的相同）。

（4）无实际进出境的，本栏目免予填报。

12．"申报单位"

自理报关的，本栏目填报进出口企业的名称及编码；委托代理报关的，填报报关企业名称及编码。

本栏目可选填 18 位法人和其他组织的统一社会信用代码或 10 位海关注册编码的任意一项。

本栏目还包括报关单左下方用于填报申报单位有关情况的相关栏目，包括报关人员、申报单位签章。

13．"监管方式"

"监管方式"是以国际贸易中进出口货物的交易方式为基础，结合海关对进出口货物的征税、统计及监管条件综合设定的海关对进出口货物的管理方式。其代码由 4 位数字构成，前两位是按照海关监管要求和计算机管理需要划分的分类代码，后两位是参照国际标准编制的贸易方式代码。

本栏目应根据实际对外贸易情况按海关规定的《监管方式代码表》选择填报相应的监管方式简称及代码。一份报关单只允许填报一种监管方式。

特殊情况下加工贸易货物监管方式的填报方法，请参见《进出口货物报关单填制规范》第 13 条项下的 9 项具体规定。

一些常用的"监管方式"的代码如表 10.10 所示（全部代码可上网查询）。

表 10.10　常用"监管方式"代码一览表

监管方式	代 码	监管方式	代 码
一般贸易	0110	租赁贸易（1 年及以上）	1523
易货贸易	0130	进出境展览品	2700
来料加工	0214	无代价抵偿进出口货物	3100
补偿贸易	0513	对外承包工程出口物资	3422
进料加工（对口合同）	0615	料件进出海关特殊监管区域	5000
出料加工	1427	跨境电子商务	9610

14. "征免性质"

本栏目应根据实际情况按海关规定的《征免性质代码表》选择填报相应的征免性质简称及代码，持有海关核发的《征免税证明》的，应按照《征免税证明》中批注的征免性质填报。一份报关单只允许填报一种征免性质。

加工贸易货物报关单应按照海关核发的《加工贸易手册》中批注的征免性质简称及代码填报，特殊情况填报要求如下：

（1）保税工厂经营的加工贸易，根据《加工贸易手册》填报"进料加工"或"来料加工"。

（2）外商投资企业为加工内销产品而进口的料件，属非保税加工的，填报"一般征税"或其他相应征免性质。

（3）加工贸易转内销货物，按实际情况填报，如"一般征税""科教用品""其他法定"等。

（4）料件退运出口、成品退运进口货物填报"其他法定"（代码0299）。

（5）加工贸易结转货物，本栏目免予填报。

一些常用的"征免性质"代码如表10.11所示（全部代码可上网查询）。

表10.11 常用"征免性质代码"一览表

征免性质代码	征免性质名称	征免性质代码	征免性质名称
101	一般征税	503	进料加工
118	整车征税	501	加工设备
299	其他法定	601	中外合资
307	保税区进口自用物资	602	中外合作
401	科教用品	603	外资企业
406	国家重大项目进口货物	611	贷款中标
412	基础设施	789	鼓励项目
501	加工设备	811	种子种源
502	来料加工	819	科教图书

15. "备案号"

本栏目填报进出口货物收发货人、消费使用单位、生产销售单位在海关办理加工贸易合同备案或征、减、免税备案审批等手续时，海关核发的《加工贸易手册》、《征免税证明》或其他备案审批文件的编号。

一份报关单只允许填报一个备案号，具体填报要求如下：

（1）加工贸易项下的货物，除少量低值辅料按规定不使用《加工贸易手册》及以后续补税监管方式办理内销征税的外，填报《加工贸易手册》的编号。

使用异地直接报关分册和异地深加工结转出口分册在异地口岸报关的，本栏目应填报分册号；本地直接报关分册和本地深加工结转分册限制在本地报关，本栏目应填报总册号。

加工贸易成品凭《征免税证明》转为减免税进口货物的，进口报关单填报《征免税证明》编号，出口报关单填报《加工贸易手册》编号。

对加工贸易设备之间的结转，转入和转出企业分别填制进、出口报关单，在报关单"备案号"栏目填报《加工贸易手册》编号。

（2）涉及征、减、免税备案审批的报关单，填报《征免税证明》编号。

（3）涉及优惠贸易协定项下实行原产地证书联网管理（如香港 CEPA、澳门 CEPA）的报关单，填报原产地证书代码"Y"和原产地证书编号。"CEPA"是"Closer Economic Partnership Arrangement"（《关于建立（香港、澳门与内地）更紧密经贸关系的安排》）的英文缩写，其核心意思为：对输入中国内地的原产于香港、澳门的产品一律享受零关税待遇。

（4）减免税货物退运出口，填报《中华人民共和国海关进口减免税货物准予退运证明》的编号；减免税货物补税进口，填报《减免税货物补税通知书》的编号；减免税货物进口或结转进口（转入），填报《征免税证明》的编号；相应的结转出口（转出），填报《中华人民共和国海关进口减免税货物结转联系函》的编号。

16. "贸易国（地区）"

本栏目填报对外贸易中与境内企业签订贸易合同的外方所属的国家（地区）。进口填报"购自国"，出口填报"售予国"。未发生商业性交易的填报"货物所有权拥有者"所属的国家（地区）。

"未发生商业性交易的货物"应该是指捐赠一类的只转移货物的所有权，而不需要支付对价的货物。捐赠的货物并不需要进口的一方（受赠方）向出口的一方（捐赠方）支付价款，例如，联合国、国际红十字会等机构向受灾国无偿捐赠的货物等。

本栏目应按海关规定的《国别（地区）代码表》选择填报相应的贸易国（地区）的中文名称及代码。无实际进出境的，填报"中国"（代码 142）。

"国别代码"与该国的"货币代码"是相同的，一些主要国家（地区）及其货币的"海关编码"如表 10.12 所示（全部"国别代码"可上网查询）。

表 10.12　主要"国家（地区）及其货币代码"表

国家（地区）及其货币			国家（地区）及其货币			国家（地区）及其货币		
名　称	符　号	代码	名　称	符　号	代码	名　称	符　号	代码
香港港币	HKD	110	欧元	EUR	300	俄罗斯卢布	RUB	344
日本日元	JPY	116	丹麦克朗	DKK	302	加拿大元	CAD	501
新加坡元	SGD	132	英国英镑	GBP	303	美国美元	USD	502
中国人民币	CNY	142	瑞典克朗	SEK	330	澳大利亚元	AUD	601
韩国圆	KRW	133	瑞士法郎	CHF	331	新西兰元	NZD	609
意大利		307	德　国		304	法　国		305
不详国别		701	国际组织		702	中性包装原产国别		999

17. "启运国（地区）"/ "运抵国（地区）"

"启运国（地区）"填报进口货物起始发出直接运抵我国或者在运输中转国（地）未发生任何商业性交易的情况下运抵我国的国家（地区）。

"运抵国（地区）"填报出口货物离开我国关境直接运抵或者在运输中转国（地区）未发生任何商业性交易的情况下最后运抵的国家（地区）。

不经过第三国（地区）转运的直接运输进出口货物，以进口货物的装货港所在国（地区）为启运国（地区），以出口货物的指运港所在国（地区）为运抵国（地区）。

经过第三国（地区）转运的进出口货物，如在中转国（地区）发生商业性交易，则以中转国（地区）作为启运/运抵国（地区）。

本栏目应按海关规定的《国别（地区）代码表》选择填报相应的启运国（地区）或运抵国（地区）中文名称及代码。无实际进出境的，填报"中国"（代码142）。

18. "装货港" / "指运港"

"装货港"填报进口货物在运抵我国关境前的最后一个境外装运港。

"指运港"填报出口货物运往境外的最终目的港；最终目的港不可预知的，按尽可能预知的目的港填报。

本栏目应根据实际情况按海关规定的《港口代码表》选择填报相应的港口中文名称及代码。装货港/指运港在《港口代码表》中无港口中文名称及代码的，可选择填报相应的国家中文名称或代码。

无实际进出境的，本栏目填报"中国境内"（代码142）。《港口代码表》可以直接上网查询。需要特别说明的是，网上有两种不同版本的《世界港口代码表》，一种是以"该国名＋该港口"的英文缩写组成的"大写字母代码"，另一种则是"4位数的纯阿拉伯数字代码"，我国海关现在沿用的是后一种。

19. "境内目的地" / "境内货源地"

"境内目的地"填报已知的进口货物在国内的消费、使用地或最终运抵地，其中最终运抵地为最终使用单位所在的地区。最终使用单位难以确定的，填报货物进口时预知的最终收货单位所在地。

"境内货源地"填报出口货物在国内的产地或原始发货地。出口货物产地难以确定的，填报最早发运该出口货物的单位所在地。

本栏目按海关规定的《国内地区代码表》选择填报相应的国内地区名称及代码。《国内地区代码表》可以直接上网查询。

20. "许可证号"

本栏目填报以下许可证的编号：进（出）口许可证、两用物项和技术进（出）口许可证、两用物项和技术出口许可证（定向）、纺织品临时出口许可证。"两用物项"是指那些既能够用于民用又能够用于军事、既能够用于医药又能够用于制毒的物质和技术，国家对这类物质和技术的进出口实行严格的限制。

一份报关单只允许填报一个许可证号。如果进出口货物不属于许可证管理的货物，此栏目免予填报。

21. "成交方式"

本栏目应根据进出口货物实际成交的价格条款，按海关规定的《成交方式代码表》选择填报相应的成交方式代码。"成交方式"代码汇总见表10.13。

表10.13 "成交方式"代码

代　码	成交方式	代　码	成交方式	代　码	成交方式
1	CIF	3	FOB	5	市场价
2	CFR	4	C&I	6	垫　仓

（1）"C&I"（Cost and Insurance, ...named port of shipment）作为一种"成本加保险费、

卖方在装运港船上交货"的贸易术语，由于它没有得到国际商会的正式承认，"Incoterms2010"也没有将其列入。此术语项下买卖双方的权利和义务，除了"FOB由买方办理货运保险并支付保险费，而C&I由卖方办理货运保险并支付保险费"以外，这两种贸易术语其他买卖双方的义务都与"Incoterms2010"中的"FOB"相同。

【二维码链接】
中华人民共和国
进出口关税条例

（2）"市场价"应该是指"不考虑'该商品成交价格的构成'问题，一律按照该种商品的市场平均价格水平对待"。因为价格构成涉及到进出口关税应税价格的确定，例如，出口关税以FOB价值计算，而进口关税却以CIF价值计算。如果将成交方式申报为"市场价"，海关就在计算该批商品进出口关税的应税价格时，直接按照申报的价格计算，不再考虑"包括或剔除运费、保险费"之类的问题了。

（3）"垫仓"应该是"仓库交货"（Ex Godown）之意，大致相当于"EXW"（工厂交货）。

上述3种称谓既不明确又不规范，它们在实际工作中基本上不使用。

另外，我国海关目前的电脑程序只认可FOB、CFR和CIF这3种贸易术语，对其他贸易术语都不能识别。这样，进出口贸易如果使用了其他贸易术语，为了适应海关的电脑程序的"制式"并顺利通关放行，报关单位就必须自己临时对贸易术语做出适当的"变通转换"。相关的贸易术语变通转换列表如表10.14所示。

表 10.14　贸易术语进出口海关申报临时"转换"表

序　号	出口成交的贸易术语	报关时临时转换成的贸易术语
①	EXW、FCA、FAS、DAF	FOB
②	CPT	CFR
③	CIP、DAT、DAP、DDP	CIF

有人担心这种临时转换的贸易术语会造成"单证不符"，这种担忧是多余的。这是因为，通关单据只对海关不对银行，也就是说，只要把通关单据与银行单据分开缮制，通关单据上的信息就不会对银行单据构成任何影响。也就是说，通关单据上的贸易术语可以且必须"变通"，而银行单据则不能随便改变贸易术语。

无实际进出境的报关单，进口填报"CIF"，出口填报"FOB"。

22. "运费"

本栏目填报进口货物运抵我国境内输入地点起卸前的运输费用，出口货物运至我国境内输出地点装载后的运输费用。

"运费"可按"运费单价"、"总价"或"运费率"3种方式之一填报，注明运费标记（"运费"标记"1"表示"运费率"，"2"表示每公吨货物的"运费单价"，"3"表示"运费总价"），并按海关规定的《货币代码表》选择填报相应的"币种代码"。除欧元等特殊货币外，其他货币的代码都与其发行国的"国家"代码相同。

此栏目的填写，需要根据进出口的不同情况区别对待：

（1）在进口货物报关单上，如果货物是采用CFR、CIF等包含运费的术语成交的，此栏就不用填写；而如果货物是采用FOB、FCA等不包含运费的术语成交的、而货物又不属于"全免"进口税的范畴，上述栏目就必须填写。这是因为：①进口海关税都是以货物的CIF的价值计算其进口关税的"应税价格"的；②我国海关统计的"进口金额"也是以进口货物的

CIF 价值来计算的。

（2）在出口货物报关单上，仅在由卖方支付运费的成交方式下（如"CFR"、"CIP"等）填写，而在"FOB"和"FCA"等方式下不予填写。

23. "保费"

"保费"就是"保险费"。本栏目填报进口货物运抵我国境内输入地点起卸前的保险费用，出口货物运至我国境内输出地点装载后的保险费用。

"保费"可按"保险费总价"或"保险费率"2 种方式之一填报，注明保险费标记（保险费标记"1"表示"保险费率"，"3"表示"保险费总价"），并按海关规定的《货币代码表》选择填报相应的"币种代码"。

此栏目的填写，需要根据进出口的不同情况区别对待：

（1）在进口货物报关单上，如果货物是采用 CIF、CIP 等包含保险费的术语成交的，此栏就不用填写；而如果货物是采用 FOB、CFR 等不包含保险费的术语成交的、而货物又不属于"全免"进口税的范畴，上述栏目就必须填写。其理由与前面"运费"中的理由相同。

（2）在出口货物报关单上，仅在由卖方支付保险费的成交方式下（如"CIF"、"CIP"等）填写，在其他成交方式下不予填写。

因为海关统计"出口金额"以及对有些出口产品征收出口关税时，是按照货物的 FOB 价值计算应税金额的，所以，海关要求出口人申报"运费"、"保险费"等境外费用数额，这样便于海关统计准确的出口数据，也便于出口海关比较准确地确定出口关税的应税金额。

24. "杂费"

本栏目填报成交价格以外的、按照《中华人民共和国进出口关税条例》相关规定应计入完税价格或应从完税价格中扣除的费用。可按"杂费总价"或"杂费率"2 种方式之一填报，注明杂费标记（杂费标记"1"表示"杂费率"，"3"表示"杂费总价"），并按海关规定的《货币代码表》选择填报相应的币种代码。

这里的"杂费"主要包括佣金、折扣、由买方负担的货物包装材料费及劳务费、进口以后的安装、调试、服务费用等，其中，有些是应当从"完税价格"中扣除的，有些则是应当计入"完税价格"之中的，具体参见我国《进出口关税条例》的第三章。

应计入完税价格的"杂费"填报为正值或正率，应从完税价格中扣除的"杂费"填报为负值或负率。如果申报的进出口商品货值中并没有"杂费"，此栏目就不可填。

25. "合同协议号"

本栏目填报进出口货物合同（包括协议或订单）编号，未发生商业性交易的免予填报。

26. "件数"

本栏目填报有外包装的进出口货物的实际件数，特殊情况填报要求如下：

（1）舱单件数为集装箱的，填报集装箱个数。

（2）舱单件数为托盘的，填报托盘数。

本栏目不得填报为"0"，裸装货物填报为"1"。

27. "包装种类"

本栏目应根据进出口货物的实际外包装种类，按海关规定的《包装种类代码表》选择填报相应的包装种类代码。"包装种类海关代码表"（部分）如表 10.15 所示（全部代码请上网查询）。

表 10.15　包装种类海关代码表（部分）

代　码	包装方式	代　码	包装方式	代　码	包装方式
4C	木箱	390	其他罐	9F91	再生木托
4H	塑料箱	490	其他箱	9993	散装
4M	纸箱	590	其他袋	9994	裸装
5M1	多层的纸袋	5992	布袋/包	9997	捆装
190	其他桶	9C91	天然木托	9999	其他

28. "毛重（公斤）"

本栏目填报进出口货物及其包装材料的重量之和，计量单位为公斤，不足 1 公斤的填报为"1"。

29. "净重（公斤）"

本栏目填报进出口货物的毛重减去外包装材料后的重量，即货物本身的实际重量，计量单位为公斤，不足 1 公斤的填报为"1"。

这里的"毛重"和"净重"，如果不是以重量计价的货物，可以填写大致估计的数目，并不强求"绝对准确"。因此，在一般情况下，填报时可以填写"估算"的大概数据，只要不太离谱即可；但以货物重量计价的出口商品则必须填写准确的数字，以免对进出口货物的关税或出口退税的总额计算造成麻烦和影响。

30. "集装箱号"

本栏目填报装载进出口货物（包括拼箱货物）集装箱的箱体信息。一个集装箱填一条记录，分别填报集装箱号（在集装箱箱体上标示的全球唯一编号）、集装箱的规格和集装箱的自重。非集装箱货物填报为"0"。

31. "随附单证"

本栏目根据海关规定的《监管证件代码表》选择填报除《进出口货物报关单填制规范》第 31 条规定的许可证件以外的其他进出口许可证件或监管证件代码及编号。

本栏目分为"随附单证代码"和"随附单证编号"两栏。其中，"代码"栏应按海关规定的《监管证件代码表》选择填报相应证件代码，"编号"栏应填报证件的编号。

（1）加工贸易内销征税报关单，"随附单证代码"栏填写"c"，"随附单证编号"栏填写海关审核通过的内销征税联系单号。

（2）优惠贸易协定项下的进出口货物报关单，此栏按照海关总署另行公告的要求填制。

如果申报的货物没有需要随附的单证，此栏目就可不填写。《监管证件代码表》可上网查询。

32. "标记唛码及备注"

此栏主要填写标记唛码中除图形以外的文字和数字以及有关附带的说明，如果没有唛头就填写"N/M"（没有唛头）。至于"备注"，有需要交代的内容就说明，没有就不填写。海关总署对此处"备注"的要求多达 15 条。具体请参见《进出口货物报关单填制规范》第 32 条的规定。

33. "项号"

如果一批进出口商品的种类在 2 种或 2 种以上，此栏就按照顺序分别加列商品序号。按照我国海关的规定，一份（页）报关单最多只能填写 5 种商品，一批进出口货物最多允许填报 50 种商品。也就是说，一批进出口货物最多可以填写 10 份（页）报关单。例如，如果一批进出口货物共有 6 种商品，报关单位就得填写两页纸的报关单；如果一批进出口货物共有 51 种商品，报关单位就必须按"两批进出口货物"分别向海关申报，即出具两套报关单据，共填写 11 页纸的进出口货物报关单。

本栏目每一项商品都分 2 行填报及打印。第 1 行填报报关单中的商品顺序编号；第 2 行专用于加工贸易、减免税等已备案、审批的货物，填报和打印该项货物在《加工贸易手册》或《征免税证明》等备案、审批单证中的顺序编号。

优惠贸易协定项下的进出口货物报关单，此栏按照海关总署另行公告的要求填制。

加工贸易项下进出口货物的报关单，第 1 行填报报关单中的商品顺序编号，第 2 行填报该项商品在《加工贸易手册》中的商品项号，用于核销对应项号下的料件或成品数量。其中，第 2 行特殊情况下填报的要求，请参见《进出口货物报关单填制规范》第 33 条的规定。

34. "商品编号"

本栏目填报的商品编号（俗称"商品编码"）由 10 位数字组成。前 8 位为我国《进出口税则》确定的进出口货物的税则号列，同时也是我国《海关统计商品目录》确定的商品编码，后 2 位为符合海关监管要求的附加编号。

35. "商品名称、规格型号"

本栏目每一项商品都分 2 行填报及打印。第 1 行填报进出口货物规范的中文商品名称，第 2 行填报规格型号。具体填报要求如下：

（1）商品名称及规格型号应据实填报，并与进出口货物收发货人或接受委托的报关企业所提交的合同、发票等相关单证相符。

（2）商品名称应当规范，规格型号应当足够详细，以能满足海关归类、审价及许可证件管理要求为准，可参照我国《海关进出口商品规范申报目录》中对商品名称、规格型号的要求进行填报。

（3）加工贸易等已备案的货物，填报的内容必须与备案登记中同项号下货物的商品名称一致。

（4）对需要海关签发《货物进口证明书》的车辆，商品名称栏应填报"车辆品牌＋排气量（注明 cc）＋车型（如越野车、小轿车等）"。进口汽车底盘不填报排气量。车辆品牌应按照《进口机动车辆制造厂名称和车辆品牌中英文对照表》中"签注名称"一栏的要求填报。规格型号栏可填报"汽油型"等。

（5）由同一运输工具同时运抵同一口岸并且属于同一收货人、使用同一提单的多种进口货物，按照商品归类规则应当归入同一商品编号的，应当将有关商品一并归入该商品编号。"商品名称"填报一并归类后的商品名称；"规格型号"填报一并归类后商品的规格型号。

（6）加工贸易边角料和副产品内销，边角料复出口，本栏目填报其报检状态的名称和规格型号。

（7）"进口货物收货人"以"一般贸易"方式申报进口属于《需要详细列名申报的汽车零部件清单》范围内的汽车生产件的，可参照《进出口货物报关单填制规范》第 35 条第 7 款的规定填报。

（8）"进口货物收货人"以"一般贸易"式申报进口属于《需要详细列名申报的汽车零部件清单》范围内的汽车维修件的，填报规格型号时，应当在零部件编号前加注"W"，并与零部件编号之间用"/"相隔；进口维修件的品牌与该零部件适用的整车厂牌不一致的，应当在零部件编号前加注"WF"，并与零部件编号之间用"/"相隔。

36．"数量及单位"

本栏目分 3 行填报及打印。

（1）第 1 行应按进出口货物的"法定第一计量单位"填报数量及单位，"法定计量单位"以我国《海关统计商品目录》中的计量单位为准。

（2）凡列明有"法定第二计量单位"的，应在第 2 行按照"法定第二计量单位"填报数量及单位。无"法定第二计量单位"的，本栏目第 2 行为空。

（3）成交计量单位及数量应填报并打印在第 3 行。

（4）法定计量单位为"公斤"的数量填报，特殊情况下填报要求如下：

① 装入可重复使用的包装容器的货物，应按货物扣除包装容器后的重量填报，如罐装同位素、罐装氧气及类似品等。

② 使用不可分割包装材料和包装容器的货物，按货物的净重填报（即包括内层直接包装的净重重量），如采用供零售包装的罐头、化妆品、药品及类似品等。

③ 按照商业惯例以公量重计价的商品，应按公量重填报，如未脱脂羊毛、羊毛条等。"公量"（Conditioned Weight）是指用科学方法抽掉商品中的水分，再加上标准含水量所求得的重量。

④ 采用以毛重作为净重计价的货物，可按毛重填报，如粮食、饲料等大宗散装货物。

⑤ 采用零售包装的酒类、饮料，按照液体部分的重量填报。

（5）成套设备、减免税货物如需分批进口，货物实际进口时，应按照实际报验状态确定数量。

（6）具有完整品或制成品基本特征的不完整品、未制成品，根据《商品名称及编码协调制度》归类规则应按完整品归类的，按照构成完整品的实际数量填报。

（7）加工贸易等已备案的货物，成交计量单位必须与《加工贸易手册》中同项号下货物的计量单位一致，加工贸易边角料和副产品内销、边角料复出口，本栏目填报其报验状态的计量单位。"项号"是指《商品名称及编码协调制度》中第 3、第 4 两位号码，它表明该商品所在的"章"号，全书共有 97 章。

（8）优惠贸易协定项下进出口商品的成交计量单位必须与原产地证书上对应商品的计量单位一致。

（9）法定计量单位为立方米的气体货物，应折算成标准状况（即摄氏零度及 1 个标准大气压）下的体积进行填报。

37．"原产国（地区）"

"原产国（地区）"应依据我国《进出口货物原产地条例》、《海关关于执行〈非优惠原产地规则中实质性改变标准〉的规定》以及海关总署关于各项优惠贸易协定原产地管理规章规定的原产地确定标准填报。同一批进出口货物的原产地不同的，应分别填报原产国（地区）。

进出口货物原产国（地区）无法确定的，填报"国别不详"（代码 701）。

本栏目应按海关规定的《国别（地区）代码表》选择填报相应的国家（地区）名称及代码。此栏目仅在进口货物报关单上存在。

38. "最终目的国（地区）"

"最终目的国（地区）"填报已知的进出口货物的最终实际消费、使用或进一步加工制造国家（地区）。不经过第三国（地区）转运的直接运输货物，以运抵国（地区）为最终目的国（地区）；经过第三国（地区）转运的货物，以最后运往国（地区）为最终目的国（地区）。同一批进出口货物的最终目的国（地区）不同的，应分别填报最终目的国（地区）。进出口货物不能确定最终目的国（地区）时，以尽可能预知的最后运往国（地区）为"最终目的国（地区）"。

本栏目应按海关规定的《国别（地区）代码表》选择填报相应的国家（地区）名称及代码。此栏目仅在出口货物报关单上存在。

39. "单价"

本栏目填报同一项号下进出口货物实际成交的商品单位价格。无实际成交价格的，本栏目填报单位货值。如果同一项号下的商品具有多种规格和多种价格的，此栏也可以不填写。

40. "总价"

本栏目填报同一项号下进出口货物实际成交的"商品总价格"。无实际成交价格的，本栏目填报货值（货物的市场价值）。

41. "币制"

本栏目应按海关规定的《货币代码表》选择相应的货币名称及代码填报，如《货币代码表》中无实际成交币种，需将实际成交货币按申报日外汇折算率折算成《货币代码表》列明的货币填报。

42. "征免"

本栏目应按照海关核发的《征免税证明》或有关政策规定，对报关单所列每项商品选择海关规定的《征减免税方式代码表》中相应的征减免税方式填报。

加工贸易货物报关单应根据《加工贸易手册》中备案的征免规定填报；《加工贸易手册》中备案的征免规定为"保证金"或"保函"的，应填报"全免"。

本栏目由受理的海关依据有关法规决定并填写。征减免税方式代码表如表 10.16 所示。

表 10.16　征减免税方式代码表

代码	名　称	代码	名　称	代码	名　称
1	照章征税	4	特　案	7	保　函
2	折半征税	5	随征免性质	8	折半补税
3	全　免	6	保证金	9	全额退税

43. "特殊关系确认"

本栏目根据我国《海关审定进出口货物完税价格办法》（以下简称《审价办法》）第 16 条，填报确认进出口行为中买卖双方是否存在特殊关系，有下列情形之一的，应当认为买卖双方存在特殊关系，在本栏目应填报"是"，反之则填报"否"。

（1）买卖双方为同一家族成员的；

（2）买卖双方互为商业上的高级职员或者董事的；

（3）一方直接或者间接地受另一方控制的；

（4）买卖双方都直接或者间接地受第三方控制的；

（5）买卖双方共同直接或者间接地控制第三方的；

（6）一方直接或者间接地拥有、控制或者持有对方 5%及以上公开发行的有表决权的股票或者股份的；

（7）一方是另一方的雇员、高级职员或者董事的；

（8）买卖双方是同一合伙的成员的。

买卖双方在经营上相互有联系，一方是另一方的独家代理、独家经销或者独家受让人，如果符合前款的规定，也应当视为存在特殊关系。

44. "价格影响确认"

本栏目根据《审价办法》第 17 条，填报确认进出口行为中买卖双方存在的特殊关系是否影响成交价格，纳税义务人如不能证明其成交价格与同时或者大约同时发生的下列任何一款价格相近的，应当视为特殊关系对进出口货物的成交价格产生影响，在本栏目应填报"是"，反之则填报"否"。

（1）向境内无特殊关系的买方出售的相同或者类似进出口货物的成交价格；

（2）按照《审价办法》倒扣价格估价方法的规定所确定的相同或者类似进出口货物的完税价格；

（3）按照《审价办法》计算价格估价方法的规定所确定的相同或者类似进出口货物的完税价格。

45. "支付特许权使用费确认"

本栏目根据《审价办法》第 13 条，填报确认进出口行为中买方是否存在向卖方或者有关方直接或者间接支付特许权使用费。"特许权使用费"是指进出口货物的买方为取得知识产权权利人及权利人有效授权人关于专利权、商标权、专有技术、著作权、分销权或者销售权的许可或者转让而支付的费用。如果进出口行为中买方存在向卖方或者有关方直接或者间接支付特许权使用费的，在本栏目应填报"是"，反之则填报"否"。

46. "版本号"

本栏目仅适用于加工贸易货物出口报关单，应与《加工贸易手册》中备案的成品单耗版本一致，通过《加工贸易手册》备案数据或企业出口报关清单提取。

47. "货号"

本栏目仅适用于加工贸易货物进出口报关单，应与《加工贸易手册》中备案的料件、成品货号一致，通过《加工贸易手册》备案数据或企业出口报关清单提取。

48. "录入员"

本栏目用于记录预录入操作人员的姓名。在实际工作中，通常仅填写该人员的代码编号。

49. "录入单位"

本栏目用于记录预录入单位名称。

50. **"海关批注及签章"**

本栏目供海关作业时签注。

报关单填制规范所述尖括号（〈〉）、逗号（，）、连接符（-）、冒号（：）等标点符号及数字，填报时都必须使用非中文状态下的半角字符。

我国海关总署在 2016 年 3 月 24 日发布的《进出口货物报关单填制规范》的公告还对一些相关报关单的用语的含义做了相应的解释，主要有以下几点：

（1）报关单录入凭单：是申报单位按报关单的格式填写的凭单，用做报关单预录入的依据。该凭单的编号规则由申报单位自行决定。

（2）预录入报关单：是预录入单位按照申报单位填写的报关单凭单录入、打印由申报单位向海关申报，海关尚未接受申报的报关单。

（3）报关单证明联：是海关在核实货物实际进出境后按报关单格式提供的，用做进出口货物收发货人向国税局、外汇管理部门办理退税和外汇核销手续的证明文件。

二、通关无纸化进出口放行通知书

在无纸化的通关方式下，受理海关在对进出口货物放行之后，会向报关单位下发一份进出口放行通知书，它表明报关的进出口货物的已获放行，此时报关完成，进口货物可以提货，出口货物可以装运了。

无纸化通关依托海关 H2010 作业系统，以企业联网申报、海关电子数据审核、电子信息验放的方式，对不涉及进出口特别证件和税赋的进出口货物，由企业登录中国电子口岸，选择无纸报关方式申报，海关计算机系统审核申报的合法性和有效性，对符合条件的发送信息给口岸海关验放；对不符合条件的由审单中心进行人工专业审单，审核无误的按无纸通道发送信息给口岸海关验放。对通过无纸通道放行的，企业凭海关通知回执等随附单证在口岸海关办理放行。

出口放行通知书的实例见表 10.17（进口放行通知书与之大同小异）。

表 10.17 出口放行通知书实例
通关无纸化出口放行通知书

湖北锦江报关公司：

你单位申报的货物（报关单号 0000000001145397709）于 2016-07-06 业经通关无纸化放行，请及时办理后续海关手续。特此通知。

武业务处海关
2016 年 07 月 06 日

预录入编号：470820160000047175　海关编号：470820160000047175　　*470820160000047175*

出口口岸（2248） 洋山港区	备案号	出口日期	申报日期 20160706
经营单位　（4204960） 荆州市　日用棉签有限公司	运输方式 水路运输	运输工具名称 SHENGDAHEXIE/B157E	提运单号 YMLUW243715412
生产销售　（4204960） 荆州市　日用棉签有限公司	监管方式（0110） 一般贸易	征免性质（101） 一般征税	结汇方式
许可证号	运抵国（地区）（502） 美国	指运港（3154） 洛杉矶	境内货源地（42049） 沙市
批准文号	成交方式 FOB	运费	保费	杂费

合同协议号 AJ-16048		件数 14049	包装种类 纸箱	毛重（千克） 43440	净重（千克） 40358
集装箱号 MAGU5575851*5（10）		随附单位		生产厂家	
项号	商品名称、规格型号	数量及单位	最终目的国（地区）	单价	币制
1	日用棉签/絮胎制	401712盒	（美国）	0.3468	美元
	/				
	/				
	/				
	/				
	/				
	/				
	/				
	/				
	/				
	/				
	/				
	/				
	/				
	/				
	/				
	/				
	/				

兹申明，以上通知由我公司根据海关电子回执打印，保证准确无讹。

报关公司（签印）

三、代理报关委托书

由于进出口货物的报关手续繁杂、政策层面的内容很多、专业性也很强，有很多进出口企业都没有配备"报关员"的编制，他们的进出口货物报关都是委托承运人代为办理的。为此，我国海关总署还统一印制了一种固定格式的《代理报关委托书》，如果进出口企业委托他人代其办理海关申报，代办人除了需要提交惯常的申报单证和文件以外，还要单独出具一份由委托人（即进出口企业）签署的《代理报关委托书》。通常的办法是委托人只在"委托书"上面加盖公章、而不填写具体的内容，因为其中的一些具体内容在委托时还无法确定。代理报关委托书实例见表10.18。

表10.18 代理报关委托书实例

代 理 报 关 委 托 书

编号：00016572548

我单位现　　　（A. 逐票、B. 长期）委托贵公司代理　　　等通关事宜。（A. 填单申报、 B. 辅助查验、 C. 垫款缴税、 D. 办理海关证明联、 E. 审批手册、 F. 核销手册、 G. 申办减免税手续、H. 其他）详见《委托报关协议》。

我单位保证遵守《海关法》和国家有关法规，保证所提供的情况真实、完整、单货相符。否则，愿承担相关法律责任。

本委托书有效期自签字之日起至　　　年　　月　　日止。

委托方（盖章）：

委 托 报 关 协 议

为明确委托报关具体事项和各自责任，双方经平等协商签订协议如下：

委托方		被委托方		
主要货物名称		*报关单编码	No.	
H.S. 编码	☐☐☐☐☐☐☐☐☐	收到单证日期	年　　月　　日	
货物总价		收到单证情况	合同 ☐	发票 ☐
进出口日期	年　　月　　日		装箱清单 ☐	提（运）单 ☐
提单号			加工贸易手册☐	许可证件 ☐
贸易方式			其他	
原产地/货源地		报关收费	人民币：　　　　元	
其他要求：		承诺说明：		
背面所列通用条款是本协议不可分割的一部分，对本协议的签署构成了对背面通用条款的同意。		背面所列通用条款是本协议不可分割的一部分，对本协议的签署构成了对背面通用条款的同意。		
委托方业务签章： 经办人签章： 联系电话：　　　　年　　月　　日		被委托方业务签章： 经办报关员签章： 联系电话：　　　　年　　月　　日		

CCBA　　（白联：海关留存；黄联：被委托方留存；红联：委托方留存）　　中国报关协会监制

课后练习

一、单项选择题

1. 对产地和报关地相一致（在同一个省、自治区、直辖市内）的出境货物，经检验检疫合格的，出具（　　）。

　　A. 出境货物通关单　　　　　　　　　B. 出境货物换证凭单

　　C. 出境货物换证凭条　　　　　　　　D. 出境货物不合格通知单

2. 凡列入《检验检疫商品目录》等法定商检的商品、食品和动植物产品，或贸易当事人提出的检验检疫要求时，由报检单位在货物出运前填制（　　），向地方出入境商品检验检疫局进行报检，获取有关检验检疫证书。

　　A. 入境货物报验单　　　　　　　　　B. 出境货物通关单

　　C. 入境货物通关单　　　　　　　　　D. 出境货物报检单

3. 法定检验检疫的入境货物，海关凭检验检疫机构签发的（　　）验放。

　　A. 入境货物检验检疫证明　　　　　　B. 入境货物调离通知单

　　C. 入境货物通关单　　　　　　　　　D. 品质证书

4. 出口 500 公吨散装小麦，分装在同一条船上的 3 个货舱内。以下关于出口货物报关单上的"件数"和"包装种类"两个项目的正确填报应是（　　）。

A. 件数：500/包装种类：公吨　　　　　B. 件数：1/包装种类：船

C. 件数：3/包装种类：船舱　　　　　D. 件数：1/包装种类：散装

5. 出口货物报关单上对于"2 100美元"的运费填报正确的是（　　　）。

A. 110/2 100/1　　B. 300/2 100/3　　C. 501/2 100/1　　D. 502/2 100/3

6. 根据我国《海关法》的规定，进口货物的收货人向海关申报的时限是（　　　）。

A. 自运输工具申报进境之日起7日内　　B. 自运输工具申报进境之日起10日内

C. 自运输工具申报进境之日起14日内　　D. 自运输工具申报进境之日起15日内

7. 下列术语中卖方不负责办理出口清关手续及支付相关费用的是（　　　）。

A. FCA　　　　B. FAS　　　　C. FOB　　　　D. EXW

8. 北京某贸易公司进口一批货物，从美国波士顿装运，经香港中转（转口），运抵天津塘沽港报关进境。该公司填写进口报关单时，应在装货港一栏中填报（　　　）。

A. 天津　　　　B. 塘沽港　　　　C. 波士顿　　　　D. 香港

9. 报关程序按时间先后分为3个阶段：前期阶段、进出境阶段、后续阶段。其中对进出口货物的收发货人而言，在进出境阶段不包括（　　　）环节。

A. 进出口申报　　B. 缴纳税费　　C. 备案、销案　　D. 配合查验

10. 根据联合国设计推荐使用的英文字母表示的货币代码，下列选项中不正确的是（　　　）。

A. CNY89.00　　B. GBP89.00　　C. RMB89.00　　D. USD89.00

11. 根据我国《海关法》规定，进口货物的报关期限为自运输工具申报进境之日起（　　　）天内申报，若进口货物的收货人或其代理人逾期申报，海关将征收滞报金。滞报金的日征收金额为进口货物CIF价的（　　　）。

A. 14，0.05%　　B. 14，0.5%　　C. 21，0.05%　　D. 21，0.5%

12. 海关对进口货物凭出入境检验检疫机构签发的（　　　）办理海关通关手续。

A. 进口许可证　　　　　　　　　B. 进口货物报关单

C. 查验通知　　　　　　　　　　D. 入境货物通关单

13. 关于商品检验时间和地点的规定，我国进出口业务中使用较多的是（　　　）。

A. 离岸品质、离岸重量　　　　　B. 到岸品质、到岸重量

C. 出口国装运港检验、进口国目的港复验　　D. 离岸重量、到岸品质

14. 下列选项中，不属于"中国商检机构的职责"范围的是（　　　）。

A. 对进出口商品实施检验

B. 对进出口商品的质量和检验工作实施监督管理

C. 办理进出口商品的鉴定业务

D. 协助海关查处进出口贸易中的违法行为

15. 下列选项中，不属于"商检证书的作用"的是（　　　）。

A. 海关监管放行的依据　　　　　B. 卖方办理结算货款的依据

C. 证明知识产权的依据　　　　　D. 办理索赔与理赔的依据

二、判断题

1. 在国际贸易中，对所有的进出口货物都必须进行检验并出具证书。　　　　（　　　）

2. 出口货物报关单上的运费与保费一栏，必须填写，不得留空。　　　　（　　　）

3. 出口货物报关单上的随附单据一栏，必须填写合同、发票、装箱单和许可证等必备的随附单证。　　　　　　　　　　　　　　　　　　　　　　　　　　　　（　　　）

4. 进出口货物收发货人、报关行、国际货运代理公司都可作为报关单位。（　　　）

5. 不属于法定检验范围的进出口商品，不需要检验，不涉及商品检验检疫机构。
　　　　　　　　　　　　　　　　　　　　　　　　　　　　　　　（　　　）

6. 出口货物报关单上的"出口口岸"应填写出口口岸名称及4位代码数字。（　　　）

7. 对未列入《进出口商品检验种类表》的商品，不需要检验，不涉及商检机构。
　　　　　　　　　　　　　　　　　　　　　　　　　　　　　　　（　　　）

8. 出境货物的报检程序是先检验检疫，后放行通关。而入境货物的报检程序是先放行通关，后检验检疫。因为只有先放行提取货物，才能将提到的货物做法定检验检疫。
　　　　　　　　　　　　　　　　　　　　　　　　　　　　　　　（　　　）

9. 一份进出口货物报关单最多填报50项商品。超过50项商品，必须分单填报。
　　　　　　　　　　　　　　　　　　　　　　　　　　　　　　　（　　　）

10. ××有限公司收购×工厂生产的服装对外出口，出口货物报关单上的"发货单位"应填××有限公司。　　　　　　　　　　　　　　　　　　　　　　　　（　　　）

11. 一份报关单可以填报多种"监管方式"。　　　　　　　　　　　　　（　　　）

12. 办理进出口货物的海关申报手续，可以选择纸质报关单据或电子数据报关单的形式，两种形式的报关单据具有同等的法律效力。　　　　　　　　　　　　　　（　　　）

13. 出口报关单上备案号一栏，应填写加工贸易手册号、海关征免税证明或其他海关备案审批文件的编号。　　　　　　　　　　　　　　　　　　　　　　　　（　　　）

14. 报关企业是经海关批准，在海关办理了注册登记的境内法人，因此可以从事进出口业务。　　　　　　　　　　　　　　　　　　　　　　　　　　　　　　（　　　）

15. 加工贸易货物在进出境阶段办理了海关申报。配合查验、交纳税费和海关放行后，意味着结关。　　　　　　　　　　　　　　　　　　　　　　　　　　　　（　　　）

三、实训题

依据课后练习的买卖合同（第二章）、信用证（第三章）、商业发票（第四章）、装箱单（第五章）的相关内容，以及以下给定的信息，填写一份出口货物报关单（表10.19）。

补充信息：

出口口岸：洋山港区（2248）

经营单位海关代码：4201965081

发货单位：同"经营单位"

监管方式：一般贸易

运费：USD 2 450.00

保险费：USD 260.00

商品编码：全棉男式长裤：6203.4290.61

　　　　　涤棉男式长裤（涤65%，棉35%）：6203.4390.81

表 10.19 出口货物报关单实例

预录入编号：*47082016000004823*

海关编号：*47082016000004823*

中华人民共和国海关出口货物报关单

企业留存联

收发货人		出口口岸		出口日期		申报日期
生产销售单位		运输方式	运输工具名称	提运单号	
申报单位 （×××××××） ××报关公司 *上海*		监管方式	征免性质	备案号	
贸易国（地区）		运抵国（地区）	指运港	境内货源地	
许可证号		成交方式 （1）	运费	保费	杂费
合同协议号		件数	包装种类	毛重（公斤）	净重（公斤）
集装箱号		随附单据			
标记唛码及备注					

项号	商品编号	商品名称、规格型号	数量及单位	最终目的国（地区）	单价	总价	币制	征免

特殊关系确认：否　　　　　价格影响确认：否　　　　　支付特许权确认：否

录入单位 录入员 832000012356	兹声明对以上内容担如实申报，依法纳税之 法律责任	海关批注及签章
报关人员	申报单位（签章）	